KB125890

노동자 연대

불안정고용 시대
노동약자들의 **승리 전략**

—

Labor Solidarity
Winning Strategy for Precarious Workers

이병훈 지음

한울
아카데미

이 저서는 2012년 정부(교육부)의 재원으로 한국연구재단의 지원을 받아 수행된 연구임.
(NRF-2012S1A6A4020247)

이 도서의 국립중앙도서관 출판예정도서목록(CIP)은 서지정보유통지원시스템 홈페이지(http://
seoji.nl.go.kr)와 국가자료종합목록시스템(http://www.nl.go.kr/kolisnet)에서 이용하실 수 있
습니다.
CIP제어번호: CIP2018033282(양장), CIP2018033268(반양장)

차례

프롤로그

왜 노동자 연대인가

1. 문제의식

요즘 사회운동이나 정치권에서 '연대'라는 표현이 유행처럼 쓰이고 있다. 참여연대, 한국진보연대, 문화연대, 전국민중연대, 선진미래연대, 친박연대, 걷고싶은도시만들기 시민연대, 인천연대, 수지시민연대……. 이처럼 상이한 이념적 입장이나 활동목표를 표방하는 단체들임에도 불구하고 '연대'라는 명칭을 공통적으로 사용하고 있음을 알 수 있다. 연대(連帶)의 사전적 뜻풀이가 "여럿이 어떤 일을 하거나 함께 책임을 짐, 또는 한 덩어리로 서로 연결되어 있음"이듯이, 사회·정치단체들이 '연대'라는 표현이나 명칭을 즐겨 사용하는 배경에는 아마도 단체가 추구하는 목표와 활동에 좀 더 많은 사람들이 지지하거나 동참해주기를 바라는 의도가 담겨 있을 것이다.

사실, 연대는 사회학에서 오랫동안 탐구되어온 주제이며, 연구자들에 따라 그 개념이 다양하게 정의되거나 분석되어왔다. 사회학 분야의 선행 연구에서 논의된 바를 종합해보면, 연대는 사람들이 이해관계, 집단 정체성, 공유된 가치나 규범 등에 기반해 다른 사람들에 대해 일체감이나 결속감을 가지며 서로 돕고 함께 행동하려는 사회적 현상으로 정의된다.[1] 이에 따르면, 노동자 연대는 일하는 사람들이 소속 집단이나 지위 조건에서 상호 간에 존재하는 다양성과 이질성을 극복하고 동질적인 일체감으로 결속하고 서로 협동해 공동의 문제를 대처하려는 집합적인 행위·태도라고 이해할 수 있다. 이때, 노동자 연대는 개별 노동자들 사이의 관계적 특성을 뜻하는 좁은 범주로부터 노동자집단들이나 조직들 사이의 결속감과 단합된 행동, 더 나아서는 노동자운동과 시민사회운동 사이에 등장하는 넓은 수준의 일체감과 연합행동에 이르기까지 다양한 차원에서 살펴볼 수 있다.

인류 역사에서 가장 오랫동안 연대적 인간관계를 구현해온 사회집단을 찾자면, 아마도 종교단체를 꼽을 수 있을 것이다. 하지만 근대적인 의미에서 연대적 가치를 구현하는 대표적인 사회단체로는 노동조합이

---

1   D'Art and Turner(2002)는 연대에 대해 '성격을 달리하는 집단들이 서로에 대해 결속감이나 일체감을 갖고 호혜적인 태도나 행동을 보이는 상호관계의 상태'를 뜻하는 것으로 정의한다. Zoll(2000)은 서구에서 연대 개념이 역사적으로 변천되어온 것에 대해 다음과 같이 설명한다. 연대의 영어 표현 'solidarity'의 라틴 어원인 'solidus'는 '밀집한', '굳건한', '오래 견디는'이라는 의미를 담는다. 성서에서는 연대에 대해 '서로의 짐을 거들라'는 뜻으로 형제애의 개념을 언급하기도 한다. 그리고 프랑스의 시민혁명에서 자유와 평등, 더불어 형제애 또는 연대가 핵심 지향 가치로 제시되었으며, 그 이후 노동운동단체와 사회주의 이론가들에 의해 노동자들의 사회적 결집 또는 계급적 단결을 지칭하는 개념으로 널리 사용하게 되었다.

손꼽힐 것이다. 실제, 노동조합은 자본주의적 산업화를 통해 등장한 임금노동자들이 그들의 경제적·사회적 권익을 대변하고 보호하기 위해 조직한 자발적인 결사체로서, 소속 회원들의 단합과 결속을 강화하고 공동으로 추구하는 목표를 달성하기 위한 집합행동의 조직적·제도적 기반을 꾸려간다. 그런 점에서 노동조합은 연대적 조직체라고 해도 과언이 아닐 것이다. 또한, 노동조합이 추구하는 핵심 가치가 연대(solidarity)라는 점은 자본주의적 노동력 교환에서 시장경쟁논리를 억제하고 규율하려는 탈상품화(de-commoditization)의 운동적 지향성을 기본적으로 담지하거나 표방한다는 점에서도 잘 드러난다. 임금노동의 탈상품화를 구현하기 위해서 노동조합은 노동자들의 조직적 결속을 이루어 단체교섭과 집합행동을 통해 사용자들에게 단체협약의 통일적 근로조건을 강제하고 있으며, 노동자정당 및 시민사회운동과의 동맹적 관계를 구축해 국가 수준에서 노동복지를 실현하는 제도적 토대를 형성하고 발전시켜왔다. 이처럼 노동조합운동에서 연대적 관계는 비단 임노동자들의 내부적 단결만으로 국한되기보다는 노동의 탈상품화를 관철하는 사회민주주의적 개혁을 성사시키기 위해 다른 사회집단들과의 연합으로 확장되기도 했다. 또한, 노동조합이 지향하는 운동 목표와 활동 방식에 따라서 연대의 폭과 경계 짓기가 상이하게 나타날 수 있다는 점에 유의할 필요가 있다. 이를테면, 실리적 조합주의를 표방하는 노동조합들의 경우에는 조직 내부자의 이해관계를 대변하는 데 치중하느라 외부의 미조직노동자들을 배제하곤 한다. 한편, 임노동자 전체의 계급적 이해관계를 대변하려는 사회개혁적 조합주의를 추구하는 노동조합들은 다양한 노동자집단을 포괄적으로 대변하거나 보호할 수 있도록 국가 차원의 정책 시행과 제도화에 주력하는 운동 기조를 표방한다. 그 결과, 노동조합은 연대적 조직체임에도 불구하고 그 연대활동의 범위가 특정 노동자집단에 국한되는 경우에는 노동시장의 차별과 이질성을 확대 재생산하는 기득권 집단으로 전락할 수 있다. 반면, 노동조합이 전체 임금노동자의 권익을 대변하려는 계급적인 노선을 견지하는 경우에는 자본주의 시장체제하에서 경제약자를 보호하는 '정의의 칼(sword of justice)'이 되어 사회연대운동을 온전히 실천하기도 한다(Hyman, 1999).

이 책은 오늘날 한국 사회에서 노동자 연대성이 심각한 위기 징후들을 드러내고 있다는 점에 주목하여 노동자 연대성을 복원하고 재강화하기 위한 전략을 모색하려는 문제의식에서 출발한다. 노동자 연대성의 위기는 노동시장의 분절구조가 날로 확대되고 있는, 이른바 노동 양극화 추세에서 손쉽게 찾아볼 수 있다. 대기업 정규직 남성으로 구성되는 1차 노동시장의 노동자집단과, 비정규직·중소기업 노동자와 여성 등으로 구성되는 2차 노동시장의 노동자집단 사이에 노동조건과 기회구조의 격차가 확대되며 노동자 연대의 물질적 토대가 갈수록 희박해지고 있음을 확인하게 된다. 구체적으로, 비정규직 노동자가 저임금, 불안정 취업, 사회적 배제(social exclusion) 등으로 집약되는 열악한 고용지위로 인해 이등시민으로 자리매김되고 있는 가운데 정규직 중심의 노동조합들이 비정규직 노동자들의 권익을 대변하지 않고 무시하고 있는 것과 관련해 우리 노조운동의 연대성 위기에 대한 비판적인 문제 제기가 이루어지고 있는 것이다(이병훈, 2004a). 외환위기 이후 지난 20년 동안 신자유주의적 구조개혁이 한국 경제를 전반적으로 재편하면서 고용 유연화로 인해 노동자 대중의 일상생활이 크게 불안정해졌다. 이에 더해, 노동자들 사이에 시장지배적 사회담론이 폭넓게 침윤해 '각자도생(各自圖生)'의 개인주의적 사고방식이 널리 확산됨으로써 그들의 집합적 결속의식이 게토(ghetto)화되고 있다는 지적이 제기되고 있다(강수택, 2007). 또한, 노조 조직률은 1990년대 초반 이래 지속적인 하락세를 보여주어 최근에는 10% 수준으로 떨어졌으며, 노조 주도의 단체행동에 대한 조합원들의 자발적인 참여가 크게 줄어들어 노동운동의 연대성 위기를 드러내는 또 다른 징후로 지적된다. 노동조합과 시민단체 사이의 연대활동 역시 주로 공동 현안에 대한 임시방편의 대응 전술로 활용되고 있을 뿐 상호 신뢰에 기반하는 전략적인 연합관계로 발전되지 못하며, 더러는 시민사회 차원에서의 역할과 위상을 둘러싸고 상호 대체 또는 경합의 관계로 갈등하는 모습으로 변질되기도 한다.

최근 우리 노동운동이 경험하고 있는 연대성 위기는 세계화·정보화·탈산업화 등의 거대구조변동(mega trends)에 영향을 받고 있기도 하지만, 정부의 신자유주의적 구조개혁 정책과 사용자의 고용 유연화 전략, 그리고 기업별 노동조합들의 폐쇄적 실천관행 등으로부터 주로 비롯되고 있는 것으로 분석된다(이병훈, 2004a). 또한, 한국의 민주주의는 취약한 사회경제적 토대에 기반하고 있어 노동의 연대성 위기를 초래하는 양극화 문제를 제대로 치유하거나 극복하지 못하고 있다고 지적된다(최장집 엮음, 2005). 그런데 노동운동의 연대성 위기는 노동의 탈상품화를 강제하는 노동조합의 사회적 권능이 크게 약화되고 있음을 의미하는 것으로, 그 결과 한국 사회의 공동체성 해체와 같은 심각한 문제를 수반한다. 이를테면, 가정해체의 정도를 나타내는 지표로서 이혼이 1993년 59만 3000건(1000가구당 1.3건)에서 2015년 109만 2000건(1000가구당 2.1건)으로 두 배 가까이 늘어났고, 자살 역시 1993년 10만 명당 10.6명에서 2015년 26.5명(자살 건수 총 1만 3513명)으로 증가했다. 또한, 5대 흉악범죄(살인·강도·강간·절도·폭력)의 경우에도 2005~2014년 기간에 무려 75.0%의 높은 증가율을 보였으며, 특히 생계형 범죄인 절도는 같은 기간에 34.3%의 증가세를 보여주었다. 이처럼 이혼·자살·범죄와 같은 사회해체 현상들이 급격히 증대되는 배경에는 노동 양극화와 관련된 경제적 불안정과 생활고가 크게 작용하고 있는 것으로 짐작해볼 수 있다. 그런 만큼, 노동의 탈상품화를 강제하는 노동조합운동의 억지력이 약화되고, 신자유주의적 담론에 힘입어 날로 강화되는 시장경쟁논리에 의해 승자독식에 따른 사회불평등의 확대와 분배정의(distributive justice)의 훼손이 매우 심각한 수준에 이르고 있는 가운데, 노동시장의 열패자, 즉 열등하거나 경쟁에서 패배한 사람들은 사회적 해체의 손쉬운 희생자로 전락하고 있는 것이다.

따라서 노동자 연대의 복원은 노조운동의 위기극복을 위한 첩경이자, 더 나아가 생활공동체의 해체를 방지하기 위한 사회적 의제이기도 하다. 다시 말해, 노동자 연대의 강화는 노동운동의 부활(revitalization)을 이루어내고 신자유주의적 공세로부터 사회적 통합을 지켜내기 위한 필수적 선결 조건으로 요망되는 것이다. 물론, 노동자 연대의 복원과 강화는 산업구조의 재편과 노동자들의 사고방식과 생활양식 변화, 노조운동의 사회적 위상 약화 등과 같이 노동운동을 둘러싼 주관적·객관적 여건의 제약으로 인해 결코 쉬운 일이 아니다. 더욱이, 산업화 시대의 동질적 이해관계와 정서적 공감대에 기반하는 기계적 연대를 표방했던 종래의 노조운동 방식은 다원화된 고용조건 및 노동환경과 이질적 인력 구성으로 인해 더 이상 전통적인 결속력을 유지하기 어렵다는 진단이 제시된다 (Zoll, 2000; Hyman, 1999). 그런 만큼 변화된 경제적·정치적·사회적 환경 여건하에서 노동운동의 연대를 재강화하기 위해서는 연대에 대한 새로운 인식과 접근 전략이 요망된다고 할 것이다.

이 책은 우리 노동운동과 사회공동체가 당면한 연대성의 위기를 극복하기 위해 어떠한 실천적 접근을 통해 노동자 연대를 강화할 수 있을지를 천착해보는 시도로서 기획되었다. 그동안 노동조합운동과 관련해 연대에 대한 논의가 당위적으로 다루어지거나 피상적인 수준의 현상 분석에 치중했던 것에 비하여, 이 책에서는 노동자 연대의 역사적 전개 과정을 비롯해 비정규직 투쟁과 조직화, 노동·시민사회의 연대운동 네트워크와 정규직·비정규직의 연대정치에 대한 다양한 사례 분석을 통해 노동자 연대의 재강화를 위한 전략적 함의를 도출하고자 한다. 또한, 이 책은 '노동자 연대'와 관련된 이론적 논의를 다양하게 검토함과 동시에, 실제 연대활동 경험에 대한 심층적인 사례 분석을 통해 앞으로 노동운동의 연대성 복원을 위해 참조할 만한 시사점을 제공함으로써, 노동조합의 간부와 활동가들에게 노동운동의 연대에 관한 실천적인 인식과 성찰의 지평을 넓혀줄 것으로 기대된다.

2. 내용 구성

이 책은 노동자 연대에 대한 이론적 검토와 역사적 고찰, 그리고 여러 실천 사례의 분석으로 구성된다. 구체적으로, 1장에서는 3~7장에서 다루어지는 주제들(노동운동과 시민사회의 연대, 비정규직 노동자 투쟁을 위한 노동자 연대, 비정규직 조직화와 도덕적 연대, 사회운동의 연대네트워킹, 정규직·비정규직 노동자들의 연대정치)과 관련된 국내외 연구문헌을 두루 검토해 노동자 연대에 대한 다양한 이론적 논의를 제시함과 더불어 주제별로 주요 논점을 밝힌다. 2장에서는 한국의 노동운동이 직면한 연대성의 위기에 대해 살펴보는데, 특히 노동시장 양극화의 추이와 현황을 중심으로 그 위기의 실상을 검토하고 연대성 위기를 초래하는 노조운동 안팎의 배경 원인을 진단한다. 3장에서는 1970년대 이후 개발연대(1970~1987년), 민주화 시대(1987~1997년), 신자유주의 구조개혁 시대(1997년 이후)의 역사적 국면에 걸쳐 노동운동과 시민사회의 상호관계가 어떠한 변화 흐름을 보여주었는지를 검토함으로써 노동·시민사회의 연대성 동학(solidarity dynamics)에 대해 국면별 특징을 중심으로 살펴본다. 4장에서는 1998~2012년 기간에 발생한 비정규직 노동자들의 주요 투쟁 사례들에 대한 비교·분석을 통해 불안정 노동자들의 투쟁 승리를 위해서는 사업장 안의 정규직 노조와 밖의 시민단체로부터 지원받는 연대활동이 무엇보다 중요하다는 점을 밝힌다. 5장에서는 2000년대 중반 이후 공공운수노조 서경지부의 주도하에 서울 지역의 대학들에서 전개해온 청소노동자들의 성공적인 노조 조직화 사례를 검토하여, 그 성공 요인으로 학생과 지역사회단체와의 도덕적 연대를 구축함으로써 공공드라마(public drama)를 연출해낸 노조 활동가들의 전략적 실천 역량에 초점을 맞추어 분석한다. 6장에서는 2011년 뜨거운 사회이슈로 떠올랐던 한진중공업의 정리해고에 맞서, 사업장 밖의 시민사회단체 활동가들이 유기적인 연대네트워킹을 효과적으로 가동해 회사의 정리해고자 재고용과 생계 지원을 확약받는 값진 성과를 이루어낸 희망버스 사례를 다룬다. 7장에서는 현대자동차 울산공장에서 2003~2013년 기간에 걸쳐 사내하청의 비정규직 노조와 정규직 노조 간의 연대정치가 진행되어온 과정을 살펴보고 정규직·비정규직 간의 연대활동이 실패하게 된 배경 원인을 진단한다. 그리고 에필로그에서는 노동자 연대의 복원과 강화를 위한 전략적 모색에 관해 몇 가지 의견을 제시한다.

나는 노동자 연대에 대한 문제의식에 입각하여 노동자 투쟁과 노조 조직화의 사례들에 대해 10년 넘게 문헌 자료를 검토하고 활동 주체들을 인터뷰하며 여러 연구논문을 작성하고 발표해왔다. 이 책의 2~7장에서 다루어지는 내용은 그간의 연구논문들을 책의 구성에 맞추어 수정·보완해 정리한 것임을 밝혀둔다.

1장

노동자 연대의 이론적 검토

1. 신자유주의 세계화와 노동자 연대

지구화, 정보사회화, 서비스경제화 등 거대 사회구조변동은 미래학자들의 낙관적 전망과 달리 많은 나라에서 노동자 삶의 불안정화와 양질의 일자리 감소 등을 통해 암울한 노동 현실을 안겨주고 있다. 설상가상으로, 연이어 발생하는 경제위기와 장기화되는 경기침체, 그리고 디지털 기술혁명 등은 노동자들의 일자리와 생활 여건을 더욱 취약한 상태로 몰아가고 있다. 특히, 신자유주의적 세계화(neoliberal globalization)는 지난 1980년대 이래 지배적인 정책 담론으로 영향력을 행사하면서 노동시장 이중구조의 심화와 노동빈곤층에 대한 사회보호 축소를 야기해오고 있다. 이때, 신자유주의적 세계화란 국경을 넘어 사회경제적 활동이 통합되는 지구적 경향(기든스, 2000)이 1980년대 초 미국과 영국에서 등장한 "고삐 풀린 시장자유주의(disembedded market liberalism)"(Harvey, 2005)에서 비롯된 시장주도형 탈규제의 정책 담론에 의해 지배되고 있는 것을 일컫는다. 복지국가의 비효율성 위기를 배경 삼아 전면화되고 있는 신자유주의 정책패러다임은 영미권의 보수정권하에서 가시화되기 시작해 지난 30여 년 동안 날로 치열해지는 국가 간 시장경쟁과 반복되는 경제위기 상황에 기대어 전 지구적 차원으로 널리 확산되었다. 하비(Harvey, 2005)와 부르디외(Bourdieu, 1998)가 명쾌하게 지적하듯이, 신자유주의적 세계화는 시장주도적 유연성을 크게 강화하고 사회연대성의 제도화된 복지체제를 해체함으로써 기본적으로 "강탈에 의한 자본 축적(capital accumulation by dispossession)"을 공고히 하고 있다고 해도 과언이 아닐 것이다. 그 결과, 노동 양극화, 즉 노동시장에서의 고용조건 격차와 소득불평등이 국가 차원에서, 그리고 국가 간에 더욱 심화되고 있는 것이다.

　노동자집단 내부에 존재하는 사회경제적 불평등 문제를 집약적으로 표현하는 노동 양극화(labor polarization)는 노동조합운동의 연대성 기반이 무너지고 있음을 나타내는 것이기도 한다. 실제, 노동 양극화가 심화되는 가운데 노동조합운동은 정부와 기업들이 추진해온 신자유주의 구조개혁에 의해 초래되는 노동자집단 내부의 분절화를 극복할 수 있는 의지와 능력을 보여주지 못하고 있다. 오히려 노동조합들은 조합원의 이해관계만을 우선시하며 조직 외부의 취약 노동자들의 권익을 외면하고 이익단체로서의 폐쇄된 운동에 빠져듦으로써 조직적 배제의 덫 (recruiting trap of organizational exclusion; Zoll, 2004)에 갇힌 상황이다. 이같이, 노동조합운동은 노동자 연대의 위기를 드러내면서 결과적으로 노동 양극화가 날로 심화되는 데 일정하게 방조하는 것으로 비판받는다(이병훈, 2004b).

　촐(Zoll, 2000)에 따르면, 노동연대(labor solidarity)는 두 가지 유형으로 구분해 살펴볼 수 있다. 첫 번째 유형이 특정 집단에 속해 있는 노동자들이 서로의 결속과 단합을 형성해 실천할 수 있는 능력을 지칭하는 것이라면, 두 번째 유형은 노동자집단이 다른 노동자집단이나 사회주체들과 긴밀한 동맹관계를 만들어갈 수 있는 능력을 뜻한다.[1] 노동조합운동에서는 전자를 조합원들의 내적 연대성(internal solidarity)으로, 후자를 다른 노동자집단이나 사회운동단체와의 외적 연대성(external solidarity)으로 각

---

[1]　은수미(2004)는 사회운동 집단들 간의 관계 맺기를 '연계'로, 그리고 이들 단체들 간에 공동의 이념적 지향과 일치된 신념체계를 형성·제도화하는 것을 '연대'로 구분한다.

각 구분할 수 있다. 내적 연대성은 기본적으로 노조 구성원인 조합원들이 일치된 이해관계와 일상적 노동 경험을 공유하고 있을 때 형성되는 이익공동체와 집단적 정체성에 기반한다(Shelby, 2002; Michels, 1962). 이러한 유형의 연대성은 노동조합들이 사용자에 대한 압력 수단으로 조직적 동원을 효과적으로 이끌어낼 수 있는 조합원들의 단결력으로 표출된다. 다른 한편, 외적 연대성의 형성은 서로 다른 노동자집단들(예를 들면, 정규직과 비정규직) 또는 노동조합과 시민사회 운동단체들 사이에 공통된 정치적 비전과 상호 신뢰관계가 확보됨으로써 이질적인 정체성과 이해관계가 극복되는 것을 필수적으로 요구한다(Stjerno, 2004; Hirsch, 1986).

내적·외적 연대성은 노동조합이 행사하는 조직적 힘과 사회적 영향력의 핵심 원천이다. 구체적으로, 내적 연대성이 조합원들의 조직적 결속과 동원 능력에 따라 그 크기를 가늠하는 것이라면, 외적 연대성은 시민사회 차원에서 노동조합에 부여된 사회적 정당성과 헤게모니적 힘(hegemonic power)의 수준에 의해 좌우되는 것으로 이해될 수 있다(Lee, B., 2011). 내적 연대성과 외적 연대성을 강화하기 위한 공통된 필요조건으로서 집단적 결집과 효능감(confidence)을 창출해줄 안정적인 지도력, 상호 이해와 인식 틀 공유를 위한 효과적인 의사소통, 사회심리적 연계성과 친밀감을 형성해주는 일상적인 접촉 활동, 무임승차자를 규제하기 위한 사회적 규율장치의 강구 등을 꼽을 수 있다(Shelby, 2002; Hodson et al., 1993; Hechter, 1987; 정이환, 2003). 더욱이, 상이한 지위에 놓여 있는 여러 사회집단 간의 외적 연대성을 형성하기 위해서는 우월한 지위에 있는 집단의 지도자들이 해당 집단의 구성원들로 하여금 양보와 희생을 허용하는 집합적 이타주의(collective altruism)를 수용하고 실천할 수 있도록,

정치적이며 이념적인 주도권을 갖고 계도하려는 의식적 노력을 잘 경주하는 것이 필요하다(Stjerno, 2004; D'Art and Turner, 2002). 신자유주의 세계화 시대에 노동시장 양극화가 갈수록 심화되는 여건하에서 침체의 늪에 빠져 있는 노동조합운동이 재활성화하기 위해서는, 노동자들 간에 이질화되는 이해관계와 정체성을 넘어 유기적인 연대성을 형성하고 강화하는 것과, 다른 시민사회운동과의 연대활동 네트워킹(networking of solidarity activism)과 공동체적 유대감을 형성하고 더욱 공고히 강화해나가는 것이 핵심적인 성공 조건으로 강조된다.

이 책의 2장에서는 이상의 논의에 기반해 한국에서 신자유주의 정책 담론이 본격화된 1998년 외환위기 이후 날로 심각해지는 노동 양극화의 문제를 노동조합운동의 연대성 위기와 연관 지어 살펴보기로 한다.

2. 노동과 시민사회의 연대운동

한 나라의 정치·경제체제는 기본적으로 3개 영역의 주체들(정치 영역의 국가와 정당, 경제 영역의 핵심 시장 주체인 민간 기업과 사용자단체, 사회 영역의 시민운동단체와 노동조합) 간에 펼쳐지는 상호작용과 권력관계에 의해 틀 지어진다. 이 같은 삼각관계의 구도하에서는 정부와 기업들이 자본주의 시장체제의 운영에 지배적인 영향력을 행사하는 한편, 다양한 자발적 결사체와 이익집단들로 구성되는 시민사회는 국가와 시장의 지배력에 저항하고 규율하려고 한다(Ehrenberg, 2002; Urry, 1983). 자본주의 유형론(varieties of capitalism)의 연구문헌들에서 분명하게 지적되듯이, 각 국가의 정치·

경제체제는 주요 주체들 사이의 정치적 상호작용을 통해 제도화된 것으로 국가별로 다양할 뿐 아니라 시대별로 변동하기 마련이다.

자본주의체제의 근대 역사에서 노동조합과 시민단체는 시민사회의 핵심 주체가 되어 국가와 시장과의 상호관계에 견제와 저항의 균형추를 잡아주는 결정적인 역할을 담당해왔다. 노동조합은 산업자본주의 시대에 노동자계급의 권익을 옹호하는 활동을 통해 노동체제와 정치·경제체제의 제도화에 큰 영향력을 행사해온 결사단체이다(Lee, C., 2007; Pichardo, 1997). 노동조합은 시장경쟁과 사용자의 수탈적 통제로부터 노동자들을 보호하기 위해 단체교섭과 쟁의행위를 전개했다. 특히, 노조들은 조합원 동원 능력과 정치적 영향력을 전략적으로 활용해 국가의 노동·복지 정책에서 노동자들의 공통된 이해관계를 대변함으로써 산업화 사회에서 일하는 사람들의 시민권을 신장하는 데 크게 이바지했다(Müller-Jentsch, 1991). 따라서 노동조합은 산업화 시대에 노동시장 규제단체, 반자본주의 저항조직, 시민 결사체 등과 같이 다양한 정체성을 갖는 것으로 이야기된다(Hyman, 2001).

시민사회운동은 보통 비영리단체(Non Profit Organization: NPO) 또는 비정부기구(Non Governmental Organization: NGO)가 주도하는 다양한 집합행동을 뜻한다(Abbott, Heery and Williams, 2012; Buechler, 1995; Heery, Williams and Abbott, 2012b). 시민사회운동은 민주적 사회에서의 유리한 정치적 기회구조를 활용하여 탈산업화 시대에 국가와 시장에 대해 확대된 영향력을 행사한다(Tarrow, 1998). 시민운동단체들은 인권, 페미니즘, 환경보호, 소수자 문제 등 시민들의 다양한 탈근대적 관심사를 대변하는 활동을 수행하는데, 노동조합의 계급적 이해 대변과는 달리 탈계급적인 방식으로 시민 정체성에 입각한 운동을 전개해왔다(Heery, Abbott and Williams, 2012a; Offe, 1985). 오페(Offe, 1985)에 따르면, 노동조합이 주도하던 구사회운동(old social movement)과 구별되는 신사회운동(new social movement)의 시민단체들은 생활세계에 대한 국가와 시장의 식민화와 지배에 도전하고 그것을 규제하려는 주요 대항세력으로 등장했다. 특히, 시민사회운동이 노조운동의 침체 상황 속에서 보호받지 못하는 취약노동자들을 대변하는 역할을 담당함으로써 작금의 신자유주의 세계화 시대에 한층 큰 사회적 영향력을 행사하고 있다(Heery, Abbott and Williams, 2012a, 2012b; Lee, C. 2007). 최근 수십 년 동안 노조들의 조직 기반이 위축되고 그들의 정치적 영향력이 상당히 약화되는 가운데, 노동시장 유연화로 인해 고통받는 미조직노동자들의 권익 보호를 위해 적극적으로 개입하는 활동을 전개하는 시민운동단체들이 갈수록 늘어나고 있다(Abbott et al., 2012; Freeman, 2005; Heery, Williams and Abbott, 2012b). 더욱이, 이들 시민운동단체는 정부와 기업들의 회유에 포섭되거나 담합하여 조합원 보호에만 치중하는 노동조합의 폐쇄적·배타적인 행태에 대해 강한 비판의 목소리를 내는 한편, 미조직 취약노동자들을 대상으로 조직화와 권익 대변에 나서는 노조들의 재활성화 노력에 대해서는 연대 파트너로서의 중요한 역할을 맡아주기도 한다(Lee, C., 2007).

신자유주의 세계화 시대에 들어서 노동조합과 시민운동단체의 연대가 더욱 중요해지고 있기는 하나, 이 같은 연대활동이 늘 호혜적인 관계로 순조롭게 진행되는 것은 아니다. 노동조합과 시민운동단체는 운동논리, 조직의 형태와 구성, 관심 이슈와 추구하는 가치·명분, 활동 방식 등 많은 측면에서 근본적으로 상이한 특성을 갖는다(Buechler, 1995; 조돈문, 1996; Offe, 1985; Pichardo, 1997; Suzuki, 2008). 그러므로 노조와 시민운동단체 간의 연대적 관계는 정치·경제체제의 구조적 조건과 제도적 맥락, 공통 이해와 공유된 인식 틀의 존재 여부, 활동 주체들의 태도성향 등에 따라 여러 경로로 전개될 수 있다. 이 같은 맥락에서 히어리·윌리엄스·애벗(Heery, Williams and Abbott, 2012b)은 영국에서 노조와 시민운동단체의 상호관계에 대한 연구를 통해 그 관계의 표출 방식이 단일한 형태로 나타나기보다 연합(coalition), 경합(contest), 차별화(differentiation) 등으로 대별되는 다양한 형태를 보이는 것을 밝혀냈다. 이를테면, 갈등적 이해관계, 상이한 인식 관점과 조직 규범, 지도자와 구성원들의 차별화된 특성, 유능한 연대 조정자의 부재, 사회적 역할과 영향력을 둘러싼 경쟁관계 등 여러 요인이 복합적으로 작용해 두 집단 간에 불신과 적대감이 형성·유지되며, 그들의 상호관계에서 거리 두기와 무관심, 심지어 경합과 갈등이 표출되는 경우가 적잖다(Craft, 1990; Heery, Williams and Abbott, 2012b). 노조와 시민운동단체의 연대가 생성되는 경우에도 그 연대의 수준은 공통 관심사의 성격, 조직적 관계의 역사성, 조직 역량과 몰입, 연대활동의 범위 등에 따라 임시방편(ad hoc) 유형부터 두터운(deep) 동맹관계 유형에 이르기까지 상이하게 표출된다(Tattersall and Reynolds, 2007). 또한, 노조·시민운동단체 연대의 특성은 그들이 추구하는 목표에 따라 정부와 기업에 맞서 대중적 집합행동을 동원하는 저항의 연대(solidarity of resistance)부터 공공정책의 의제와 절차에 대해 적극 개입하는 영향력의 연대(solidarity of influence), 일하는 시민들의 삶의 질을 개선하려는 자원봉사 활동을 조직하는 사회서비스의 연대(solidarity of social service) 등으로 다양하게 나타나기도 한다(Heery, Williams and Abbott,

2012b).

　이상에서 살펴본 바와 같이, 노동조합과 사회운동에 대한 선행 연구에서는 이들 운동집단 간의 관계와 상호작용을 규명하기 위한 유용한 분석 관점이 제시된다. 하지만 해외 연구문헌은 주로 영미와 유럽의 선진국들을 중심으로 노조와 시민운동단체의 상호관계가 역사적으로 전개되어온 과정과 작금의 상황을 경험적으로 분석해 도출한 이론적 시각에서 접근하므로, 비서구 지역의 개발도상국에 그대로 적용하기에는 적잖은 한계를 안고 있다. 한국을 포함한 후발 개도국들은 노조와 시민운동단체의 상호관계에 작용하는 맥락적 조건이 서구 선진국과는 상당한 차이를 보이기 때문이다. 실제, 국민국가 형성과 근대화의 역사적 궤적, 노동조합과 시민사회운동의 제도화 수준, 정치체제의 민주화와 시민사회의 성숙도, 국가·자본·노동의 권력관계, 노동계급 정당의 존재 여부, 경제개발과 산업화, 사회계층구조, 사회문화·규범, 국가적 당면 이슈 등 많은 측면에서 개도국들은 선진국들과 크게 다를 수밖에 없다. 물론, 서구 시민사회의 역사적 발전에 있어 근대적 노동조합운동과 탈근대적 시민사회운동 간에 존재하는 근본적 차별성을 이론화한 신사회운동의 연구문헌들은 비서구 개도국에서의 노조와 시민운동단체의 상호관계를 분석하는 데도 이론적 시사점을 제공한다. 하지만 신사회운동의 이론은 지체된 민주화 과정을 통해 국가·시장·시민사회의 독특한 상호관계를 형성해오고 있는 비서구 국가들의 맥락 조건에서 노조와 시민운동단체 사이에 전개되는 복합적인 상호작용을 설명하기에 적절하지 않다. 이런 점에 비추어 비서구 지역의 후발 개도국에 속한 한국에서 노동조합과 시민운동단체가 국가와 시장의 지배력 행사에 대응해 전개해온 연대운동의 동학을 역사적으로 살펴보는 것은 사회운동의 서구이론을 검증·확장한다는 점에서 그 의의가 자못 적잖다고 할 수 있다.

이 같은 연구 관점에 의거해 이 책의 3장에서는 국내에서 노동조합운동과 시민사회운동이 보여온 상호관계의 시대적 특징에 대해, 1970년대 이후부터 최근에 이르기까지의 역동적 변화 흐름을 검토하기로 한다.

3. 불안정 노동자 투쟁의 승리 요건으로서 노동자 연대

서구 선진국들이나 비서구 개도국들에서 공통적으로 비전형 고용형태가 급속하게 증가하는 추세에 주목하여 노동운동에 대한 서구의 연구문헌에서는 노동조합들이 노동시장의 구조 변화에 어떻게 대응해왔는지에 주로 초점을 맞춰 논의해왔다. 많은 노동운동 연구문헌은 노조들이 불안정 노동에 어떤 정책 대응을 보이는지, 그리고 비정규직 노동자들을 조직화하기 위해 어떤 전략적 방침을 내걸며 활동하는지를 중심으로 조명해오고 있다. 이들 연구는 국가 간 비교의 거시적 분석(예를 들면, Pulignano, Gervasi and de Franceschi, 2016; Kornelakis and Voskeritsian, 2016; Gumbrell-McCormick, 2011; Pernicka, 2005)을 통해, 또는 미시적 사례 분석(예를 들면, Benassi and Dorigatti, 2015; Simms and Dean, 2013; Conley and Stewart, 2008)을 통해 비전형 노동이 노동조합운동에 안겨주는 문제점들을 살펴보고, 노조들이 노동시장 규제, 조직화, 그리고 단체교섭 또는 권익 대변 등으로 어떻게 불안정 노동자들에 대한 대응 전략을 세워 이 같은 문제에 대처하는지를 검토한다. 그런데 선행 연구의 대부분은 노조들이 비정규직 노동자들을 보호 또는 조직화의 대상으로 삼아 어떻게 접근하는지를 중심으로 살펴본 반면, 노동시장의 주변부에 위치한 불안정 노동자들이 자신의 노조를 조직하고 독자적인 투쟁을 벌이는 주체적 역할을 보여주는 것에 대해서는 거의 주목하지 않았다. 일부 노동운동 연구문헌에서만 불안정 노동자들이 그들의 투쟁을 통해 보여주는 운동적 주체성에 대해 깊이 있게 다루었다. 이 같은 연구의 대표적인 예로 미국과 한국에서 취약한 구조적 권력을 가진 불안정 노동자들이 (지위)인정투쟁(classification struggles)와 공공드라마(public drama)에 의해 결사체적 권력을 강화함으로써 상징적 영향력을 획득하고 행사한 사례를 비교·분석한 천(Chun, 2009), 불안정 노동자들의 운동역량을 상향식으로 촉발해 효과적으로 동원하기 위해 집단적 이해관계와 정체성의 중요성을 강조한 아체니(Atzeni, 2016) 및 마토니와 보기아초글루(Mattoni and Vogiatzoglou, 2014) 등을 손꼽을 수 있다. 하지만 새로운 노동운동의 핵심 주체로서 불안정 노동자들이 그들의 집합행동을 통해 노조 조직화와 교섭성과를 이루어낼 수 있는 성공 조건을 밝히는 것은 선행 연구에서 충분히 다루어지지 못한 채 여전히 연구 공백으로 남아 있다고 볼 수 있다.

선행 연구(Rodgers and Rodgers, 1989)가 지적하듯이, 불안정 노동자들은 전형적으로 저소득 일자리에서 노동조건에 대한 통제권을 행사하지 못하며 제도적·조직적 보호로부터 배제되어 있는 것으로 특징지을 수 있다. 작업장에서 고용안정과 제도적 권익 대변이 보장되는 정규직 노동자들과 달리, 열악한 고용조건에 놓여 있는 만큼 불안정 노동자들이 자신의 노동조합을 조직하고 사용자에 대항하는 분규행동을 벌이는 것은 매우 어렵다. 따라서 불안정 노동자들은 고용불안정과 일자리 상실을 두려워하여 노조에 가입하거나 노조 주도의 쟁의활동에 참여하는 것을 꺼리는 경향을 보인다. 더불어, 불안정 노동자들의 노조 조직화는 종종 그들의 노조에 대한 사용자들의 폭력적인 탄압에 직면하곤 한다. 왜냐하면 작업장에서 노조의 조직화 또는 조직 확대를 피하려는 것이 비정규직을 활용하는 사용자들의 기본적인 동기이기 때문이다. 불안한 고용 지위와 취약한 정체성 및 조직적 결속력 때문에 불안정 노동자들은 그들의 작업장에서 구조적·결사적 권력[2]을 보유할 수 없고, 그들이 노조 조직화에 성공했을 때조차 사용자의 집요한 탄압을 이겨내기에는 매우 불리한 위치에 놓여 있는 것이다(Lee, B., 2016).

사용자와의 갈등적 상황에 처해 있는 불안정 노동자들의 저항행동이 그들의 취약성을 극복하고 요구 사항을 성취하여 이른바 '힘의 역설(paradox of power)'[3]을 이루어내기 위해서는 특별한 성공 조건이 요구된다. 불안정 노동자들은 사용자의 탄압을 물리칠 노조 내부의 권력자원을 제대로 확보하기 어렵기 때문에, 그들이 사용자에게 노조 인정과 교섭 요구를 관철시키기 위해서는 사업장 안팎의 연대네트워크를 확보하고 효과적인 투쟁 전술을 활용하는 것이 매우 중요하다. 프레게와 켈리(Frege and Kelly, 2003)가 강조하듯이, 다른 사회운동과의 연대 형성은 작금의 노조운동 위기를 극복하기 위한 노조 재활성화의 핵심 전략이 된

---

2 Wright(2000)는 구조적 권력은 노동시장에서 노동자들의 지위에 따라 좌우되며, 결사적 권력은 노동자들의 집합적 결사체를 조직화함에 따라 창출되는 것으로 이론화한다.

3 Hirshleifer(1991)에 따르면, '힘의 역설'은 힘이 약한 사람들이 그들의 생존을 위해 결사적 의지와 전략적 합리성을 발휘하여 힘 센 사람들을 예상치 않게 이겨냈을 때를 지칭하는 개념이다. 이 같은 역설의 역사적인 사례는 골리앗을 물리친 다윗의 승리, 전함 12척으로 왜선 200여 척을 물리친 이순신 장군의 승리 등에서 찾아볼 수 있다.

다. 특히, 충분한 권력자원을 갖추지 못한 불안정 노동자들에게 연대네
트워킹은 그들이 노조를 결성하고 사용자의 탄압에 맞서 저항행동을 전
개해 일정한 성과를 거두기 위한 필요조건이라 강조하지 않을 수 없다.
또한, 제한된 활동자원을 가진 불안정 노동자들의 투쟁에서 활용되는 효
과적인 저항 레퍼토리의 전략적 기획 능력 역시 그들의 성공에 매우 중
요하다.

　연대네트워킹(solidarity networking)은 공통의 이해관계와 감정, 연합
행동을 창출하는 것으로 정의될 수 있다(D'Art and Turner, 2002). 한편, 분
절된 작업장에서 서로 상이한 이해관계와 감정 태도를 갖고 있는 정규직
과 비정규직 노동자들이 연대를 이루어내는 것은 후자 집단이 사용자와
의 갈등에서 그들의 요구를 성취하는 데 핵심적인 필요조건으로 작용한
다. 사업장에서 안정된 지위와 충분한 권력자원을 확보하고 있는 정규
직 노조는 빈약한 활동자원으로 제약받는 비정규직 노동자들의 투쟁에
대해 물질적·정서적 지원을 제공함과 동시에 그들의 요구를 수용하도록
사용자를 압박하는 연합행동을 벌일 수 있다. 작업장 밖에 있는 지역사
회단체, 시민운동단체와의 연대네트워킹 역시 불안정 노동자들의 또 다
른 활동자원으로 중요하게 기여한다. 불안정 노동자들의 투쟁 동기는
주로 사용자의 자의적인 해고 또는 계약해지, 비인간적인 노동조건, 노
조 탄압을 포함한 불법적 노무관리 등에서 비롯된다. 그런 만큼, 자신의
생존권과 노동권을 지키기 위한 불안정 노동자들의 투쟁은 이들에게 가
해지는 사용자의 불의에 대한 대중적 비판과 우려를 낳는 이른바 '공공
드라마'(Chun, 2009)를 종종 연출한다. 이같이, 사용자와의 투쟁을 벌이는
불안정 노동자들에게 사업장 밖의 노동·시민단체로부터 제공되는 연대

지원은 빈약한 활동자원을 보완해주는 한편, 그들의 저항에 동정·공감하는 대중여론이 사용자에게 부당한 노무관리를 바로잡도록 압박하는 강력한 우군으로 역할을 한다.

투쟁 레퍼토리 또는 저항 전술의 선택 역시 불안정 노동자들의 투쟁 성과에 중요한 영향을 미친다. 불안정 노동자의 투쟁에서 작업장의 울타리를 넘어 시민대중에게 호소하는 저항행동의 새로운 레퍼토리가 더욱 중요해지고 있다.[4] 매캐덤·태로·틸리(McAdam, Tarrow and Tilly, 2001)는 투쟁 레퍼토리를 관성적인(contained) 유형과 탈법적인(transgressive) 유형으로 구분한다. 전자는 투쟁 주체가 전통적인 저항 수단을 동원하는 경우에 해당하는 한편, 후자는 보통 새로운 주체의식을 갖춘 투쟁 주체가 혁신적인 투쟁 방식을 개발해 활용하는 것을 지칭한다. 또한, 매캐덤(McAdam, 1986)은 투쟁 행위를 저위험·저비용 유형과 고위험·고비용 유형으로 나누기도 한다.[5] 투쟁 레퍼토리의 이론적 유형화에 비추어볼 때, 불안정 노동자들은 사용자의 탄압을 극복하고 대중적 관심을 이끌어내기 위해 탈법적이면서 때때로 고위험의 투쟁 전술을 다양하게 기획해 적용하는 경향을 보인다. 이는 노사관계의 제도적 지형 위에서 통상적

---

4 영미권의 일부 노조[(예를 들면, 미국의 서비스산별노조(SEIU)와 호텔·레스토랑노조 (HERE)]는 고용관계의 외부화와 유연화로 인해 급증하는 불안정 노동자들을 조직하기 위해 적극적인 노력을 기울이고 있으며, 파업 투쟁의 전통적인 레퍼토리에 안주하기보다 다리 점거, 공공장소 집회, 항의 농성, 시민운동단체들과의 연대시위 등 혁신적인 투쟁 레퍼토리를 새롭게 개발해 활용함으로써 상당한 투쟁성과를 거두었다.

5 McAdam(1986)에 따르면, 위험(risk)은 특정의 운동행위에 법적, 사회적, 물리적, 재정적으로 부가되는 예상된 위험을 뜻하며, 비용(cost)은 특정 활동형태에 요구되는 시간, 돈, 에너지의 지출규모를 의미한다.

이며 관성적인 투쟁 레퍼토리에 의존해 자신들의 요구를 성취하는 정규직 노조와는 크게 대비되는 측면이다(Lee, B., 2016; Lee, Y., 2015).

요약하면, (정규직과의) 내부 연대, (지역공동체, 시민사회단체와의) 외부 연대, 투쟁 레퍼토리의 전략적 선택은 신자유주의적 노동시장체제하에서 미약한 운동자원으로 제약받으며 사용자의 탄압에 맞서고 있는 불안정 노동자들이 성공적인 투쟁성과를 이루어내는 데 핵심 조건으로 작용한다고 볼 수 있다. 세 가지 조건은 레베스크와 머리(Lévesque and Murray, 2010), 그리고 갠즈(Ganz, 2000)가 제시하는 노조권력(union power)의 이론적 모델에서도 노조의 전략적 역량을 구성하는 핵심 요소로 강조된다.

그러면 불안정 노동자들의 성공적인 투쟁 조건에 대해 선행 연구를 검토한 내용에 기반하여 이 책의 4장에서는 1998~2012년 기간에 발생한 주요 비정규직 투쟁 사례를 대상으로 내·외부 연대 및 투쟁 레퍼토리가 어떻게 이들의 투쟁성과에 영향을 미쳤는지에 대해 구체적으로 살펴보기로 한다.

4. 비정규직 노동자들의 노조 조직화와 도덕적 연대

그동안 노조의 조직화 활동에 영향을 미치는 요인들을 분석한 국내외 연구문헌들이 상당히 축적되었으며, 특히 사회운동이론의 연구 성과를 노조활동에 준용해 그 조직화의 성공 요인을 밝혀내려는 연구가 적잖게 제시되고 있다. 사회운동 또는 집합행동의 이론적 관점에서 노조 조직화의 성과에 대한 인과적 분석을 시도한 선행 연구에서 주로 검토해온 영향 요인들을 크게 네 가지 범주로 나누어 살펴볼 수 있다. 첫째, 조직화 대상의 노동자들이 갖고 있는 주체적 특성으로서 그들의 태도성향(attitudinal orientation)이 노조활동의 참여 여부에 중요하게 영향을 미친다는 이론적 논의를 찾아볼 수 있다. 노동자들의 태도성향 중에서 그들의 이해관계와 불만·좌절감이 노조 조직화의 핵심적 설명변수로 다루어진다. 노동자들이 노동조합에 가입하거나 노조의 단체활동에 동참하는 것이 그들의 경제적 이익을 증대하기 위한 합리적 선택에 따른 것임을 강조하는 입장과 그들의 현실 불만이나 기대 좌절 및 인지부조화가 주요하게 작용함을 주장하는 입장이 주로 제기된다(Klandermans, 1986; 김영, 2010; 윤진호, 2002). 아울러, 노동자들이 노조활동에 참여하는 데에는 동료 노동자들에 대한 관계적 태도(예를 들면, 상호신뢰 및 결속감과 동지애)와 사회연결망, 그리고 노조운동에 부여하는 신임과 효능감이 중요하게 영향을 미치는 것으로 논증되기도 한다(Tilly, 1988; Klandermans, 1986; 김영, 2010; 이강익, 2006).

두 번째 범주의 설명변수로서 선행 연구문헌에서는 노조 지도자와 간부활동가의 여러 특성이 조직화 성과에 유의미한 영향을 미치는 것으로 분석한다. 실제, 미조직노동자들의 조직화는 기존 노조의 지도부와 간부들이 어떠한 태도와 역량을 보이는가에 크게 좌우된다고 해도 과언이 아닐 것이다. 구체적으로, 선행 연구에서는 노조의 신규 조직화 활동이 성공적으로 이루어지기 위해 노조 지도부의 정치적 이념 성향과 활동 의지, 그리고 간부활동가들의 활동 경험과 실천 능력 및 전문성이 필수적으로 확보되어야 한다고 지적한다(Burchielli and Bartram, 2009; Sherman and Voss, 2000; 이강익, 2006). 1960~1970년대에 미국 캘리포니아 농업지역의 이주노동자 40만 명을 성공적으로 조직한 연방농민노조(United Farmer Workers)의 사례 연구를 통해 갠즈(Ganz, 2000)는 그 조직화의 성공 비결을 노조의 전략역량(Strategic Capacity)으로 집약해 설명한다. 그에 따르면, 적절한 조직화 대상(organizing target)의 설정과 효과적인 투쟁 전술의 활용, 그리고 활동 시점(timing)의 적정한 선정 등을 실행할 수 있는 노조의 전략역량이 중요한데, 이를 좌우하는 핵심 요소로서 노조 지도자의 출신 배경과 사회연결망 및 전략 레퍼토리, 그리고 활동가들이 보유한 정보능력·실험정신(heuristics)·동기부여를 강조한다(Ganz, 2000).[6]

노조 조직화에 대한 세 번째 영향 요인으로서 다양한 자원의 확보와 투입이 중요하게 손꼽힌다. 크레스와 스노(Cress and Snow, 1996)는 노조가 미조직노동자들을 조직할 때 요구되는 운동자원으로 물질적 자원(재정), 정보자원(환경·상황·투쟁대상 정보), 인적 자원(지도력, 간부 역량, 활동가 인력), 도덕적 자원(외부 지지·지원)을 열거한다. 사회운동의 자원동원이론이 지적하듯이 노조가 조직화 활동에 소요되는 이들 자원을 내부적으로 또는 외부(상급 단체나 사회운동단체 및 일반 시민)로부터 확보·동원할 수 있을 때 그 활동을 제대로 전개해 소기 목표를 성취하게 된다는 점에서 운동자원의 중요성이 강조될 만하다(Burchielli and Bartram, 2009; Sherman and Voss, 2000; 이강익, 2006).

노조 조직화에 미치는 네 번째 범주의 영향 요인으로 노조활동을 둘러싼 기회구조(opportunity structure)가 비중 있게 다루어진다. 보통 기회

---

6   아울러 Ganz(2000)는 조직화를 위한 전략역량에 대해 노조의 조직구조(내부 협의, 의결체계, 자원 배분, 책임·권한 배치로 구성)가 중요하게 영향을 미친다는 점을 강조하는데, 유사한 논의를 Martin(2007)과 윤진호(2002)에서도 찾아볼 수 있다.

구조는 노조의 조직화 활동을 촉진하거나 제약하는 외부의 조건들을 지칭하는 개념인데, 구체적으로 미시적인 기회구조와 거시적인 기회구조로 구분해서 살펴볼 수 있다. 전자가 사용자의 노사관계 태도, 생산공정의 직무 구성, 작업 조직 등과 같이 노조의 조직화에 직접적으로 작용하는 특수한 환경 조건들을 가리킨다면, 후자는 노동시장 여건, 시장경기 상황, 산업구조, 정부 정책, 법률 규제 및 사회규범 등으로 예시할 수 있듯이 노조활동 전반에 영향을 미치는 일반적 환경 요인들을 지칭한다.[7]

노조의 조직화 활동은 이상에서 살펴본 네 가지 범주 요인들(미조직 노동자들의 태도성향, 노조 지도부 및 활동가의 전략역량, 동원 가능한 운동자원, 기회 구조)이 어떻게 상호 연계해 작용하는가에 따라 상이한 활동성과를 낳는 것으로 논증되어왔다.[8] 이 같은 이론적 논의에 입각해 비정규직 노동자의 조직화 역시 기본적으로 이들 요인에 의해 영향받을 것으로 추론해볼 수 있다.[9] 그런데 비정규직 노동자들의 노조 조직률이 정규직에 비해 현

---

7   윤진호(2002)는 노조의 수요·공급이론에 입각해 노조 조직률을 분석하면서 주요 기회 구조 요인들(예를 들면, 거시경제, 산업·직업구조, 정책·제도, 사용자 태도)을 노조 가입 기회를 보장하는 공급 측 요인으로 일컫는다.

8   참고로, Heery and Simms(2008)는 영국에서 전개된 노조의 조직화 활동에 대한 주요 제약 요인들을 분석해 제시하고 있는바, 내부 문제로는 활동가의 조직화 경험 부족, 과 중한 업무 부담, 자원 미비와 지원체계 빈약, 지도부의 활동 의지 부재 등이 지적되며, 외적 제약 요인으로 사용자의 반대, 노조에 대한 부정적 평판, 미조직노동자들의 개인주 의적 태도, 지원 법률 부재, 노조 간 경쟁 등이 언급된다. Burchielli and Bartram(2009) 은 호주 노조들의 조직화 활동에서 드러난 핵심적인 제약 요인으로 노조 내부의 분열과 갈등, 계속되는 산업구조조정을 꼽는다.

9   세 개 직종(학습지 교사, 행정기관 계약직, 건설 일용직)의 비정규직 노조활동에 대한 정이환(2000)의 사례 연구에서도 이상의 네 가지 범주 영향 요인들이 중요하게 작용하 고 있음을 잘 보여주는데, 특히 그의 분석에서는 비정규직 노조운동의 발전 단계에 따

저히 낮다는 사실[10]에서 잘 드러나듯이, 비정규직 대상의 조직화는 정규직과 비교해 현실적으로 부딪치는 어려움이 무척 크다. 비정규직 노동자들은 열악한 근로조건이나 비인격적인 차별 처우 등으로 인해 적잖은 불만을 갖고 있음에도 불구하고, 그들의 불안정한 고용지위로 인해 독자적인 노조 결성의 움직임을 형성·추진하기도 어려울 뿐 아니라 설사 힘들게 조직화한 경우에도 사용자의 반노조 탄압에 쉽게 무너지는 경우가 많다. 대학 청소노동자와 같이 중고령 여성 비정규직의 경우에는 성차별적인 고용 관행과 남성 지배적인 현장감독 관행이 엄존하는 가운데 노조 조직화의 기회구조가 더더욱 취약할 수밖에 없다. 또한, 많은 노동조합이 기업별 조직체계를 산별 구조로 전환함과 동시에 비정규직 조직화에 상당한 노력을 경주하고 있기는 하나, 조직 내부적으로 정규직 조합원 중심의 기업별 활동관성이 여전히 강고하게 유지되고 있어 비정규직 조직화 활동에 충분한 활동역량이나 운동자원을 투입하지 못하는 실정이기도 하다. 따라서 비정규직 노동자들의 조직화 활동이 그 조직 대상의 취약한 주체적 상황과 불리한 기회구조, 그리고 추진 주체인 노조들의 부실한 추진 의지 및 실행 여건 등으로 인해 그리 긍정적인 성과를 거

라 결정적으로 영향을 미치는 요인들이 상이하다는 사실을 밝혀 특기할 만하다. 구체적으로, 비정규직 노조의 형성 단계에서는 핵심 활동역량과 미조직노동자의 불만 정도, 외부 자원 지원이 결정적인 성공 요인으로 작용하는 한편, 확산 단계에는 노조의 연결망과 미시적 기회구조가 중요해지고, 운동의 안정화 단계에 들어서면 운동 주체의 전략적 역량과 더불어 노동시장 상황의 거시적 기회구조가 중요하게 영향을 미치는 것으로 분석된다.

10 2017년 8월의 경제활동인구조사 부가조사에 따르면, 비정규직의 노조 조직률은 2.9%로 정규직의 17.1%에 비해 현저히 낮은 수준에 머물러 있다(한국노동연구원, 2017).

두지 못한 것은 어찌 보면 당연하다고 볼 수 있다.

　이런 맥락에서 비정규직을 비롯한 미조직의 취약노동자집단을 대상으로 조직화 활동이 효과적으로 전개되기 위해서는 노조 내부의 운동 혁신과 외부의 도덕적 연대(moral solidarity)가 중요한 성공 요인으로 요구된다는 점이 최근 연구에서 크게 부각되고 있다. 한편, 노조 지도부와 활동가들이 조합원 중심의 폐쇄적인 활동 방식을 탈피해 계급적 대표성을 재강화하려는 운동 목표를 확립하고 이를 성취하기 위해 조직 내부의 역량과 자원을 집중 배치하는 이른바 '전략조직화' 사업 방침을 총력적으로 실천해가는 것이 노조운동의 재활성화를 구현하는 길이면서 미조직의 비정규직 노동자들을 성공적으로 조직화해갈 수 있는 필수 조건이라는 점이 강조되고 있다(김태완, 2009). 하지만 최근 노조운동의 침체 상황을 고려할 때 노조의 자체 역량만으로 비정규직의 조직화와 권익 보호를 수행하기 어려운 것이 엄연한 현실이다. 그런 만큼, 사용자의 부당한 처우와 비인격적 횡포에 분노해 불안정 노동자들의 노조 결성과 집합행동을 지지하고 지원하는 시민사회 차원의 도덕적 연대를 전략적으로 이끌어내는 것이 매우 중요해진다. 동원이론에 따르면, 노조 조직화는 사회적 가치규범에 위배되는 '정의롭지 못한 일(injustice)'이 노동 현장에 벌어질 때 상대적으로 수월하게 전개될 수 있다(Kelly, 1998). 왜냐하면 사용자가 사회정의에 어긋나는 방식으로 비인간적인 노무관리나 처우를 보일 때 노동자들 사이에 도덕적 분노와 저항의 집합행동 프레임을 손쉽게 조성할 수 있기 때문이다(Badigannavar and Kelly, 2005).[11] 이 같은 집합행

11　한편, Badigannavar and Kelly(2005)는 노동자 삶의 불안정을 심화시키는 신자유주의

동의 이론적 관점을 확장해본다면, 대표적인 사회적 약자로 일컬어지는 비정규직 노동자들이 부당한 처우와 불안정한 고용조건을 개선하기 위해 노조 결성을 시도하는 것에 대해 '정의로운 저항행동'이라는 사회적 프레이밍을 작동시켜 그들의 조직화 활동을 지지하려는 시민사회 차원의 도덕적 연대를 전략적으로 형성하는 것이 가능하며, 그 활동성과에 중요한 성공 조건으로 작용할 수 있다.[12] 이때, 도덕적 연대는 타인의 어려움과 고통에 대한 인도적인 공감(humane empathy)에서 비롯된다(Gray, 2011). 더욱이 켈리(Kelly, 1998)에 따르면, 도덕적 연대는 정의롭지 못한 고통이나 어려움을 겪고 있는 사람들에 대해 다른 사람들이 부당하다고 인식하여 이러한 상황을 공감해 자신의 문제로 받아들이고 서로의 공감에 기반하는 집단적 이해관계(collective interest)로 발전시켜 궁극적으로 이를 해결하려는 실천적 행동에 나서도록 하는 일련의 과정을 포함한다는 점에 유의할 필요가 있다. 따라서 비정규직의 부당하며 열악한 노동현실에 대한 사회적 공감을 폭넓게 조성해 그들의 조직화와 투쟁을 지지·지원하는 시민사회의 도덕적 연대를 조성하는 것이 비정규직 조직화 전략의 핵심 과제로 자리매김하고 있다. 비정규직 노조의 취약한 주체 역량 및 열악한 활동 여건을 충분히 벌충해주는 외부 운동자원을 확보해

적 정책 담론이나 범지구적 시장경쟁체제가 분명 정의롭지 못한 거대한 세력임에도 비인격적인 구조현상으로 작동하고 있기 때문에 이에 맞서 저항하려는 집합행동 프레임을 형성하기가 용이하지 않다는 점을 지적한다.

12 주변노동자들의 조직화 투쟁에 사회정의의 집합행동이라는 의미를 부여하려는 프레이밍 전략을 통해 시민사회의 적극적인 연대와 지원을 이끌어낸 대표적인 성공 사례로는 미국 서비스산별노조(SEIU) 주도의 '청소노동자를 위한 정의(Justice for Janitors)' 캠페인을 꼽을 수 있다(Wills, 2008).

준다는 측면에서뿐만 아니라 그 조직화 활동의 사회적 정당성을 확보해 사용자에 대한 규범적 압력을 강화할 수 있는 유리한 기회구조를 창출한 점에서 더욱 그러하다. 한국과 미국의 대학 청소노동자들에 의한 노조 결성 사례를 비교·분석한 천(Chun, 2005)은 양국의 비정규직 노동자들이 불안정한 고용지위로 인한 열악한 활동자원 및 취약한 기회구조에도 불구하고 사용자들의 노동 착취 현실에 맞서는 그들의 분규행동을 사회정의의 투쟁으로 정의해 인식시킴으로써 스스로 계급적 주체성을 획득함과 동시에 시민사회의 도덕적 연대를 전략적으로 형성하고 왕성하게 작동시켜 결국 조직화에 성공하는 공공드라마를 연출한 사례를 흥미롭게 보여준다.[13] 이처럼 비정규직과 같은 주변노동자들이 겪고 있는 부당한 노동 현장 문제를 사회정의의 프레임으로 확대 정의해 이들의 저항행동에 대한 시민사회 차원의 공감을 이끌어내고 시민들의 도덕적 연대를 적극적으로 동원하는 것이 미조직노동에 대한 노조 조직화의 유효한 대안 전략으로 새롭게 강조되는 것이다.

요컨대, 대학의 청소 용역업체에서 일하는 여성 중고령 노동자들과 같은 취약노동자 집단을 조직화하려는 경우, 노조가 내부적으로 운동혁신의 분명한 목표를 설정해 자원과 역량을 집중 배치·가동하는 전략적 사업 방식을 실행하는 것이 그 성공의 핵심적 필요조건으로 요망되며, 외부적으로는 이들 불안정 노동자의 조직화 투쟁을 성원하는 시민사회

---

13   캐나다 아동돌봄노동자들의 조직화 사례를 분석한 Yates(2010) 역시 돌봄노동에 대한 열악한 처우가 아동돌봄의 질을 크게 저하시킨다는 사회적 이슈의 프레임을 연출하여 자녀들의 돌봄 질을 걱정하는 부모들과의 연대를 통해 노조 결성에 성공한 전략적 접근을 소개한다.

차원의 도덕적 연대를 적극적으로 연출하고 활용하는 것이 중요한 충분 조건으로 고려될 필요가 있다. 노조 조직화에 관한 기존 연구에서 네 가지 성공 조건(미조직노동자들의 태도성향, 노조 지도부 및 활동가의 전략적 역량, 동원 가능한 운동자원, 기회구조)와 연계시켜 살펴본다면, 전략조직화는 노조 지도부·활동가의 전략적 역량으로서 미조직노동자들의 태도 변화와 조직 내적 자원·역량의 효과적 집중 배치, 외부연대 자원의 동원, 유리한 기회구조의 확충 및 불리한 위협 조건의 회피 또는 억제 등과 같이 여러 성공 조건을 연출·활용해나가는 이른바 전략적인 운동 접근을 의미하는 것이다. 도덕적 연대는 노동운동의 외부 주체들이 노동 현장의 문제(특히 비정규직의 열악한 노동조건이나 비인간적 차별)에 대해 분노하고 공감해 이들 문제의 정의로운 해결을 위해 자발적으로 필요 자원을 제공하고 미조직노동자들을 정서적으로 격려·지지하며 사용자의 횡포와 노조 탄압을 억제하는 사회규범적 압력을 행사함으로써 노조 지도부 및 활동가의 조직화 활동에 전략적 동반역량으로 기여하는 것으로 이해될 수 있다.

비정규직 노동자의 노조 조직화와 이를 위한 도덕적 연대에 관한 국내외 선행 연구를 검토한 바에 의거하여 이 책의 5장에서는 대학 청소노동자들을 대상으로 벌여온 서경지부의 조직화 활동 사례를 중심으로 공공운수노조의 전략조직화 방침과 노조 외부의 도덕적 연대가 어떻게 괄목할 만한 성과를 거두게 되었는지에 대해 구체적으로 살펴보기로 한다.

5. 사회운동의 연대네트워킹

사회운동은 다양한 개인들, 집단들, 조직들 사이의 비공식적인 상호작용의 연결망에 기반한다(Haug, 2013).[14] 디아니와 매캐덤(Diani and McAdam, 2003)에 따르면, 사회운동에 참여하는 사람들이 개별 주체들(atomized individuals)로서보다는 직접 또는 매개된 상호작용의 복합적인 관계망을 통해 서로 연결된 주체로서 그 집합행동에 동참하거나 역할을 맡는다는 점에서, 사회운동은 여러 활동 주체들을 묶어주는 사회적 연결망이나 관계(social networks or ties)에 크게 의존하는 것이다. 사회운동이 활동가들이나 개별 행위자들의 단순한 집합체가 아니라 관계적 과정으로 인식될 수 있는 만큼, 특정한 관계적 맥락에서의 사회적 배태성(social embeddedness)은 그 집합행동의 성과에 유의미하게 기여한다(Diani and McAdam, 2003; Diani, 1997). 다시 말해, 사회운동에 배태되어 있는 사회적 연결망은 그 집합행동의 성공 여부에 중요한 조건으로 작용하는 것이다(Passy, 2003). 비슷한 이론적 관점에 입각하여 검브렐-매코믹과 하이먼(Gumbrell-McCormick and Hyman, 2013)은 사회연결망 또는 사회적 자본(social networks or social capital)이 정치적·경제적 지배 집단에 맞서 도전하거나 저항하려는 사회약자들의 주요 운동자원으로 활용될 수 있음을 강조한다.[15] 사회연결망 운동이론의 이 같은 시각에서 잘리(Jarley, 2005)는 노동

---

14 Kitts(2000)는 사회운동에서 사회연결망의 중요성에 주목해 논증하기 시작한 이론적 관점이 McCarthy and Zald(1977)의 자원동원이론(resource mobilization theory)이었던 것으로 소개한다.

15 DeFilippis(2002)는 사회적 연결망 또는 사회적 자본의 이론적 개념이 퍼트넘(Putnam)

조합이 노동자들의 사회적 연결망에 대한 적절한 활용과 적극적 확장을 통해 조직화 활동과 사회적 영향력을 강화함으로써 자신의 규범적·수단적 가치를 드높일 수 있다는 점을 들어 사회자본 노조주의(social capital unionism)를 강조하기도 한다.

사회운동의 집합행동에서 사회연결망이 담당하는 주된 역할은 다음과 같이 정리해볼 수 있다. 우선, 사회연결망은 집합행동을 위한 미시적 또는 중위적 동원에 이바지하며, 사회운동 참가자의 신규 충원에 도움을 준다(Marwell, Oliver and Prahl, 1988; Snow, Zurcher, Jr. and Ekland-Olson, 1980). 디아니와 매캐덤(Diani and McAdam, 2003)이 지적하듯이, 이미 존재하는 사회적 연결망은 사회운동의 동원과 조직화에 긴요한 기반으로 기능할 뿐 아니라, 새로운 집합행동의 등장과 이에 대한 시민적 참여를 가능케 하는 토대로서 역할을 하는 것이다. 왜냐하면 사회운동 주체들이 상호 신뢰로 긴밀하게 맺고 있는 기존의 사회관계가 집합적 연대행동을 동원·수행할 수 있는 그들의 능력에 '무조건적으로(unconditionally)' 긍정적인 영향을 미치기 때문이다(Passy and Monsch, 2014; Kitts, 1999; McAdam and Paulsen, 1993; Tindall, Cormier and Diani, 2012). 실제, 시민 개인 대상의 미시적 동원(micro-level mobilization)과 사회운동의 단체 또는 조직을 대상으로 하는 중위적 동원(meso-level mobilization)이 사회연결망을 통해 용이하게 이루어질 수 있다. 또한, 사회연결망은 운동자원의 확보와 조달, 저

에 의해 널리 활용되기는 했지만, 사회운동론의 관점에서 보면 '정치적으로 반동적인 (reactionary) 함의'를 드러내는 문제를 안고 있었다고 지적한다. 한편, Law and Mooney(2006)는 신자유주의 폐해에 저항하기 위해 사회약자들의 운동자원으로 활용되는 사회연결망을 '저항적 사회자본(insurgent social capital)'이라 개념 짓는다.

항행동의 기획과 준비, 상황정보의 원활한 파악과 전파 및 대중적 여론화 등을 효과적으로 담보하기도 한다(Haug, 2013; Tindall, Cormier and Diani, 2012; Edwards and McCarthy, 2004).

둘째, 사회적 연결망은 사회경제적 불의에 대한 도덕적 분노와 대중적 저항의 서사적 의미(narrative meaning)를 확산시키는 전도체(transmitter)로서 기능함과 동시에 사회운동 주체들 간에 상호 신뢰의 감정과 정서적 결속을 강화함으로써 그들의 연대적 집합행동에 대한 참여를 촉진한다(Passy and Monsch, 2014). 왜냐하면 사회운동은 "의미(전파)의 사회연결망(social network of meaning)"(White, 1992)에 입각해 연대행동의 명분을 폭넓게 형성하는 것이며, 그 관계망을 통해 '함께 분노하고 저항하려는' 연대 감정이 확보되면서 대중이 동참하는 집합행동의 역동성이 활성화되기 때문이다.

셋째, 사회연결망은 사회운동에 대한 집단적 정체성의 형성을 통해 집합행동에의 대중적 동원을 효과적으로 뒷받침한다(Passy, 2003; Kitts, 1999). 사회적 관계를 통해 도덕적 분노감정을 공유한 활동가들과 일반 시민들은 동질적 집단 정체성으로 결속하며, 연대적 집합행동에 대한 참여 동기를 강화한다. 구체적으로, 사회적 연결망에 입각해 형성된 집단적 정체성은 사회운동 주체들로 하여금 집합행동의 추구 목표를 명료하게 공유토록 함과 동시에, 이들 주체의 주관적 인식 틀(cognitive toolkit)과 가치판단 준거를 동질적으로 형성함으로써 연대활동에의 참여를 촉진하는 것이다(Passy and Monsch, 2014; Smith, 2009; Passy and Giugni, 2001). 캐럴과 래트너(Carroll and Ratner, 1996)에 따르면, 다양한 운동단체에 속해 있는 활동가들이 사회적 연결망을 통해 공유하게 된 집단 정체성의 해석

틀(master frame)은 사회 불의에 대한 공통된 인지적 해석을 내리고 그 불의에 저항하는 전략적 실천 대안을 함께 모색하게 함으로써 연대적 집합행동의 중요한 성립 조건으로 기능하기도 한다.

이같이, 사회연결망이 집합행동의 동원과 조직화, 도덕적 분노와 정서적 결속, 그리고 집단 정체성의 형성과 강화 등을 통해 사회운동 차원의 연대활동을 성사시키기 위한 중요 조건으로 작용하고 있다는 점을 이론적으로 확인해볼 수 있다. 하지만 에드워즈와 매카시(Edwards and McCarthy, 2004)가 지적하듯이, 사회연결망은 그 성격과 수행 방식에 따라 집합행동의 연대를 촉진할 수 있지만 오히려 이를 제한할 수도 있다는 점, 그리고 앞서 실천한 집합행동의 성과에 따라 사후적으로 그 관계의 지속성 여부가 크게 영향받을 수 있다는 점에 유의해야 한다. 아울러, 사회연결망이 연대적 집합행동에 활용될 수 있는 중요한 운동자원과 실천 조건이 되기는 하나, 이를 그 집합행동에 효과적으로 작동시켜 운동적 성과를 이끌어내는 것은 역시 운동 주체들의 몫이라 할 수 있다. 특히, 사회운동단체들의 중개적 위치(brokerage position)에서 그 단체들 간의 경계를 가로질러 연대적 집합행동에 대한 활동가들과 일반 시민들의 동참을 촉발하고 확장시킬 수 있는 능력을 효과적으로 발휘할 수 있는 연결망 주동자(network entrepreneur)이자 연대담론 지도자(solidarity discourse leader)의 존재가 연대운동의 성공을 위해서는 반드시 요구된다(Haug, 2013; Diani and McAdam, 2003). 사회연결망이 사회운동의 연대를 구현할 수 있는 필요조건에 해당된다면, 그 연결망의 다양한 주체들로부터 폭넓은 신뢰를 받으며 연대담론의 명분과 집합적 실천 능력을 이끌어갈 수 있는 중개자(broker)의 유능한 역량 발휘가 연대적 집합행동에의 대중적 참여를 성공적으로 촉발하고 확장하기 위한 충분조건으로 작용한다는 점을 분명히 이해할 필요가 있는 것이다.[16] 또한, 컴퓨터 매개적 소통기술(computer-mediated communication technology)의 발달, 특히 인터넷과 소셜 네트워크 서비스 미디어(social network service media)의 폭넓은 활용이 연대적 집합행동의 실천에서 사회연결망의 작동을 좀 더 용이하게 하며 사회운동 생태 조건으로 등장하여 기여하고 있는 점도 특기할 만하다.[17] 실제, SNS와 인터넷은 전국적으로 산개해 있는 사회운동단체들의 활동가들이 좀 더 빠르고 저렴하게 상호 간의 효과적인 소통을 수행할 뿐 아니라 일반 시민들에게까지 사회 이슈의 현장 소식을 실시간으로 전파·확산시킴으로써 연대적 집합행동의 사회연결망을 더욱 강화하고 확장할 수 있는 유력한 운동수단으로 자리매김되기도 한다(Diani, 1997).[18]

---

16 사회연결망의 대표적인 이론가인 버트(Burt, 1999) 역시 사회(운동) 집단들의 경계를 넘어 이들을 아우르는 연대활동을 성공적으로 이끌어가기 위해서는 사회연결망의 중개적 역할을 주도적으로 이끌어가는 여론지도자(opinion leader)의 존재가 반드시 필요하다는 점을 강조한다. 덧붙여, 송민수·유병홍(2015)은 노동운동의 침체 상황에서 노동 문제의 해결을 위해 연예인이나 저명인사(celebrity)가 나서 친노동적인 대중여론을 형성하고 확산시킴으로써 고용관계의 제3행위자로서 연대활동의 중개적 역할을 수행하고 있음을 강조한다.

17 Castells(2013)은 인터넷과 SNS가 다중적 의사소통의 수평적 네트워크를 형성해줌으로써 지배권력에 맞서 좀 더 효과적인 저항운동을 전개해 정치개혁을 촉발할 수 있는 사회운동의 주체적 여건이 조성되고 있다는 점을 강조한다. Sheller(2004)는 인터넷과 소셜미디어의 시대에는 시민들이 이동통신수단을 활용해 사회문제에 대해 손쉽게 공감하고 연대행동에 적극 동참하는 '기동성 있는 공중(mobile public)'으로 탈바꿈하고 있다고 지적하기도 한다.

18 허건(2015)은 SNS가 사용자들 간의 자유로운 의사소통과 정보 공유 및 인맥 확대 등을 통해 사회적 연결망을 생성·강화해주는 온라인 플랫폼으로서 활동가들과 일반 시민들의 사회문제에 대한 관심사 공유와 감정적 결속을 효과적으로 이끌어냄으로써 연대적

이상에서 살펴본 사회운동의 연대네트워킹과 관련된 선행 연구의 이론적 논의에 기반해 이 책의 6장에서 희망버스의 성공적인 연대운동 사례를 검토할 것이다. 특히, 6장에서는 희망버스 연대운동을 추동했던 주요 활동가들의 증언에 의거하여 그 연대적 네트워킹이 어떻게 성공적으로 형성되어 실행될 수 있었는지에 연구 초점을 맞춰 논의한다.

6. 정규직·비정규직의 연대정치

자본주의 경제체제하에서 노동자들은 사용자를 상대할 때 경쟁과 연대라는 상충된 행동원리에 따라 행동하기 마련이다(Erd and Scherrer, 1985). 한편, 자신의 노동력을 팔아 생계를 해결해야 하는 노동자들은 노동시장에서 사용자에게 선택받기 위해 서로 경쟁하지 않을 수 없다. 다른 한편, 노동자들은 사용자와의 협상에서 약자 지위를 극복하기 위해, 그리고 노동시장에서의 위험을 공동 대처하기 위해 집단적으로 결속하려는 연대활동을 벌인다. 노동조합은 바로 노동자 연대의 제도화된 활동조직이라 볼 수 있다. 노동조합을 통해 노동자들은 단체교섭과 집단행동으로 공동의 이익을 추구하고, 상호부조와 친밀성의 연대공동체를 형성·유지하기도 한다. 그런데 노동조합은 통상 사업장이나 직종, 고용지위 등에서 동질적인 조건을 갖는 노동자들이 가입해 활동하는 결사체이기 때문에 이런 조건을 갖추지 못한 다른 지위의 노동자들이 배제되는 경우가 많

집합행동에 대한 중위적 또는 미시적 동원의 위력 있는 수단이 되고 있음을 밝힌다.

다. 다시 말해, 노동자 연대를 구현하는 대중적인 조직인 노동조합은 본질적으로 배제와 차별이라는 원리를 동반하는 것이다.[19] 이처럼 노동자들 사이의 상호관계가 연대와 경쟁 또는 배제라는 상반된 원리에 의해 규정됨에 따라 그들의 결사체인 노동조합은 거시적 수준의 노동시장 분절구조, 그리고 미시적 수준의 중층적 작업장 고용구조로 인해 노동자 집단의 차등적 계층화가 존재하는 여건하에서 노동자 연대의 정치(politics of labor solidarity)를 풀어가야 하는 난제를 떠안고 있는 것이다. 물론, 고용관계 분절화가 이루어지는 과정에서 노동자 집단들을 분할해 지배하려는 자본의 통제 전략이 집요하게 개입해 작용한다는 점도 유념해야 할 것이다.

　　노동시장 유연화의 일환으로 비정규직 인력 활용이 늘어나면서 사업장 차원의 고용구조가 중층적으로 분절화되는 형태로 바뀌고 있다. 정규직과 비정규직의 노동자들은 상이한 고용지위를 갖고 있는 만큼 같은 사업장에서 근무하더라도 동질적 노동자 집단이라기보다는 이질적 집단으로 구분되어 서로 대응하는 관계 맺기가 이루어진다. 정규직 노동자들이 비정규직에 비해 양호한 고용조건과 안정된 신분을 보장받는 것에서 드러나듯이, 사용자와의 교섭력에서 노조의 보호에 의해서든 개별적 숙련에 의해서든 정규직은 비정규직보다 유리한 지위를 갖는다. 이같이, 작업장에서 우월한 지위를 차지하는 정규직 노동자들이나 그들의 노동조합은 취약한 위치에 놓인 비정규직에 대해 자연히 비대칭적 권

19　Hyman(1999)은 노동조합이 포용과 배제의 집단동학(group dynamics of inclusion and exclusion) 또는 편견의 동원(mobilization of bias)을 통해 파편화된 노동자 연대(compartmentalized worker solidarity)를 낳고 있다고 지적한다.

력관계를 갖기 마련이다. 그 결과, 기존 연구에서는 혼합적 인력 구성의 사업장에서 정규직·비정규직 노동자들의 상호관계를 주도권을 쥔 정규직의 태도성향에 따라 여러 유형으로 구분한다. 정이환(2003, 2006)은 정규직 노조가 비정규직에 대해 보이는 태도 유형을 배제와 보호적 관여, 그리고 연대로 구분하고, 다시 정규직·비정규직의 상호관계 유형을 노조의 적극성과 조합원의 참여 정도에 따라 실패한 연대(배제), 수동적·제한적 연대, 주도적·전면적 연대로 나누어 규정한다. 윤영삼(2010)과 조돈문(2010)은 정규직 노조가 비정규직 고용에 대응하는 태도를 방임·철폐·규제로, 비정규직 조직화에 대응하는 태도를 배제·통합·지원으로 각각 세분화한 다음, 2개 범주를 조합하는 유형화를 제시한다.[20]

비정규직 노동자들이 단순히 정규직 노조의 연대 또는 배제 대상으로 머물러 있기보다 주체적인 집단으로서 사용자와 정규직 노조에 다양하게 대응한다는 점을 간과해서는 곤란하다(홍석범, 2011). 더욱이, 비정규직 노동자들이 생산 현장에서 상당한 비중을 차지하는 경우, 그들의 노조를 꾸려 독자적으로 단체교섭이나 집합행동을 벌이기도 한다. 이럴 경우, 고용구조 유연화와 분절화의 산물로 정규직과 비정규직을 각각 조직·대변하는 복수의 노조가 공존하며 상호작용하는 사업장 노사관계가 조성된다. 비정규직 노조는 정규직 노조에 비해 대처해야 할 노동 문제

---

20 비슷하게, 장귀연(2009)은 비정규직에 대한 정규직 노조의 조직적 포괄 여부와 교섭의 권익 대변 여부에 따라 통합(포괄, 대변), 임의적 대리(비포괄, 대변), 수용(포괄, 비대변), 배제(비포괄, 비대변)라는 4개 관계 유형으로 구분한다. 해외 연구로는 Cervino(2000)가 비정규직에 대한 정규직 노조의 대응 태도를 완전 통합(total inclusion), 부분 통합(partial inclusion), 배제(exclusion)로 비슷하게 구분하기도 한다.

(예를 들면, 비정규직 노동자들의 불안정한 고용관계와 열악한 노동조건, 차별적인 보상 처우 등)의 해결 부담이 큰 반면, 그들이 보유한 운동자원이나 기회구조는 매우 취약한 상태에 놓여 있다. 따라서 비정규직 노조는 자신의 문제를 해결하기 위해서나 그 조직의 명맥을 유지하기 위해 정규직 노조의 지원과 지지가 절대적으로 필요하다. 그런데 정규직 노조와 비정규직 노조는 임노동의 공통된 처지에 기반하는 계급적 단결을 표방할 수도 있지만, 현실적으로 상이한 고용지위에서 비롯되는 이해관계·집단정서·인식 프레임 등의 차이를 드러내며 갈등적인 상호관계를 표출할 수 있다. 이같이, 정규직 노조와 비정규직 노조는 사업장의 비정규직 노동 문제를 둘러싸고 연대와 갈등의 상호작용, 즉 복합적 양상의 연대정치(solidarity politics)를 연출하는 것이다.

〈표 1-1〉에서는 국내의 주요 선행 연구에서 정규직·비정규직의 노동자 연대가 형성하거나 작동하는 데 영향을 미치는 것으로 파악한 다양한 요인들을 정리해 제시한다. 이들 연구에서는 공통적으로 사업장 노사관계를 둘러싼 거시적·미시적 기회구조로서의 맥락 조건(예를 들면, 사용자 태도, 작업 조직과 생산 과정, 정부 정책과 법률제도, 시민사회 여론 등)을 거론함과 더불어 정규직 노조의 주도적 역할에 초점을 맞추어 노조 지도부·활동가들의 이념 성향이나 리더십 그리고 조합원의 태도성향 등이 미치는 영향을 분석한다.[21] 다만, 홍석범(2011)은 정규직·비정규직의 연대정치에서 비정규직 노조의 주체적인 대응이 갖는 의의를 강조하며 비정규

---

[21] 아울러, 유형근(2012)과 윤영삼(2010)은 비정규직 노동을 위한 연대활동을 제약하는 요인들로 노조 상급 단체의 책임 회피와 관료주의, 정규직 노조의 선거정치와 계파 분열, 정규직의 고용조정 경험 등을 지적한다.

표 1-1
정규직·비정규직의 노동자 연대에 대한 영향 요인

	정규직·비정규직 연대의 영향 요인
정이환(2003)	조합 간부의 이념태도·리더십·도덕정당성, 정규직 조합원의 연대 동조/협조 규범, 운동 목표 차이의 조정 여부, 정규직·비정규직의 일상적 분리 여부, 사용자 반대 등의 미시적 기회구조
조돈문(2008)	노조 간부의 이념적 성향, 노동시장 경험(예: 고용조정), 정규직·비정규직의 일상적 접촉
장귀연(2009)	작업 조직과 노동 과정 관계, 정규직 노조의 정체성과 조합원의 노동자의식, 외부 사회적 압력
윤영삼(2010)	• 주체적 조건: 비정규직의 불만·연대행위의사·독자적 조직화/집합행동능력, 정규직의 계급적/집단적 합리성·연대동의 형성, 정규직·비정규직의 사회심리적 거리감, 정규직 노조 지도부 및 활동가의 연대의지·실천력, 정규직·비정규직 노조 지도부의 신뢰·이해조절능력, 노조 내부의 정파 경쟁, 노조 조직률/규모 • 객관적 조건: 자본의 노동 통제 방식과 노동연대 방해전략, 작업 조직 구조, 비정규직 규모, 지역의 연대 분위기, 균등 처우 법제도
홍석범(2011)	• 주체적 요인: 비정규활동가의 조직화 전략 • 관계적 요인: 조합원의 협조 규범, 노조 지도부의 이념적 성향과 태도 • 맥락적 요인: 노동자 인적 속성, 직무 속성, 작업 조직 특성, 법제도·행정 환경, 시민사회단체 태도

직 노조의 간부·활동가들이 보여주는 전략적인 대응 능력과 태도성향을 중요 영향변수로 다룬다.

그런데 이상의 요인들에 의해 영향을 받는 연대정치는 특정한 상태로 고정되어 있기보다는 여러 주체의 상호작용과 당면한 이슈 또는 사건을 겪으면서 그 상태가 시간 흐름이나 상황 전개에 따라 변동될 수 있다는 점에 유의할 필요가 있다. 코스터와 샌더스(Koster and Sanders, 2007)는 과거에 경험한 사건의 충격이나 연대적 관계의 기억, 그리고 미래의 집단 간 상호관계에 대한 기대감이 현재 집단 사이의 연대행동에 중요하게 영향을 미친다는 점을 밝히면서 연대의 시간적 배태성(temporal embed-dedness), 또는 순차적 연대성(serial solidarity)을 이론화한다. 허시(Hirsch, 1986) 역시 정치적 연대의 경험적 분석을 통해 집합적 연대활동의 동원이 단계적으로 발전하거나 퇴보하는 방식으로 변화한다는 의미에서 발생적 연대(emergent solidarity)라는 이론적 개념을 제시한다.[22] 특히, 정규직·비정규직과 같이 이질적인 집단이 공존해 상호관계를 유지하고 있는 생산 공간에서는 그들이 특정한 현안을 둘러싸고 각개적으로 또는 상호 연계해 벌인 행동이나 의사 표시가 사후적으로 그들의 상호관계와 교호 작용에 중요한 영향을 미친다는 것을 쉽게 추론해볼 수 있다. 예를 들어, 특정 현안에 대해 정규직과 비정규직의 활동 주체들이 상호 연대에 입각한 집합행동을 성사시켰다면, 이러한 선례는 두 노동자집단 사이의 신뢰와 동지애를 강화하여 이후의 연대활동을 더욱 용이하게 추진할 수 있을 것이다. 물론, 이와는 상반된 악순환의 연대정치를 생각해볼 수 있으며, 사업장 안팎의 변수와 상황적 계기에 의해 연대정치의 흐름이 진전과 퇴보의 다양한 변화 양상을 보일 수 있다. 이처럼 정규직·비정규직 노동자 집단들의 연대정치는 단발적인 사건으로 묘사되거나 고정적인 성격으로 규정되기보다는 두 개 집단 간의 상호작용을 통해, 그리고 선후 사건들의 인과적 연쇄 작용을 통해 활동 주체들이 (개별적 또는 상호작용의) 과거 경험과 현재의 행위동기, 그리고 당면한 기회구조 상황 등에 의해 영향받으며 필연적으로 불확실성의 변화 동학을 배태하고 있는 것으로 이

---

22 Hirsch(1986)는 정치적 연대가 초기에 경제적 이익 추구를 위해 형성되었다가, 이후 상호 호혜의 경험과 공동의 이념 목표 지향을 통해 더욱 강화된 수준으로 진전되는 사례를 보여준다.

해할 필요가 있다.[23] 그런 가운데, 노동자의 연대정치는 선행 사건 또는 에피소드에 참여한 활동 주체들의 상호작용 경험이 이후 전개되는 그들의 관계적 상황 연출에 중대한 영향을 미친다는 점에서 순차적인 인과성의 동학을 배태하고 있다는 사실도 유의해야 한다.

〈그림 1-1〉에서 예시하듯이 자동차 공장에서 전개되는 정규직과 비정규직 사이의 연대정치에는 다양한 주체들이 개입·관여한다. 우선, 정규직(원청)·비정규직(사내하청) 노동자들은 개별적 이해관계와 대중적인 정서, 관계적 거리감에 입각해 서로에 대해 연대 또는 배제의 태도를 보이며, 각 집단의 노조가 실행하려는 연대정책에 협조하거나 거부하는 행동을 나타낸다(Lee and Frenkel, 2004). 정규직·비정규직 노조의 조직적 차원에서는 집행부를 맡은 지도부와 활동간부들이 어떠한 이념적 지향이나 운동 목표를 갖고 있는가에 따라 연대정치의 향방이 상당히 달라질 수 있다.[24] 또한, 양 노조의 지도부가 작업장 내 비정규직 문제를 어떻게 정의·진단하고 문제 해결의 방향을 설정하는지에 대한 인식 틀, 즉 프레임이 일치하는지 또는 상충하는지에 따라 그들 사이의 연대정치가 상이

---

23 McAdam et al.(2001)이 사회운동의 발생과 전개를 특정 변수나 조건을 중심으로 분석하는 정태적인 이론접근(예를 들면, 자원동원이론)의 한계를 지적하며 운동적 상황들이 다양한 메커니즘과 프로세스로 구성되어 펼쳐지는 변화 궤적을 규명해야 한다는 투쟁 동학(dynamics of contention)에 대한 비슷한 논지의 분석모델을 제안한다는 점이 특기할 만하다.

24 Ferris et al.(1993)은 작업장에서 신분상의 여러 혜택을 받는 노동자집단과 그렇지 못한 집단 사이에 사업장 노사 협상을 풀어감에서 정보자원이나 사회연결망 등을 활용할 수 없는 후자 집단의 노동자들이 정치력 결핍(political skills deficiency)을 드러낸다는 이론적 가설을 제시하는데, 이를 연대정치의 전개 과정에서 비정규직 노조가 겪는 제약 상황의 하나로 생각해볼 수 있다.

그림 1-1

원청·사내하청 노동자집단의 연대정치를 둘러싼 사업장 내 상호관계

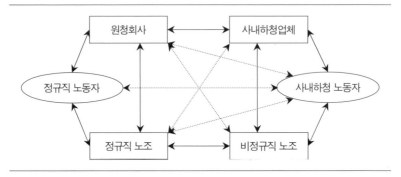

주: 실선은 직접적인 상호관계를, 점선은 간접적인 상호관계를 의미함.
자료: 이병훈(2004b).

한 방향으로 전개될 수 있는 것이다. 특히 매캐덤·태로·틸리(McAdam, Tarrow and Tilly, 2001)가 지적하듯이 사회운동의 성패 또는 진전 양상은 그것을 둘러싼 외부환경 조건들에 의해 단순히 결정되기보다는 운동 주체들의 상황 인식과 전략적 해석에 의해 매우 다양하게 펼쳐질 수 있다. 그런 만큼, 이질적인 노동자집단의 연대활동이 발전하거나 좌절되는가의 여부는 이들 집단을 각각 이끌어가는 지도부와 활동가들이 운동 비전의 설정, 활동 목표와 전략 접근, 당면 이슈의 진단과 해법 찾기 등에서 각자의 위치에 입각한 상이한 인식 틀을 넘어서, 어떻게 공통의 운동 프레임을 확보해 실천하는가에 달려 있다고 해도 과언이 아닐 것이다. 아울러, 정규직·비정규직 노조의 연대정치에 개입하는 중요한 주체로 원청회사 및 사내하청업체를 고려하지 않을 수 없다. 원청회사는 사내하청의 간접고용을 적극 활용함으로써 분절된 고용구조와 분할통제체제를 구축한 장본인일 뿐 아니라 정규직·비정규직 노조들의 연대행동으로 인해 받을 위협을 최소화하기 위해 그 연대정치에 다양한 방식으로 개입해 영향을 미친다. (선행 연구문헌에서도 지적하듯이) 최근 비정규직 문제가 심각한 사회 이슈로 대두됨에 따라 사업장 내부에서 벌어지는 연대정치에 대해 노조의 상급 조직과 시민사회단체 등이 사업장 외부로부터 상당한 영향을 행사하기도 하고, 정부의 대책이나 법률 제정 및 사법적 판정을 통해 그 연대정치의 거시적 기회구조로서 중요 변수로 작용하기도 한다. 이처럼 정규직·비정규직 노동자의 연대정치는 다양한 주체들의 참여와 개입, 그리고 외부 변수들의 작용으로 인해 복합적인 동학을 보이기 마련이다. 또한, 이 연대정치는 때때로 우연적 상황(ad hoc situation)이 발생해 압박함으로써 노조 주체들의 전략적 자율성과 합리성을 크게 제약하여 의도치 않은 방향으로 흘러갈 수 있다는 점 역시 유의할 필요가 있다.

그러면, 정규직·비정규직 노동자 연대에 관한 연구문헌의 검토를 통해 도출되는 이론적 논점에 유의해 이 책의 7장에서는 현대자동차 울산공장에서 지난 2000년 이후 전개되어온 정규직·비정규직의 연대정치 동학을 살펴보기로 한다.

2장

노동조합운동의 연대성 위기

1. 머리말

요즘은 노동조합운동에 대한 위기 논쟁을 찾아보기 어렵다.[1] 과거에는 노동운동 위기론이 사회변동의 중요 고비마다 제기되곤 했다. 대표적으로 1991~1992년 시기에 정치 민주화와 경제 불황, 그리고 동구 사회주의체제의 몰락 및 공안정국을 배경으로 노동운동 위기 논쟁[2]이 활발하게 전개되었으며, 또한 1998년 외환위기 상황에서도 노동조합운동에 대한 심각한 위기 진단이 제시되었다. 이 같은 위기 진단에도 불구하고 노동조합운동은 1987년의 노동자대투쟁을 통해 당당히 사회민주화의 핵심 추동 주체로 인정받으며 꿋꿋하게 노동정치에의 시민권을 확장해왔다.

그런데 2000년대에 들어 노동조합운동을 둘러싼 외부 환경 여건이 급변하는 가운데 그 정체성이나 존립 기반이 크게 위협받는 것을 우려하는 논의가 예사롭지 않게 대두되었다. 1998년의 외환위기를 계기로 한국의 경제체제가 정부 주도의 개발모델로부터 시장지배적인 개방체제(market-driven open economy)로 전환되는 소위 '신자유주의적 구조개혁'의 추진에 맞서 노조운동은 조합원들의 권익을 보호하기 위해 치열한 반대

※   이 장은 2004년에 ≪아세아연구≫(47권 4호, 65~89쪽)에 실린 「한국 노동조합운동의 연대성 위기」를 수정·보완한 글이다.

1   2000년대 초반에도 당대 비평에 게재된 박승옥(2004)의 글에 의해 노동운동 위기 논쟁이 촉발되었으며, 전태일 34주기 기념 토론회(2004년 11월 개최)에서도 노동운동의 상황이 위기인지 또는 변화모색의 과도기인지에 대한 상반된 시각이 표출되기도 했다.

2   당시의 위기 논쟁은 정치적·경제적 구조변동에 의해 1987년 이후 확산되어온 전투주의적 노조운동의 한계 상황을 주장하는 시각과 노태우 정권의 노동 탄압 정책에 의한 일시적 위축현상으로 진단하는 시각이 맞붙는 형태로 부각되었다(노중기, 1999).

투쟁을 전개했다. 그럼에도 불구하고 새로운 경제질서가 거침없이 강화되는 현실에 주목하며 노조운동은 전략 빈곤의 위기(crisis of strategic agenda formation)를 드러내는 것으로 지적되었다(최영기, 2001). 또한, 지난 1970~1980년대 개발독재 시대에는 민주노조운동이 국가권력과 재벌경영의 비도덕성에 저항하는 중추적인 사회운동세력으로 진보적 도덕성과 사회정의의 정체성을 대표해왔으나, 1990년대 중반 이후 사회민주화의 진전과 더불어 조직노동자의 이익 대변만을 추구하는 전투적인 이익단체운동으로 변질됨으로써 정체성·정당성의 위기(crisis of identity and legitimacy)에 직면하고 있다는 통렬한 비판의 목소리가 확산되었다(박승옥, 2004; 박준식, 2004). 아울러, 시민사회의 성숙을 통해 시민운동단체들이 국민대중의 여론 형성에 상당한 영향력을 행사함에 따라 담론정치의 기회구조에서 노동조합운동이 크게 위축되거나 고립화되는 공공성의 위기(crisis of public sphere)에 봉착하고 있음이 지적된다(신광영, 2004). 다른 한편, 양질의 대기업 일자리가 급감하는 대신 비정규직·영세사업장의 취약근로계층이 날로 늘어나는 노동시장 내부의 고용구조 변화와 더불어 대공장 조직노동 위주의 '닫힌' 노조운동 관행과 관련해 계급대표성의 위기(crisis of working class representation)가 거론되기도 한다(박승옥, 2004; 최병천, 2004). 이처럼 다양하게 제기되는 위기론들을 종합해보면, 현재 우리 노동조합운동이 노동자계급의 고용지위와 사회경제적 취약계층의 생계를 심각하게 위협하고 있는 신자유주의적 경제질서로의 전환 국면에서 국민 다수를 구성하는 전체 노동자의 권익을 제대로 대변하지 않고 대기업 정규직 중심의 '기득권 지키기' 운동으로 변질하고 있다는 문제의식이 공통적으로 담겨 있다. 다시 말해, 한국 노동조합운동이

응당 추구해야 할 사회연대의 대의를 구현하지 못하고 이중구조와 양극화의 문제를 노정하고 있는 노동시장에서 기득권 집단으로 안주하거나 이런 추세를 방조함으로써 연대성의 위기(crisis of solidarity)에 직면하는 것으로 집약해볼 수 있다. 개방경제체제의 시장전제(market despotism) 논리에 의해 확대되는 사회불평등과 노동 양극화를 제어하고 사회정의와 노동연대성을 지키고 강화해야 할 핵심 사회운동세력인 노동조합운동이 공공연히 내세운 명분과 달리 내부자(insider) 중심의 협애한 울타리에 갇혀 노동시장 이중구조의 원인제공자로 전락하는 문제를 드러내고 있는 것이다.

이 장에서는 노동조합운동이 당면한 연대성의 위기를 중심으로 그 문제 실상과 배경 원인을 논의하고자 한다. 다음의 2절에서는 노동운동의 연대성 위기와 직결되어 있는 노동 양극화의 추이와 현황을 살펴보기로 하며, 이 같은 연대성 위기의 배경 원인에 대해서는 노동조합운동의 외부 요인과 내부 요인으로 나누어 각각 3절과 4절에서 서술한다. 결론의 5절에서는 노동조합운동의 발전적 쇄신을 위해 연대성 위기의 문제 진단을 통해 얻게 되는 몇 가지 실천 과제를 제언하기로 한다.

2. 연대성 위기의 발현 문제로서 노동 양극화

현재 노동조합운동이 경험하는 연대성 위기는 날로 심각해지는 노동 양극화를 통해 단적으로 살펴볼 수 있다. 구체적으로, 노사관계와 노동시장을 포괄하는 노동체제 전반에서 고용형태·기업규모·성별의 3중 분절선(fracture line)이 중첩적으로 고착화되어 노동 분단성(labor segmentation)의 문제가 엄중하게 제기된다. 실제, 1990년대 초반 이후, 특히 지난 외환위기 이후 대기업 정규직 노동자와 잔여 노동자집단 사이에 임금 및 복지 처우, 직업훈련, 고용조건, 법적·조직적 보호 등에서의 분절선이 고착되어 심화되어왔다.

우선, 임금의 경우 〈그림 2-1〉에서 예시하듯이 1986~2007년 기간에 500인 이상 규모의 대기업(=100%)과 비교해 100~299인 기업은 91.6%에서 72.0%로, 30~99인 기업은 92.4%에서 65.3%로, 10~29인 기업은 90.0%에서 59.2%로 그 격차가 전반적으로 확대되는 가운데 특히 중소기업에서 임금 격차가 더욱 벌어지는 것을 확인할 수 있다.[3] 또한, 〈표 2-1〉에서 보여주듯이 2016년 현재 시간당 임금에서 500인 이상의 대기업 정규직에 비해 5인 미만의 영세기업이나 5~29인의 중소기업에 종사하는 정규직과 비정규직의 급여 수준이 41.3~62.3% 수준에 그치는 것으로 나타나며, 월 임금총액의 경우에는 대기업 정규직 노동자들에게 주어지는 성과상여금 등의 변동급여가 포함되어 2차 부문의 급여 수준이 17.1~49.8로 그 격차가 더욱 벌어진다. 중위임금의 3분의 2보다 낮은 저임금노동자의 비율이 전체 임노동자의 25%에 달하며, 최저임금에 미달하는 노동자의 비중이 12%에 이르는데, 이들 모두 2차 부문의 최하층에 위치하는 근로빈곤층에 해당하는 것으로 볼 수 있다(장지연, 2017).

---

3 사업체 임금총액에 대한 고용노동부의 사업체 노동력조사가 2008년에 300~499인과 500인 이상의 사업체 규모를 통합·범주화해 실시되었다. 참고로, 2008~2016년 기간에 300인 이상의 대기업(=100%)과 비교해 10~29인 규모의 중소기업이 59.7~62.1%의 임금 수준을 유지하는 것으로 확인된다.

그림 2-1

사업체 규모별 임금총액의 상대적 비율 추이

단위: %

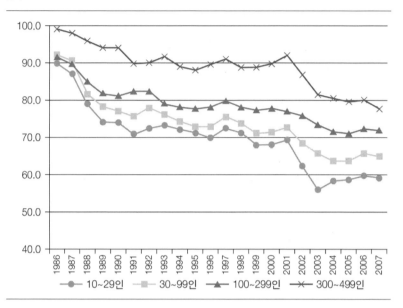

자료: 한국노동연구원(2017).

표 2-1

기업규모·고용형태별 임금 격차

단위: 원, 1000원, %

고용 규모	시간당 임금		월 임금총액	
	정규직	비정규직	정규직	비정규직
5인 미만	10,997(46.8)	9,705(41.3)	2,105(36.3)	991(17.1)
5~29인	14,657(62.3)	11,945(50.8)	2,886(49.8)	1,479(25.5)
30~299인	16,396(69.7)	12,278(52.2)	3,442(59.4)	1,766(30.5)
300~499인	19,411(82.5)	15,244(64.8)	4,252(73.4)	2,145(37.0)
500인 이상	23,522(100.0)	19,062(81.0)	5,792(100.0)	2,447(42.2)

주: 괄호 안은 500인 기업 정규직 임금 대비 상대적 수준을 표기함.
자료: 고용노동부, 2016년 고용형태별 근로실태조사.

그림 2-2

도시근로자 가구소득(2인 이상)의 소득분배 추이

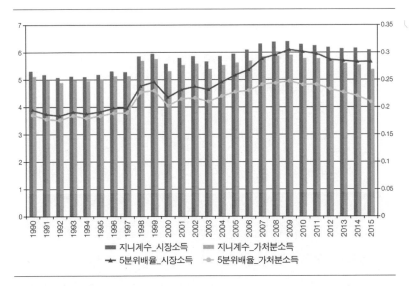

자료: 한국노동연구원(2017).

이러한 노동소득격차는 〈그림 2-2〉에서 예시하듯이 외환위기 이후

한국 사회의 소득불평등을 크게 심화시키는 주된 요인으로 작용하고 있

다. 구체적으로, 지니계수(도시근로자 2인 이상 가구의 시장소득 기준)의 경우

1990~1997년 기간에 평균 0.260 수준에서 1998~2005년 기간에는

0.291로 크게 증가했다. 특히, 글로벌금융위기 직후인 2009년에 시장소

득과 가처분소득의 지니계수 모두 0.320과 0.295로 최고 수준에 이른

다음, 감소세로 돌아서 2015년에는 각각 0.305와 0.269로 낮아졌다.[4]

---

[4] 양재진(2004)에 따르면, 사회복지 기반이 취약한 한국은 이전소득이 제한되어 가처분
     소득의 불평등 수준(예를 들면, 지니계수)이 OECD 회원국 중에서 가장 높은 나라였다.
     하지만 2000년대 중반 이후 사회복지 지출이 꾸준히 늘어나면서 한국의 가처분소득 지비슷하게, 소득 5분위배율(도시근로자 2인 이상의 시장소득 기준)에서도 1997년까지의 8년 간 평균 3.86배에서 1998년 이후 8년 동안 4.79배로 크게 늘어났으며, 2009년에는 시장소득과 가처분소득의 5분위배율이 6.11배와 4.97배로 가장 높은 수준에 달했다가 그 이후 계속 줄어들어 2015년의 경우 5.67배와 4.20배로 낮아졌다.

노동복지에서도 노동시장의 1·2차 부문 간에 격차가 크게 벌어지고 있다. 우선, 〈그림 2-3〉에서 나타나듯이 대기업과 중소기업 간에 기업복지비용 수혜의 상대적 격차가 1990년대 초반 이후 최근에 이르기까지 지속적으로 확대되어왔다. 실제, (300인 이상의) 대기업에 비교한 (300인 미만) 중소기업의 기업복지비용은 1985~1992년 기간에 평균 78.1% 수준에 달했으나 1993~2000년 기간에 60.4%, 2001~2008년 기간에 57.5%, 2009~2016년 기간에 54.3%로 계속해서 하락하여 상대적인 복지 격차가 지속적으로 확대하고 있음을 확인할 수 있다. 한편, 1인 이상 사업체에 소속된 전체 임노동자에 대해 적용되는 법정 사회보험의 경우 비정규직의 다수가 그 혜택을 받지 못하는 복지배제(welfare exclusion)에 놓여 있다. 〈표 2-2〉에서 나타나듯이, 국민연금·건강보험·고용보험에 대한 비정규직의 수혜 비율이 2004~2016년 기간에 36.1~40.1%에서 36.3~44.8%로 다소 늘어나긴 했으나, 정규직의 수혜 비율(2016년 75.1~86.2%)에 비하면 현저히 낮을 뿐 아니라 과반수인 55.2~63.7%의 비정규직이 법정 사회보험의 혜택을 받지 못하고 있다. 아울러, 퇴직금·시간외수당·유급휴가와 같은 법정 근로기준에서도 비정규직의 24.4~40.9%만이

___

니계수가 OECD 평균 이하로 낮아졌다.

그림 2-3

기업규모별 종업원 1인당 기업복지비용의 변동 추이

단위: 1000원; %

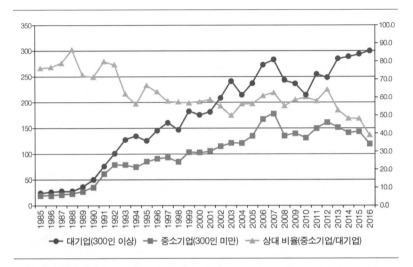

― ● ― 대기업(300인 이상)　― ■ ― 중소기업(300인 미만)　― ▲ ― 상대 비율(중소기업/대기업)

자료: 고용노동부, 기업체 노동비용조사.

표 2-2

고용형태별 법정복지 및 근로기준 보호의 격차 추이(2004·2016년)

단위: %

		국민연금	건강보험	고용보험	퇴직금	시간외수당	유급휴가	근로계약
2004	정규직	72.5	73.8	61.5	67.4	55.8	58.2	35.8
	비정규직	37.5	40.1	36.1	31.3	22.2	24.6	39.5
2016	정규직	82.9	86.2	75.1	85.5	58.4	74.3	62.2
	비정규직	36.3	44.8	42.3	40.9	24.4	31.4	59.8

자료: 한국노동연구원(2017).

보호받고 있어 정규직(58.4~85.5%)에 비해서 두 배 넘는 비율로 탈법적 사각지대에 놓여 있음이 드러난다. 또 다른 노동복지 지표인 산업재해 발생률(재해자 수/근로자 수×100)에서는 사업체 규모 간의 격차가 2001~2015년 기간에 걸쳐 꾸준히 줄어들긴 했으나, 2015년 현재 10~29인 규모의 중소사업체에서 발생한 재해율(0.55%)이 1000인 이상 규모의 대기업 사업장(0.16%)에 비해 여전히 3, 4배 넘는 수준을 보인다.[5]

〈표 2-3〉에서는 2004~2015년에 걸쳐 기업규모와 고용형태에 따라 해당 노동자들의 평균 근속 기간을 비교해 제시한다. 기업규모에서는 10~29인 규모의 중소기업에 종사하는 노동자들의 평균 근속 기간이 500인 이상의 대기업 노동자에 비해 2004년 52.7%에서 2015년 47.1%로 그 격차가 확대되었으며, 비정규직의 경우에도 정규직에 대비한 근속 기간이 2004년 34.7%에서 2015년 31.8%로 그 격차가 더욱 커지고 있음을 확인할 수 있다. 이같이, 중소기업과 비정규직 노동자들은 대기업 정규직 노동자들에 비해 고용안정성이 크게 떨어질 뿐 아니라 갈수록 그 차이가 벌어지고 있는 것이다. 또한, 노동자의 직무능력 향상을 위한 직업훈련에서도 대기업과 중소기업 간의 격차가 상당히 큰 폭을 유지하고 있다. 〈표 2-4〉에서 보듯이, 2012~2015년 기간에 1000인 이상의 대기업에서 재직노동자들이 참여한 직업훈련 실시 비율이 95.7~97.9%를 보

---

[5] 덧붙여, 2011~2015년 기간에 주요 업종별 30개 기업에서 발생한 중대 재해의 사상자 현황을 살펴보면, 사망 총 245명 중에서 원청 정규직이 33명인 반면, 하청 비정규직이 212명으로 86.5%에 달했으며, 부상의 경우에도 총 76명 중에서 원청의 11명에 비해 하청 비정규직이 65명으로 여섯 배가량 높게 나타났다는 점 역시 유의할 필요가 있다(김혜진 외, 2017).

표 2-3

기업규모·고용형태별 근속 기간 비교

단위: 개월

		2004	2010	2015
기업규모*	500인 이상 대기업	109.2	108.0	124.8
	10~29인 중소기업	57.6	57.6	58.8
고용형태**	정규직	69.0	77.0	88.0
	비정규직	24.0	24.0	28.0

주: * 고용노동부의 임금구조기본통계조사(상용직 기준).
　　** 통계청의 경제활동인구조사 부가조사(각 연도 8월).
자료: 한국노동연구원(2017).

표 2-4

기업규모별 훈련실시 비율 추이

단위: %

	2012년	2013년	2014년	2015년
총계	50.6	47.3	48.5	48.2
10인~29인	45.4	39.4	37.4	40.4
30인~99인	60.0	62.0	71.5	62.0
100인~299인	74.2	77.7	87.8	86.0
300인~499인	80.2	85.8	93.2	91.0
500인~999인	89.0	91.2	90.8	90.1
1000인 이상	95.7	95.9	96.0	97.9

주: 재직근로자 대상 교육훈련 실적.
자료: 고용노동부, 기업별 직업훈련실태조사.

이는 반면, 10~29인 규모의 중소기업에서는 이 기간에 45.4%에서 40.4%로 오히려 감소되는 것으로 나타나, 그 격차가 더욱 벌어지고 있음을 확인하게 된다.

이상에서 살펴본 바와 같이, 노동시장 1·2차 부문 간의 양극화는 비단 임금뿐 아니라 기업복지, 고용안정성, 사회복지와 법정 근로기준 보호, 교육훈련 및 산업안전 등에서 확대되는 격차를 통해 살펴볼 수 있다. 노동시장 이중구조 문제의 실상을 종합적으로 살펴보기 위해 경제활동인구조사를 통해 확보된 노동조건에 대한 관련 자료를 활용해 일자리 질을 측정한 결과,[6] 〈그림 2-4〉에서 보여주듯이 일자리 질의 분포에서 상위 집단과 하위 집단이 두텁게 몰려 있고 중위 집단이 상대적으로 낮은 비중을 차지하는 쌍봉형의 양극화 양상이 나타나는 것을 확인하게 된다. 다만, 2006년에 비해 2010년과 2014년으로 갈수록 최하위 집단의 비중이 상대적으로 상당히 줄어들고, 상위 집단의 비중이 크게 늘어나고 있다는 점이 특기할 만하다(이병훈·신광영·송리라, 2016).

이 같은 노동 양극화는 1990년대에 들어 그 조짐이 나타나기 시작해, 1998년의 외환위기를 거치면서 더욱 분명하게 가시화되었다(이병훈, 2004a). 그런데 이처럼 노동 양극화가 확대되는 가운데 또 다른 문제로서 양질 일자리(decent job)가 급감하고 있다는 점에 주목하지 않을 수 없다.

---

6   일자리 질의 종합지수는 경제활동인구조사의 부가조사에서 묻고 있는 12개 항목을 합산하는 방식으로 산출한 것이다. 구체적으로, 일자리 질은 법정 근로조건의 4개 항목(퇴직금 지급, 시간외 근로수당 지급, 유급휴가 제공, 근로계약 작성), 사회보험의 3개 항목(국민연금·건강보험·고용보험 가입), 비법정 고용조건의 5개 항목(시간당 저임금(=중위임금의 3분의 1) 미해당, 평균 근속 기간 이상, 주5일제 적용, 상여금 지급, 교육훈련 제공)으로 합계하여 0~12점의 분포로 측정한다.

그림 2-4

일자리 질(EQI) 분포 변화(2006~2014년)

단위 : %

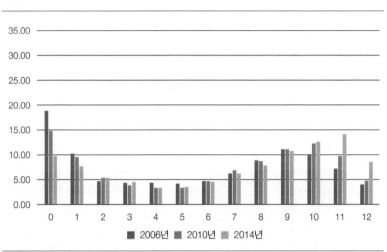

자료: 이병훈 외(2016).

실제, 1993~2003년 기간에 500인 이상 대기업의 일자리는 210만 5000
개에서 127만 개로 약 83만 5000개가 줄어든 반면 29인 미만 영세기업
의 일자리는 같은 기간에 584만 개에서 816만 개로 늘어났다. 그 결과,
〈그림 2-5〉에서 예시하듯이 지난 10년 동안 중위소득권의 정규직 일자
리는 대폭 감소한 한편, 주로 취약계층인 노동빈곤(working poor) 집단을
구성하는 하위 소득의 비정규직 일자리가 크게 증가했다. 요컨대, 중위
소득의 일자리가 소실됨에 따라 상위소득 노동자와 하위소득 노동자 간
에 조성되어온 노동 분절성의 간극이 더욱 확대되어 쌍봉형 불평등구조
가 고착화되고 있는 것이다. 〈표 2-5〉에서는 2015년 현재 국내 임금노
동자 중에서 노동시장의 상층 또는 1차 부문을 구성하는 대기업과 공공

그림 2-5

소득별 일자리 수 증감(전체 취업자 기준, 1993~2002년)

단위: 1000개

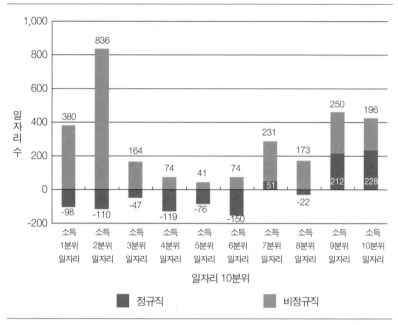

자료: 전병유(2003).

표 2-5

임금근로자의 구성(2015년)

단위: 만 명, %

	300인 이상 대기업*	공공기관**	중소기업	합계***
정규직	290(15.0)	190(9.8)	840(43.5)	1,320(68.3)
비정규직	183(9.5)	32(1.7)	395(20.5)	610(31.7)
전체	473(24.5)	222(11.5)	1,235(64.0)	1,930(100.0)

주: 괄호 안 수치는 전체 임노동 대비 비율임.
　 * 고용노동부, 「고용형태공시자료」
　 ** 통계청, 「임금근로일자리행정통계」
　 *** 통계청, 경제활동인구조사.
자료: 장지연(2017).

기관에 종사하는 정규직의 비중이 24.8%인 반면, 하층 또는 2차 부문에 속하는 중소기업과 비정규직 노동자의 비중은 75.2%, 규모로는 무려 1450만 명에 달하고 있음을 보여준다.

노동 양극화에 내재하는 또 다른 문제로서 노동시장의 1·2차 부문 간에 일자리 이동의 기회가 매우 제한되는 폐쇄적인 분단성을 지적하지 않을 수 없다. 이를테면, 그동안 연구를 통해 정규직·비정규직 노동시장이 비정규직 노동자가 정규직 일자리로 이행하는 '가교(bridge)'로 기능하기보다는 그러한 일자리 이동이 차단된 '함정 또는 덫(trap)'의 특성을 지니는 것으로 판명되고 있다. 남재량·김태기(2000)에 따르면, 비정규직 일자리로부터 탈출한 노동자 중 단지 1%만이 정규직 일자리로 진입한 반면, 80%는 다시 비정규직 일자리로 되돌아오는 것으로 분석된다. 이는 청년 노동시장에서도 유사하게 나타나는바, 학교에서 직업으로 이행할 때 대기업 또는 중소기업에 대한 신규 취업자들의 일자리 선택이 이들의 직업 경력에서 분절적인 방식으로 작용한다는 분석 결과가 제시되기도 한다(김준영·전용석, 2004).

요컨대, 한국 사회의 노동 양극화는 노동자집단 안에서 기업규모·고용지위 및 성별의 분절선에 따라 노동조건의 주요 지표에서도 격차구조가 더욱 확대되고 있다는 점으로 분명하게 드러난다. 아울러, 노동 양극화는 양질의 고임금 일자리의 축소로 인해 취약노동자집단이 상대적으로 과밀화되고 있는 가운데 상향 일자리 이동을 가능하게 하는 계층상승 사다리가 해체되고 하위 일자리의 덫으로 고착화됨에 따라 '수저계급론'과 같은 사회불평등의 심각한 문제로 비화하고 있다(이병훈, 2017).

3. 연대성 위기의 외부 원인

노동 양극화를 심화시켜온 배경 원인으로 노동조합운동 외부에 존재하는 여러 요인에 대해 살펴보기로 하자. 우선, 거시적인 배경 원인으로 한국 사회가 지난 1990년대, 특히 외환위기 이후에 경험해온 주요 거대변동(mega transformation)을 살펴볼 필요가 있다. 첫 번째 구조변동으로 '하향 질주의 무한경쟁(race-to-bottom competition)'을 가속화하는 세계화(globalization)의 물결을 손꼽을 수 있다. 1980년대 말 동구권의 몰락과 더불어 자본주의적 경제질서가 범지구적 차원으로 전일화되는 가운데 한국 경제도 WTO체제 출범에 따른 자유무역질서의 강화에 의해, 그리고 외환위기에 따른 전면개방체제로의 전환을 통해 예외 없이 세계화의 시장 전제주의(market despotism)에 지배받게 되었다. 두 번째의 구조변동으로 정보·지식경제로의 이행이 본격화하면서 생력화(省力化)를 구현하는 기술혁신에 의한 고용 없는 성장(jobless growth)이 고착화되었으며, 정보재의 생산과 유통을 비롯해 경제·산업에서 '승자독식의 게임법칙(winner-take-all game rule)'이 지배함에 따라 자본과 노동의 소득분배뿐 아니라 지식·숙련노동과 단순노동 간의 격차와 차별이 현저하게 확산되었고, 그 결과 이른바 '20 대 80'의 사회가 현실화하게 되었다. 아울러, 탈산업화와 고학력화는 노동의 개체화를 강화해 노동자집단 내부의 연대의식의 토대를 크게 약화시키는 요인으로 작용하기도 했다.

　이상의 외부 요인들은 전 세계적으로 전개되어온 보편적인 구조변동 현상이라 지칭할 수 있는 한편, 노동 양극화를 추동해온 한국 내부의 특수한 요인을 꼽자면 역설적으로 정치 민주화를 지적하지 않을 수 없다. 1987년의 정치 민주화를 통해 개발연대의 권위주의적 정치체제가 해체된 빈자리에 재벌·관료·언론의 새로운 권력 집단이 주도하는 보수적 민주주의질서가 자리 잡게 됨에 따라 중산층의 몰락과 계급구조의 양극화를 초래했다(최장집, 2004b). 이와 관련하여, 1987년 이전의 개발독재에 의해 강압적으로 대기업과 중소기업 간의 임금 및 복지 수준이 하향 평준화되어왔던 것에 비해 정치 민주화, 그리고 같은 해 하반기에 발생한 노동자대투쟁을 배경으로 노조운동이 크게 활성화했지만, 그 시기부터 대기업 조직노동과 중소기업 미조직노동 간의 고용조건 양극화가 등장하기 시작했다는 사실에 유의할 필요가 있다. 또한, 정치 민주화와 더불어 빠르게 성장한 시민사회운동이 사회민주개혁의 담론각축(discourse contest)에 주도적인 위상을 차지함에 따라 노동조합운동의 사회적 발언권이나 영향력이 상대적으로 위축·쇠락하게 되기도 했다(신광영, 2004; 박준식, 2004). 이처럼 한국 사회의 정치 민주화가 1990년대 이후 노동자 연대성을 강화하는 방향으로 사회경제적 민주주의체제를 성숙시키기보다는 오히려 새로운 보수권력연합에 의해 형해화됨으로써 사회불평등을 심화시키는 결과를 낳고 있는 것이다.

그런데 노동조합운동의 연대성 위기 또는 노동 양극화를 촉발해온 직접적인 주범(主犯)은 새로운 자본 수취 방식의 등장에서 찾을 수 있을 것이다. 1998년의 외환위기를 계기로 개방경제체제가 전면적으로 확립되는 가운데 대기업들의 경영 방식이 단기적 수익관리 중심으로 변화했다. 이는 외환위기 직전까지 펼친 부채의존적인 투자 확대 전략의 값비싼 실패 경험과 주식시장을 통해 적극적으로 진출한 해외 자본의 영향력 확대 등으로 인해 대기업들이 수익구조 개선을 최우선시하는 경영체제로 전환했음을 의미한다. 실제, 경제위기 상황을 활용하여 대기업들은 정규 인력의 대규모 감축과 비정규직 노동의 대체 활용 및 사업구조의 외주화(outsourcing) 등을 통해 인건비 절감을 공격적으로 추진하는 한편, 자신의 시장지배력을 내세워 중소 협력업체들을 수직계열화함과 동시에 수탈적인 하도급 계약 조건을 강요해왔다. 구체적으로, 300인 미만의 중소기업에서 1997~2002년 기간 대기업의 하청계열화 비율은 57.6%에서 63.9%로 크게 늘어났을 뿐 아니라, 대기업의 납품단가율은 2001년의 2.6%에서 2003년의 6.6%로 지속적으로 상승해온 것으로 보고되었다.[7] 이처럼 단기 수익관리를 우선시하는 대기업들의 경영 방식이 확고하게 자리 잡게 됨에 따라 각 산업의 정상에 위치하는 원청 재벌대기업들은 엄청난 수익 실적을 거둔 반면 종속적인 지위에 놓인 하청 중소기업들은 빈사 상태에 내몰리는 경제·산업구조의 양극화문제가 대두되기에 이른다.[8] 다시 말해, 개발연대에 원청 대기업들이 산업 선단(industrial fleet)을

---

7   김유선(2004)에 따르면 300인 미만 중소기업 가운데 하청업체의 원청업체 의존도는 83.7%이며, 원청업체 의존도가 95% 이상인 업체도 76.0%에 이른다. 또한 납품단가 인하(71.7%), 불규칙한 발주(53.8%), 납기단축 촉박(39.3%), 지나친 품질수준 요구(37.2%), 납품대금 결제기일 장기화(32.1%), 거래선 변경 시도(16.7%), 어음할인료 미지급(14.1%), 최저가 입찰 채산성 악화(13.3%), 위탁기업과 원가산정 상충(13.1%) 순으로 하청업체의 애로 사항을 꼽는다.

8   이를테면, 2003년 대기업의 영업이익률이 8.2%인 반면, 중소기업은 그 절반 수준인 4.6%에 그치고 있다. 아울러, 동년 매출액 기준 국내 5대 기업〔삼성전자, 현대자동차, 포스코, LG전자, SK(주)〕의 경상이익이 12조 7000억 원으로 제조업 전체 경상이익 31조 원의 41.1%를 차지한다는 점도 경제양극화 현상과 무관하지 않을 것이다. 조성재 외(2004)는 자동차산업의 원하청 하도급구조를 분석해 원청 대기업과 하청 중소기업 간의 생산성 차이뿐 아니라 불공정 거래에 의해 수익성 및 지불능력의 격차를 낳는 것으로 주장한다.

이끌며 수출 성장의 수익 일부를 중소기업 등의 경제 부문과 공유해오던 수익환류(trickle-down) 효과가 소실되고, 외환위기 이후 이들 원청 대기업이 오로지 자신의 수익성 증진을 위해 하청 중소기업들을 압박·수탈하는 수익독식기제(squeeze-up mechanism)가 신자유주의 경제질서의 확립과 더불어 본격적으로 작동하기 시작했다. 그 결과, 외환위기 이후 한국 사회에 원청 대기업과 하청 중소기업 및 주변노동 부문 간에 경제불평등의 확대 재생산 구조가 확고히 자리 잡게 됨에 따라 대기업 내부자(insider)와 외부자(outsider) 간의 노동 양극화를 더욱 심화시키는 물적 토대를 형성했던 것이다.

1990년대에 들어 집권한 민주화 시대의 정부들은 한국 사회에 노동 양극화를 제어하기보다는 오히려 촉진하는 또 다른 외부 원인으로 작용해왔다. YS 정부는 스스로 세계화정책을 통해 경제개방을 무리하게 추진하다가 외환위기를 초래함으로써 노동 양극화를 가속화하는 선행 조건을 만들어주었다. 국민의 정부는 외환위기를 배경으로 신자유주의적 경제개혁 정책을 전면 수용하여 추진함으로써 사회불평등과 노동 양극화의 현실 조건을 공고히 했다. 참여정부는 정치개혁과 이념재정립, 지역개발 등의 개혁 어젠다에 몰입한 채 이전 정부들로부터 크나큰 빚으로 인수받게 된 사회경제적 양극화의 정책이슈를 뒷전에 두었다(최장집, 2004a). 이명박·박근혜 대통령의 보수정부는 친기업적 국정 기조를 공공연히 내걸며 노동시장 유연화와 노조활동 탄압을 노골적으로 추진해 노조운동의 침체와 노동시장 양극화, 그리고 노동생활의 불안정화와 피폐화를 더욱 가중시켰다. 이처럼 지난 20여 년 동안 정부는 민주화 이후 재벌대기업 중심의 독식(獨食)경제체제를 제어할 만한 통제 능력과 정책

수단을 상실했을 뿐 아니라, 오히려 개발연대와 마찬가지 기업들의 경쟁력과 투자 여건을 우선시하는 정책 담론에 사로잡혀 성장·분배 또는 경제효율·사회형평의 선순환을 구현하는 사회민주개혁모델을 도외시함으로써 결국 노동 양극화의 확대 재생산에 크게 기여했던 것이다.

4. 연대성 위기의 내부 원인

노동자계급의 대동단결과 사회적 연대성은 노동조합운동이 존립하는 기반이자 구현해야 할 실천적 가치이다. 따라서 (앞서 살펴본 바와 같이) 사회구조변동과 기업들의 변화된 수익 중심 경영 방식, 그리고 역대 정부의 신자유주의적 정책 기조에 의해 노동자집단 간의 차별과 불평등이 심화되는 상황을 저지하고 노동연대성을 보존하고 강화하는 것은 노동조합운동의 마땅한 책무라 할 수 있다. 이와 관련해 전체 노동자들의 삶의 질을 개선하기 위한 사회개혁 투쟁이 1990년대 초반 이후 한국노총에 의해, 그리고 1995년 출범한 민주노총에 의해 전개되었다. 하지만 노동조합운동은 그동안의 사회개혁 투쟁을 통해 일정한 성과를 거두기도 했으나, 날로 확대되는 노동 양극화의 현실이 여실히 말해주듯이 외부 도전들에 맞서 계급적 연대성을 지켜내기에는 매우 역부족이었다. 오히려 노동조합운동 내부의 주체적인 문제로 인해 노동 양극화의 확대 재생산을 실질적으로 '방조'함으로써 스스로 연대성 위기를 드러내고 있다는 지적들이 줄곧 제기되어왔다(이병훈, 2004a; 정길오, 2004; 최영기, 2001).

그러면 한국의 노동조합운동이 노동 양극화를 해소하기보다는 그

덫에 붙잡혀 연대성 위기에 빠져들게 만드는 문제 원인은 과연 무엇인가? 한마디로, 우리 노동운동이 기반하고 있는 기업별 노조체계에서 그 핵심 원인을 찾을 수 있다(최병천, 2004). 1980년대 초 군사정권에 의해 제도적으로 강요되어 산업 현장의 노동통제를 위해 활용되어온 기업별 노조체계는 1987년의 노동자대투쟁 이후 작업장 수준의 노동시민권을 성취하려는 현장 투쟁에서부터 1997년 초 '노동법' 날치기 처리를 반대하는 총파업에 이르기까지 조합원 대중을 효과적으로 동원할 수 있는 조직 기반으로 기여했다. 한편, 우리 노동조합운동에서 조직자원과 교섭 방식, 활동성과 배분 등에 대한 기본적 틀로 작동하고 있는 기업별 노조체계는 소속 조합원들의 협애한 이해 대변에 치중할 수밖에 없는 한계를 배태한다. 사업장 안의 경영 독재와 밖의 정권 탄압이 맞물려 있던 권위주의적 노동통제체제를 동시에 허물기 위해 지역·업종 차원의 연대활동이 활발하게 전개되었던 1987년 직후 노동운동의 공세적 확장 국면에서는 이러한 한계가 별로 두드러지지 않았다. 그러나 1990년대에 들어 특히 대공장들을 중심으로 노동조합 주도의 전투적 투쟁에 의해 조합원들을 위한 경제적인 성과와 근로조건 개선을 이루어내면서 기업별 노조체계는 점차 노동조합운동의 족쇄로 작용하기 시작했다(김동춘, 1996). 실제, 이 시기에 노동조합운동을 주도해왔던 대공장 노조들은 소속된 대기업들이 시장지배적 지위를 확보하고 있기 때문에 독점지대의 배분에 참여할 수 있었다. 더욱이 그들은 기업별 조직 및 교섭체계하에서 전체 노동자의 연대적인 이해에 충실하기보다는 소속 조합원의 실리를 전투주의적인 방식으로 극대화하는 도구적 존재로 변질되었다(최영기, 2001). 한동안 대기업 노조운동이 선도적인 임금교섭 투쟁을 통해 전체 노동자의 임금 인상을 견인해오기도 했으나, 시간이 지날수록 중소기업들의 지불능력 제약으로 인해 그들만의 잔치, 즉 독점지대 공유(monopoly rent sharing)에 그쳐, 대기업과 중소기업 간의 임금격차를 커지게 만들었던 것이다.[9] 이처럼 기업 내부 노동시장의 임금 및 근로조건을 개선하는 데 치중해오던 대기업 노조들은 1997년 외환위기를 계기로 경제양극화를 낳는 신자유주의적 노동유연화 개혁에는 속수무책인 채 소속 조합원들의 고용보호를 위한 결사항전의 투쟁에 주력함으로써 협애한 기업별 활동관성을 더욱 강화했다. 1998년 외환위기 이후 개방경제체제가 공고해지는 가운데 기업별 체제하에서 대기업 노조들(전투적인 노선을 표방하든, 또는 회사 의존적인 활동 기조를 보이든)은 하청기업에의 수탈적 거래관계 및 비정규직 인력의 남용을 추구하는 소속 대기업의 수익독식 경영을 묵인한 채 그 수익을 공유하기 위한 담합관계를 유지해오고 있다. 또한, 대기업 노조들은 사회적 연대책임의 실행과 취약노동자의 조직화를 위해 추진해온 산별체제로의 전환에는 무관심하거나 눈치껏 동조하는 것으로 그치고, 장시간 작업체제와 고용불안 심리에 따른 조합원들의 물질적 보상욕구를 충족하기 위해 현장권력을 발휘하는 데 급급하고 있다(조건준, 2004).

현행 기업별 조직체계하에서 노동시장의 분절성은 고스란히 노사관계의 양극화와 노동운동의 편중구조로 투영될 수밖에 없다. 2016년

---

9 남기곤(1996)과 황덕순(2004)은 대기업과 중소기업 간의 생산성 차이로 인한 지불능력 격차라는 잠재적 불평등 조건이 노동조합에 의해 매개되어 이들 기업 간의 임금불평등으로 현실화되는 것으로 논의한다. 또한, 양재진(2004)은 기업별 노조운동의 의도치 않은 결과로서 분배구조가 역진화되는 노동차등적 복지체제가 고착화되고 있음을 지적한다.

표 2-6

2016년 사업체 규모별 노동조합 조직 현황

단위: 명, %

	30명 이하	30~99명	100~299명	300명 이상
임금노동자 수	11,434,000	3,750,000	1,993,000	2,458,000
조합원 수	19,290	130,805	299,531	1,353,698
조직률	0.2	3.5	15.0	55.1

자료: 고용노동부(2017).

현재 노동조합 조직률이 전체 임금노동자의 10.3%에 그치는 가운데, 그 대다수(75.1%)가 300인 이상의 대기업 노조로 조직되어 있다. 〈표 2-6〉에서 예시하듯이, 사업체 규모별 노조 조직 현황에서 전체 임금노동자의 12.5%에 해당되는 300인 이상 대기업에 속한 노동자의 55.1%가 노조에 가입되어 있다. 한편, 300인 미만 사업체에서는 규모별로 노조 조직률이 현저하게 낮아져(100~299명 규모 15.0%, 30~99명 규모 3.5%), 58.2%의 노동자들이 종사하는 30명 미만의 사업장에서는 0.2%만이 노조에 의해 대변되고 있음을 확인할 수 있다. 아울러, 2016년 8월에 실시한 경제활동인구조사 부가조사에 따르면 임시직과 일용직의 경우 노조 가입률이 각각 0.5%와 0.1%로 집계되며, 또한 비정규직 노동자들의 노조 가입률은 2.6%(167만 5000명)로 보고된다. 이처럼 중소사업장과 비정규직 노동자들에 대한 노동조합의 조직적 보호가 매우 제한된 가운데, 대기업과 공공기관 중심으로 기업별 노조활동이 편중되고 있는 것이다. 지난 1998년 이후 기업별 노조체계를 극복하기 위해 목적의식적으로 산별조직으로의 전환이 추진되어왔으며, 상당수의 대공장 노조가 2000년대 중반 이후 합류해 2016년 초기업 노조 가입 비율은 전체 조합원의 55.3%에 달한다.[10] 하지만 산별조직 전환이 미조직노동자의 조직화를 제대로 촉진하지 못했으며, 산별교섭 역시 대기업의 노사에 의해 거부됨에 따라 그리 진척되지 못해 임금 및 고용조건에 대한 산업 수준의 격차 완화에 별 성과를 거두지 못하고 있다. 이처럼 초기업 수준의 조직화와 산별교섭을 전개해온 산별노조가 기존의 조합원을 넘어서 미조직 취약노동자들의 권익 대변을 위한 가시적인 성과들을 거두지 못함으로써 산별노조 운동에 대한 대중적인 효능감과 신뢰를 얻지 못하며 '무늬만 산별'이라고 비판받는 상황에 처해 있다.

중소사업장에 종사하거나 비정규직 고용형태에 속한 노동자들의 대다수가 미조직되어 있는 가운데, 기업별 조직체계에 안주하는 대기업 및 공공기관 노조들의 폐쇄적인 활동 관행은 노동 양극화와 연대성 위기를 확대 재생산하고 있다. 물론, 총연맹조직과 산별노조단체들이 나름대로 취약노동자집단을 위해 사회적 연대성을 강화하려는 다양한 활동을 전개하고 있다. 하지만 조직자원이 기업별 노조체계에 집중된 현실 속에서 이들 상급 단체는 노조운동 리더십의 취약성을 드러내거나, 공허한 사회개혁 투쟁구호 이면으로 오히려 소속 노조의 현안 대변에 급급한 실정이다. 미조직노동자들을 보호하기 위해서는 사회연대적인 노동·복지·산업 정책을 이끌어내기 위한 사회적 대화 또는 정책협의가 절실하게 요구된다. 그럼에도 불구하고, 그동안 실패한 정책교섭 경험과 정권 차원의 정책의도 등을 문제 삼아 장외 투쟁노선을 고집하는 편협성은 어

---

10 민주노총이 산별조직 전환에 좀 더 적극적인 노력을 경주해옴으로써 2016년 말 조합원의 82.6%가 초기업 노조에 속한 반면, 한국노총은 45.38%에 그쳤다.

찌 보면 기업별 노조체계의 또 다른 폐해, 즉 조직 내부자의 안정적인 보호를 우선하는 대기업 노조들이 지배하는 노동운동 조직구조에서 비롯되는 관념적인 전투주의[11]와 연관 지어 이해될 수 있으며, 심하게는 관성적인 활동 방식을 고집하는 것으로 지적될 수 있다. 또한, 대다수의 대기업 노조들에 고질적으로 존재하는 분파적인 경합구도는 그대로 총연맹 및 산별단체 차원의 소모적인 조직 내 정치(intra-organizational politics)로 투영되어 사회민주개혁의 의제 설정과 사회적 대화를 힘 있게 추진할 수 있는 집권화된 전략을 심히 어렵게 만들기도 한다. 2000년대 초반에 산별 본조/연맹과 기업/지부 노조 사이에 발생한 몇 가지 충돌사례(예를 들면, 현대중공업과 금속연맹 간의 사내하청노동 문제 대응 갈등, 보건의료노조와 서울대병원지부 간의 산별협약 해석 논란, 금융산별노조와 산하 지부 간의 연대임금원칙 논란 등) 역시 (기업 차원의) 조직노동의 특수이익에 복무해온 기업별 노조체계의 관성이 사회연대적 노동운동에로의 전환에 간단하지 않은 장애물이 되고 있음을 확인시켜준다. 또한, 단위 사업장 수준에서도 비정규직 노동자들에 대한 정규직 조합원들의 권익 대변 배제와 신분지위 구별 짓기 등이 드러나고 있는바, 이는 기업별 노조체계에 의해 그동안 길들여진 조직노동의 협애한 권리의식에서 비롯되는 것이라 하겠다(강현아, 2004a; 이병훈, 2003).

요컨대, 노동시장 상층에 편중한 기업별 노조체계하에서 조직노동에 의해 수익 공유의 노사담합관계가 형성되어 유지되는 한편, 미조직노

---

11 박승옥(2004)은 일부 노조 활동가들의 전투주의 운동 기조를 한국판 생디칼리슴(syndicalisme)으로 신랄하게 일컫는다.

동의 정책적·조직적 보호 노력이 방기되고 있다. 그 결과, 우리 노동조합운동은 소수 조직노동의 이익집단운동으로 변질되어 다수의 미조직 노동을 대표하지 못하는 폐쇄성의 덫(recruiting trap; Zoll, 2004)과 그로 인한 연대성 위기에 봉착하고 있다는 우려를 낳는 것이다.

5. 소결: 노동조합운동의 연대성 복원을 위한 고언(苦言)

세계화 시대를 맞이해 그리고 특히 외환위기를 계기로 한국 사회에 뿌리 내린 신자유주의적 시장경쟁질서 속에서 대기업들의 수익독식 경영이 경제불평등과 노동 양극화를 심화시켜오고 있다. 2000년대에 들어 노동조합운동은 이러한 사회문제들에 대한 문제의식을 갖고 나름대로 사회개혁 투쟁을 전개해오고 있기는 하나, 날로 확대되는 노동 양극화의 현실에서 확인할 수 있듯이 그 불평등의 확대 재생산을 저지하기에는 크게 역부족이었다. 오히려, 노동조합운동의 사회개혁 투쟁이 불임(不妊)의 공허한 몸짓으로 그치고 있는 배경에는 다름 아닌 기업별 조직체계라는 퇴행적 운동구조가 노동자 연대성을 훼손하거나 균열시키는 족쇄로서 작용해오고 있는 것이다. 그 결과, 노동조합운동은 스스로 주창해온 사회연대의 거창한 구호에도 불구하고 기업별 조직체계의 협애한 이해대변구조에 갇혀 소수의 대기업 조직노동과 다수의 영세사업장·비정규직 미조직노동 사이에 노동 삶의 질 격차가 확대 재생산되는 노동 양극화를 실질적으로 '방조'하는 실천적 한계를 드러내면서 스스로 연대성의 위기에 빠져들고 있으며, 더 나아가 정체성·공공성·계급대표성·전략 빈곤의 위기를 드러내고 있다.

　이 같은 연대성 위기로부터 노동조합운동을 구출해내기 위해서, 한층 더 중요하게는 신자유주의적인 시장전제로부터 사회연대성을 지켜낼 수 있도록 노동운동이 본연의 계급적 정체성과 공공적 권능을 되찾기위해서는, 무엇보다 기업별 활동의 뿌리 깊은 관성에서 벗어나 노동자연대의 원칙으로 무장한 새로운 노동조합운동(new unionism)으로 환골탈태할 것이 절실히 요망된다. 새로운 노동조합운동이 구현해야 할 실천지향성은 조직·미조직 노동 간에, 그리고 조직노동 내부에 엄존하는 활동체계의 균열과 사회경제적 차별·불평등, 그리고 관행적·의식적 배제·분절을 지양하고 극복하기 위한 노동자 연대의 철칙(鐵則)으로 분명히 재정립되어야 한다. 노동자 연대는 그동안 노동조합들이 조직강령에서 또는 투쟁구호로 때마다 선언해온 빛바랜 관념어로서가 아니라, 연대성 위기를 만들어내고 있는 기업별 활동 관행의 질곡을 결연히 분쇄하기위한 실천적인 운동원칙으로서 분명히 확립되어야 할 것이다.

　노동자 연대성을 복원하기 위해, 그리고 기업별 노조운동의 구태(舊態)에서 벗어나기 위해 세 가지 실천 과제를 제언하고자 한다. 첫째, 노동조합운동의 탈기업화를 구현하기 위해서는 노조 지도부가 노동자 연대를 구현하려는 '목적의식성'을 온전히 곧추세워 선도적으로 실천해야할 것이다. 지난 1987년 노동자대투쟁이 노동자 대중의 자발성에 의해촉발된 이후, 그 이전 노동운동을 이끌었던 학출 지식인 대다수가 동구권의 몰락과 더불어 이념적 좌표의 상실과 실천적 재생산 여건의 미비로인해 현장으로부터 이탈했지만, 자생적으로 성장한 노출 활동가들이 노조의 지도부를 형성해 그 공백을 채워왔다. 그런데 1980년대 중반까지 학출 활동가들이 노동운동에 주입하려던 계급적 목적의식성은 점차 단위 사업장 노조(특히 대공장 노조) 안에서뿐 아니라 초기업 수준의 노동단체에서 조직헤게모니 경쟁에 매몰되는 정파적인 목적의식성으로 변질되어 '표밭'인 조합원들의 점증하는 임금 인상 및 고용안정 욕구를 경쟁적으로 영합하려는 대중추수주의의 늪에 빠져들게 되었다. 이처럼 분파성에 의해 왜곡되고 조합원 대중의 실리주의에 포획됨에 따라, 더욱이 단위 사업장 노조 중심의 활동자원 편중으로 인해 노동조합운동의 리더십이 기업별 조직 기반에 얽매여 자신의 결단과 소신을 발휘하기는 매우 어려운 형국에 놓여 있다. 그럼에도, 폭압적인 개발독재시절인 1970~1980년대에 민주노조운동의 성장을 추동해온 것이 '노동해방'을 지향하는 활동가집단의 목적의식과 실천적 책임성이었듯이, 신자유주의적 세계화의 지배질서하에서 기업별 운동관성의 굴레로부터 조직노동이 벗어나도록 하여 미조직노동과의 계급적 단결을 이루어내기 위해서는 노동운동 리더십의 사회연대적 목적의식성과 실천적인 결단이 우선적으로 요구된다. 다시 말해, 시장전제에 의해 심화되는 조직·미조직 노동 간의 노동 양극화를 극복하려는 혁신주체(change agent)로서 노조운동 지도부의 목적의식성이 확고하게 재정립되어 선명하게 실천될 때만이 연대성 위기에서 벗어날 수 있는 단초가 열릴 수 있을 것이다.

둘째, 조직노동의 협애한 이익 보호에 치중하는 기업별 운동관성에서 벗어나기 위해, 그리고 미조직 취약노동자들에 대한 계급적인 권익 대변을 추구하기 위해서는 조직·교섭체계의 탈기업화를 실효성 있게 전개해나가야 할 것이다. 그동안 추진되어온 산별체제로의 전환에 결정적인 장애물인 대기업 노조들의 내부자 중심 활동 관행을 쇄신하기 위해서는 총연맹 및 산별노동단체의 지도부가 국가 또는 업종 수준의 활동성과 를 효능감 있게 만들어냄과 더불어 조합원 대중의 연대의식 복원을 위한 체계적인 교육 프로그램의 개발과 실행, 양극화 문제 해결을 위한 효과 적인 정책대안의 마련과 공론화, 그리고 노동연대적인 대중담론의 확산 에 진력(盡力)하는 것이 요망된다. 또한, 미조직 취약노동자들에 대한 조 직화가 여의치 않은 현실 여건을 감안할 때, 이들을 위한 제도적·정책적 보호장치를 확보함에 사회적 대화(social dialogue)가 대안적인 노동연대 전략으로 적극 활용될 필요가 있다(이병훈, 2004c). 그런 만큼, 노동조합운 동은 정책 참가 또는 사회적 대화에 대해 패배의식이나 지나친 경계심리 에 젖어 있기보다 사회개혁의제를 개발하고 이를 관철할 효과적인 정책 교섭전략을 강구해야 할 것이다. 이 같은 거시노동정치의 교환을 통해 다수의 미조직 취약노동과 소수의 조직노동 간의 차별과 격차를 완화하 기 위한 현실적 타협 지점을 만들어가는 것이 중요하다. 조직노동의 독 점지대공유(고임금)를 보장받기 위해 벌여온 대기업노조들의 작업장 투 쟁 방식으로는 도저히 사회적 소비수요(예를 들면, 교육비와 주거비 등의 생활 비 부담 증가)를 감당하기 어려울 뿐 아니라 기득권 고수를 위한 집단이기 주의적 운동으로 치부되어 미조직노동과 국민으로부터 전연 지지받을 수 없다는 점을 감안할 때 조직노동과 미조직노동을 아우를 수 있는 사 회보편적인 연대임금·생활노동복지의 기반을 확충해나가기 위한 정책 협상의 의의가 더더욱 강조될 필요 있다. 아울러, 노동조합운동 차원의 현행 의사결정에서 대기업노조들의 과도한 영향력 행사를 고려할 경우, 여성·비정규직·중소사업장·이주노동자들과 같은 취약노동자집단의 대 표성을 의식적으로 확대하고 강화하는 것이 바람직하겠다.

셋째, 기업별 운동관행과 관련지어 특징지을 수 있는 노동조합들의 전투주의적 활동경향에 대해 전략적으로 성찰해볼 필요가 있다. 어찌 보면, 이 같은 전투적 조합주의는 개발독재와 경영전제에 맞서 노동시민권을 쟁취하려 했던, 암울한 노동 탄압 시절의 역사적 산물로서 여전히 지속되는 노동배제적인 기업경영체제하에서 조직노동이 자신의 요구를 관철하기 위해 터득한 운동 방식이라 이해할 수 있다. 물론, 기업 차원의 노사관계에서든 중앙 차원의 노정관계에서든 대중동원의 투쟁력이 대등한 노사 또는 노정 간의 교섭을 담보하기 위한 필요조건이기는 하나, 최대치 요구의 관철을 내세우는 투쟁 일변도의 노조운동 관행은 오히려 열악한 지위에 놓여 있는 미조직노동이나 국민들로부터 공감을 얻기 어려울 뿐만 아니라 보수언론과 재계가 조직노동의 고립화를 의도하는 반노조 여론을 확산시키는 데 악용되고 있다. 민주화 시대에 들어 노동조합운동이 노동연대적 책무를 제대로 실천하기 위해서는 공적 담론에서의 폭넓은 지지를 얻어내는 것이 무엇보다 중요하다. 그런 만큼, 노동조합운동으로서는 단선적인 전투주의 활동관성에서 벗어나 국가 및 기업 경영 차원의 정책 형성 과정에 대한 적극적인 개입과 효과적인 교섭전략, 그리고 국민적 지지를 얻어낼 수 있는 대중적 투쟁 레퍼토리를 적절히 배합하고 활용하는 운동 방식의 혁신이 요구된다.

3장

노동·시민사회 연대운동의 역사적 고찰

1. 머리말

한국은 지난 60여 년 동안 압축적인 사회변동을 겪어왔다. 이 기간에 경제발전과 정치 민주화, 시민사회의 탈근대화 등과 같이 크나큰 변화가 이루어진 것이다. 그 결과, 한국의 정치·경제는 압축적 산업화를 이끌어온 개발독재로부터 벗어나 신자유주의 정책 기조에 의해 지배되는 민주적 시장체제로 이행했다. 1987년 이후의 지난 30년 동안 강성 국가와 재벌대기업 집단이 정치·경제를 여전히 지배하는 가운데, 이 기간에 노동조합과 시민사회운동은 롤러코스터를 타는 듯한 등락의 변화 궤적을 보여주고 있다.

이 같은 압축적 사회변동에는 국가·기업·시민사회의 관계뿐 아니라 노동운동과 시민운동의 상호관계에 대한 세 가지의 역사적 사건이 심대한 영향을 미쳤다. 첫 번째 역사적 사건은 전태일 열사의 분신이었다. 전태일 열사의 분신은 급속한 산업화를 통해 크게 늘어난 노동자들의 비인간적인 생활 상태에 대해 대중적 관심을 이끌어냈으며, 시민사회운동 단체들이 노동자의 보호와 조직화에 나서도록 만들었다. 두 번째 사건은 권위주의적 통치체제의 해체를 통해 노동조합과 시민사회운동의 활성화를 촉발한 1987년의 정치 민주화이다. 세 번째 사건은 금융·공공 부문과 더불어 노동 부문에 대한 신자유주의적 구조개혁을 촉발한 1997년 말의 외환위기를 꼽을 수 있다. 세 가지의 시대적 국면을 거치면서 시

※ 이 장은 2015년에 *Development and Society*(Vol. 44, No. 2, pp. 199~218)에 실린 "Changing Cross-movement Coalitions between Labor Unions and Civil Society Organizations in South Korea"를 번역해 일부 수정한 글이다.

민사회가 다원화되는 가운데, 노조운동은 노동 문제의 해결과 사회경제적 개혁을 요구하며 시민사회운동과 연대와 갈등으로 점철되는 복합적인 관계를 보여주었다.

이 장에서는 1970년대 초 이후 노동운동과 시민사회운동의 상호관계가 어떠한 변화의 궤적을 보여왔는지 살펴보고, 노조와 시민사회단체의 연대적 관계에 변화를 안겨준 주요 배경 원인을 밝혀보기로 한다. 정치·경제의 압축적 구조변동을 겪어온 한국에서 노동운동과 시민사회운동의 상호관계 역시 역동적인 변화의 흐름을 보여왔다는 점에 주목할 만하다. 다음 절에서는 개발국가 시대(1970~1987년), 민주화 시대(1987~1997년), 신자유주의 구조개혁 시대(1997년 이후)로 구분되는 역사적 국면별로 노동운동과 시민사회운동이 어떠한 연대적 관계를 보여주었는지를 차례로 살펴보고, 소결에서 이론적 함의와 실천적 시사점을 도출하여 제시한다.

2. 개발국가 시대(1970~1987년): 노동과 시민사회의 저항적 연대

20세기에 들어 한국의 시민사회가 발전해온 과정은 일본의 식민화, 민족분단, 한국전쟁 및 이어진 냉전 시대, 좌절된 4·19 혁명, 1961년과 1980년의 군사 쿠데타 등과 같은 비극적인 역사 또는 사건들에 의해 결정적으로 제약받고 있다. 더욱이, 1950~1960년대에는 경제적 후진성과 권위주의적 정치체제가 시민사회의 성장을 가로막았다. 한편, 노동조합은 1945년 해방 직후 조선노동조합평의회(약칭 전평)의 주도하에 대거 설립되었다. 하지만 전평은 해방정국에서 남로당의 지침에 따라 정치적 분규행동을 벌이다가 당시 미군정에 의해 강제로 해산되었으며, 이승만 대통령의 후견에 힘입어 반공산주의 노동운동을 표방하며 설립된 대한독립촉성노동총연맹(약칭 대한노총)에 의해 대체되었다. 그리고 대한노총은 1950년대 말까지 권위주의적 이승만 정권에 의해 통제받는 충실한 하위 파트너로서 역할을 했다. 4·19 혁명이 발발한 1960년에는 일부 노조 활동가들이 유리한 정치 기회구조를 활용해 대한노총의 민주화에 나서기도 했지만, 이러한 시도는 1961년 5·16 쿠데타로 권력을 잡은 박정희 군사정권에 의해 좌절되기도 했다. 박정희 정권은 대한노총의 지도부를 교체함과 동시에 강압적으로 산하 조직들을 산별노조로 전환했다. 그 결과, 노조들은 박정희 경찰국가에 의해 철저히 통제되는 충성스러운 추종 집단으로 머무르게 되었다.

시민사회운동은 1950~1960년대에는 전연 뚜렷한 존재감을 보여주지 못했다. 왜냐하면, 북한의 위협으로부터 국가안보를 지켜야 한다는 명분 아래 시민권이 권위주의국가에 의해 크게 억압받고 있었기 때문이다. 그런데 이 기간에 학생운동이 권위주의적 독재와 정치적 부정부패에 대해 끊임없이 저항적 활동을 벌였다. 학생운동은 이승만 정권이 조작해온 부정선거에 대한 대중적 저항을 이끌었고, 급기야 1960년 4월에 12년 장기 집권을 종식시킬 수 있었다. 박정희 정권의 집권기간(1961~1979년)에도 학생운동은 권위주의 국가체제에 도전하고 정치적 민주화를 요구하는 가장 위력적인 사회운동 주체로 자리매김했다.

1970년에 발생한 전태일 열사의 분신자살은 시민사회에서 노동운동과 사회운동 사이에 처음으로 연대관계를 형성하는 촉발제로 작용했다. 전태일 열사의 분신은 학생운동가들과 시민단체(예를 들면, 기독교단체 등) 사이에 크나큰 반향을 불러일으켰다. 그들은 이를 통해 노동자계급이 국가 주도의 경제개발에 의해 크게 증대했다는 점에 주목했으며, 사용자들의 위법적인 노무관리와 착취적인 통제에 의해 산업노동자들이 매우 열악한 작업장 생활을 하고 있다는 사실에 큰 관심을 보이기 시작했다. 이같이, 전태일 열사의 분신은 노동 문제를 시민사회운동이 해결해야 할 핵심적 사회이슈로 부각하는 계기로 작용했던 것이다. 또한, 정부가 수출 주도 경제성장을 위해 펼쳐온 통제 위주의 노동정책을 통해 노동자들의 권리를 억압해왔으며, 노동조합 역시 노동자들을 대변하기보다 사용자들을 편들어주었다는 사실에 대해 학생운동과 시민운동단체들은 분명한 문제의식을 갖게 되었다. 그 결과, 1970년대에는 많은 학생운동가들이 산업단지 주변에 야간학교를 열어 노동자들에게 '노동법'과 노조 조직화를 위한 교육을 실시했으며, 그들 중의 일부는 노조를 결성하거나 기존의 어용노조를 민주화하려고 노동운동가로 변신해 산업현장으로 진출했다. 도시산업선교회를 비롯한 진보적 종교단체들은 사용자의 불법적 노무관리에 대한 노동자들의 고충과 불만을 해결하기 위한 노동상담을 시작했으며, 사용자에 맞서 분규행동을 벌인 노동자들과 노동운동가를 경찰 체포로부터 보호하기 위한 피난처를 제공했다. 비인간적인 처우와 열악한 노동조건을 규탄하는 노동자들의 저항활동이 점차 늘어났으며, 사용자의 통제와 포섭으로부터 벗어난 민주노동조합들이 연이어 조직되었다. 사용자의 폭력적인 탄압과 경찰 등의 공권력 개입에 따라 민주노조 대부분은 노조 지도자와 활동가들의 해고로 인해 단명했다. 존립을 위한 투쟁을 전개할 때, 민주노조들은 종종 학생운동, 종교단체들과 '저항의 연대'를 형성해 기업의 폭력적 탄압과 정부의 강압적 공권력 행사에 맞서기도 했다. 그런데 박정희 정권의 가혹한 민주노조 탄압은 역설적으로 그의 18년 독재를 종식시키는 데 결정적인 촉발요인으로 작용했다. 1979년 YH무역회사에 민주노조를 결성한 여성노동자들이 회사의 불법적 노조 탄압에 저항하기 위해 당시의 야당인 신민당 당사에서 농성 투쟁을 벌였다. 정부는 농성 노동자들을 무력으로 해산시키기 위해 야당 당사에 경찰력을 투입해 진압하는 과정에서 노조 간부였던 김경숙의 죽음을 초래했으며, 이 사건에 강력하게 항의했던 김영삼 야당 총재의 국회의원직을 박탈하기까지 했다. 이같이, 박정희 정권은 연이은 폭압적 조치들을 취함으로써 부마항쟁을 촉발했으며, 결국 그해 10월 26일 김재규 중앙정보부 부장의 대통령 시해사건으로 비극적인 종말을 고하게 되었던 것이다.

박정희 정권의 몰락 직후인 1980년의 민주화 시기는 전두환 장군이 신군부의 쿠데타와 광주항쟁의 유혈 진압을 이끌며 비극적으로 끝났다. 제5공화국을 내세우며 집권한 전두환 대통령은 대통령선거와 언론·표현의 자유를 포함한 시민권을 제한하고 노동조합을 엄격히 통제함으로써 권위주의체제를 이어갔다. 전두환 대통령 주도의 경찰국가가 엄격한 통제를 했음에도 불구하고, 학생운동과 민조노조운동이 1980년대 초반에 더욱 활성화되었는데, 이는 광주민주화항쟁에서 결정적인 영향을 받았다. 학생운동은 전두환 정부의 부당한 집권에 대해 강력한 도전세력으로 맹위를 떨쳤을 뿐 아니라 이념적 성향에서도 더욱 과격화되었다. 많은 학생활동가들은 마르크스주의 서적을 돌려보며 사회주의혁명과 노동자계급의 전위적 역할에 대해 논의하기 시작했다. 또한, 이 시기에 매년 수천 명의 학생활동가들이 노동자들을 조직하기 위해 공장에 위장 취업했으며, 이들의 현장 투신을 통해 민주노조운동이 더욱 활성화되었다. 실제, 학생운동으로부터 유입된 노동 현장 활동가들은 지하운동서클을 만들어 민주노조의 조직화를 시도했으며, 사용자들의 전제적인 작업장 통제와 경찰국가의 노동 탄압에 맞서기 위해 다양한 활동을 전개했다. 1985년에는 민주노조들을 조직한 노동 현장 활동가들이 구로공단에서 동맹파업을 전개했으며, 인천과 서울에서 전두환 대통령의 전체주의적 통치체제에 저항하는 격렬한 노학연대시위를 벌이기도 했다.

1980년대 중반에 계속된 경제성장과 더불어 국민들의 생활수준이 향상되며 크게 증가한 중산층이 전두환 대통령의 권위주의적 체제에 비판적인 태도를 보임에 따라 학생 주도의 민주화운동에 대한 대중적 동정 여론이 널리 확산되었다. 결정적인 계기로 1987년 초에 박종철 학생의 고문치사가 세상에 알려짐에 따라 대규모의 대중시위를 촉발했으며, 결국 그해 여름 권위주의체제의 붕괴와 정치 민주화가 이루어졌다. 같은 해 가을에는 권위주의체제의 몰락에 따라 변화된 정치 기회구조하에서 사용자의 비인간적인 노무관리에 대한 노동자들의 엄청난 저항이 전국에서 폭발적으로 분출되어 이른바 노동자대투쟁이 발생했다.

요컨대, 1987년까지 노동운동과 시민사회운동의 상호관계는 저항적 연대(resistance solidarity)라 특징지을 수 있으며, 특히 학생운동이 주도하는 시민사회운동이 권위주의적 정치체제에 도전함과 동시에 사용자의 전제적 작업장 통제와 국가의 개입주의 노동정책, 하위 파트너로 전락한 한국노총의 어용노조에 저항하는 민주노조운동을 적극적으로 지원·견인해온 것으로 정리해볼 수 있다.

3. 민주화 시대(1987~1997년): 노동조합과 시민사회단체의 다원화된 연대활동

1987년의 정치 민주화는 국가·시장·시민사회의 상호관계를 획기적으로 변화시켰다. 지속적인 경제발전으로 성장한 기업과 시민사회는 권위주의적 국가의 족쇄로부터 자유로워졌고, 시민사회를 대표하는 핵심 주체도 크게 바뀌었다. 1987년 이전에 시민사회운동을 주도적으로 이끌었던 학생운동은 민주화 이후의 정치적 여건하에서 점차 약화되었고, 그 자리는 민주화 이후 급속하게 성장한 노동조합과 시민NGO가 차지했다.

1987년 하반기의 노동자대투쟁을 통해 노동조합운동은 그 조직적 기반을 크게 확대했다. 1987~1989년 기간에 노동조합의 수는 2742개에서 7883개로 세 배 가까이 늘어났고, 조합원 규모 역시 105만 명에서 193만 1000명으로 증가했다. 그 결과, 노조 조직률이 같은 기간에 11.7%에서 18.6%로 상승했다. 노동운동의 폭발적인 성장과 더불어 임금 인상을 비롯한 노동조건의 개선이 크게 이루어졌을 뿐 아니라, 단체교섭의 제도화를 통해 노동자들에게 작업장에서의 시민권이 보장되었다. 더욱이, 노동조합들이 단체행동을 벌일 만한 조직력을 갖춤에 따라 노동운동은 영향력 있는 사회 주체로 인정받게 되었으며, 실제 노동계 대표들이 국가경제사회협의회(1990~1995년)와 노사관계개혁위원회(1996~1997년)와 같이 정부의 정책협의 과정에 참여했다. 한편, 노동운동은 한국노총 진영과 민주노조 진영으로 나누어졌다. 정치 민주화와 노동자대투쟁을 통해 크게 증가한 민주노조들은 1991년에 그들의 중앙 조직인 전국노동조합협의회(전노협)를 결성했으며, 1995년에 대기업과 사무직 부문의 노조들과 통합해 민주노총을 설립했다. 한국노총과 민주노총은 노동운동의 상이한 노선(전자의 온건개혁주의와 후자의 전투적 사회개혁조합주의)을 표방했는데, 두 총연맹의 상호관계는 정부 정책과 입법 이슈를 둘러싸고 연대와 갈등 사이에서 오락가락하는 모습을 보여주었다.

1987년의 민주화를 통해 시민사회운동이 괄목할 만한 성장을 보이는 가운데, 학생운동은 급격히 쇠락했다. 하지만 학생운동은 그 하락세에도 불구하고 노동조합과 시민사회단체에 활동가 자원을 제공하는 중요 역할을 담당했다. 1987년 이전에 결성된 기존의 민중운동단체에 더해, 시민사회의 비영리 또는 비정부 단체(NPO/NGO)들이 1990대에 들어 급속히 증가했다. 2000년 한국시민단체명부에 따르면, 1999년 설문조사를 통해 그 설립 연도가 확인되는 4905개 시민단체들 중에서 62.0%가 1990년대에 설립되었다(은수미, 2004). 이들 시민단체는 성차별 해소와 모성 보호, 환경 지킴이, 사회복지 확충, 공정 선거, 소수자 인권보호, 민간·공공 부문의 지배구조 투명성 강화 등과 같이 다양한 비계급적 이슈를 다루었다.[1] 시민사회단체들의 괄목할 만한 증가세는 정치 민주화에 의한 것이기도 하지만, 생활세계에 대한 중산층 시민들의 높아지는 관심사, 시민들의 일상생활 문제들에 대한 정부의 정책적 해결 미비와 기업

---

[1] 이런 점에서 한국의 시민운동단체들은 Offe(1985)가 개념화한 신사회운동의 특징을 갖춘 것으로 볼 수 있다.

들의 부당한 침해 관행, 시민적 현안 해결에 대한 정치정당들의 무능, 노동운동과 학생운동 출신 활동가의 대거 유입 등에 의해 영향을 받았다(강수택, 2012).

　　1980년대 후반과 1990년대 중반 사이에 설립된 시민사회단체들은 그들의 사회현안 포괄 범위에 따라 두 개 그룹으로 구분할 수 있다. 하나는 경제정의실천시민연합(약칭 경실련, 1989년 설립)과 참여연대(1994년 설립)와 같이 다양한 시민생활 이슈를 다루는 종합시민단체들이며, 또 다른 그룹은 특정한 시민사회 의제를 전문적으로 다루는 시민단체들이다(강인순, 2011). 또한, 시민사회운동의 이념적 차이에 따라 세 개 그룹으로 구분할 수도 있다(조희연, 1995). 첫 번째는 빈곤 집단이나 농민과 같은 사회취약계층의 이익을 대변하고 정치·경제의 급진적 개혁을 요구하며 주로 전투적 활동 방식에 따라 실천하는 이른바 민중운동 그룹을 꼽을 수 있다. 두 번째와 세 번째는 공통적으로 신중산층을 대변하는 시민사회운동이라 분류된다. 하지만 두 번째 그룹은 경실련으로 대표되는 자유주의 시민운동으로서 시민적 이슈에 대해 실용적이며 온건한 입장을 취하는 한편, 세 번째는 참여연대로 대표되듯이 한국 사회의 구조적 문제들을 적극적으로 개혁하기 위한 진보적인 입장을 보인다.

　　노동조합과 시민운동단체의 이념적 차이에 의해 노동·시민사회의 연대 역시 '유유상종'의 형태로 다원화되었다(조돈문, 1996). 한편, 한국노총과 경실련 주도의 자유주의적 시민운동단체들은 온건한 활동 방식으로 개혁 이슈들을 제기하는 연대활동을 전개했다. 그들이 제기한 이슈에는 선거부정, 실명제 금융거래, 정부 통제로부터의 한국은행 독립, 남북한 민간 교류, 국내 쌀 소비 증진, 위안부 문제 등이 포함되었다. 다른 한편, 민주노총과 민중운동단체들은 노동자 생존권 보장과 자주 통일 등을 주장하며 민주노조들의 요구에 대한 보수정부의 탄압에 맞서 전투적인 방식으로 저항하는 반정부 투쟁의 연대를 펼쳤다. 참여연대를 포함한 진보적 시민운동단체들은 그 중간의 위치를 차지하면서, 재벌개혁과 보편적 복지 등과 같은 정치·경제체제의 개혁을 요구하는 독자적인 시민활동을 벌이거나 때때로 민주노조들을 탄압하는 정부의 반노조 정책에 항의하는 민주노총 주도의 연대활동에 동참하기도 했다. 그런데 이같이, 다원화된 연대운동의 흐름에도 불구하고 노동조합들과 시민운동단체들은 1996년 말에 정부여당이 노동시장 유연화를 위해 날치기로 관련 법 제·개정을 일방 처리한 것을 저지하기 위해 전국적인 연대 투쟁을 벌였다. 실제, 1997년 2월까지 한국노총과 민주노총은 합동으로 전례 없던 총파업을 벌였으며, 대다수의 시민운동단체들 역시 대중적 항의를 표출하는 반정부 시위를 적극 조직하기도 했다. 김영삼 정부는 노조와 시민운동단체가 주도한 대규모 항쟁에 결국 굴복해 1997년 3월에 해당 법률의 재개정을 단행했다. 1996년 말과 1997년 초에 벌어진 반정부 투쟁은 노조·시민운동의 연대가 갖는 사회적·정치적 영향력을 분명하게 보여주었다.

요약해보면, 민주화 시대에 들어 노동운동과 시민사회운동에는 상당한 발전이 이루어졌을 뿐 아니라 그 연대활동의 다원화가 이루어졌다. 그런 가운데, 특히 1996년 말에 분출된 노조와 시민운동단체의 연대 투쟁은 민주적 절차를 무시한 정부의 일방적 법 개정을 좌절시키기도 했다. 하지만 1996~1997년의 연대 투쟁을 비롯해 노조와 시민운동단체의 연대활동은 태터솔과 레이놀즈(Tattersall and Reynolds, 2007)가 제시한 여러 수준의 연대 유형 중에서 임시방편(ad hoc) 연대의 유형에 해당되는 것으로 볼 수 있다. 왜냐하면, 이들의 연대활동은 당시 '노동법' 개정이라는 특정 이슈에 대하여 정부의 부당한 조치에 저항하기 위해 단기적인 공동투쟁을 추진했던 것이기 때문이다.

4. 신자유주의 구조개혁 시대(1997년 이후): 노동조합과 시민사회단체의 형해화된 연대

1997년 말에 두 개의 역사적 사건이 한국의 정치·경제와 노조·시민단체의 활동 여건에 심대한 영향을 미쳤다. 첫 번째 사건은 국가경제를 외환부도 사태로까지 내몰았던 경제위기였으며, 두 번째는 대통령선거에서 김대중 야당 후보의 승리를 통해 이루어진 평화적인 정권교체였다. 외환위기를 맞아 김대중 대통령이 이끈 국민의 정부는 IMF로부터 구제금융을 받는 조건으로 공공·금융·기업·노동의 4개 부문에 대한 신자유주의 구조개혁을 전면적으로 추진했다. 김 대통령은 경제위기 극복과 신자유주의 개혁을 이루어내기 위해 조직노동으로부터 협조를 얻으려고 노사정위원회를 설립했다. 신자유주의 구조개혁은 국가 경제가 빠르게 회복하는 데 크게 이바지했지만, 노동시장 등의 사회영역에 심각한 악영향을 미쳤다. 경제위기를 맞아 정부 주도의 신자유주의 구조개혁이 진행되는 가운데, 상용직 일자리가 1996년의 749만 9000개(56.8%)에서 2000년의 639만 5000개(47.9%)로 급감했으며, 임시일용직 일자리는 같은 기간에 570만 3000개(43.2%)에서 696만 5000개(52.1%)로 크게 증가했다. 노무현 대통령의 참여정부(2003~2007년) 시기에도 신자유주의 경제정책은 변함없이 추진되었고 이명박·박근혜 대통령의 보수정부(2008~2017년)하에서는 친기업적 국정 기조에 따라 더욱 노골적인 방식으로 전개되기도 했다. 지난 20년 동안 신자유주의 경제체제하에서 경제불평등은 갈수록 악화되었다. 구체적으로, 지니계수(2인 이상의 비농가 전국 가구 대상의 시장소득 기준)는 1997년 0.264에서 2008년 0.323으로 크게 상승했다가 2015년 0.307로 감소했고, 하위 대비 상위 5분위 소득배율 역시 같은 기간에 3.97(1997년)에서 6.16(2008년)으로 증가했다가 5.75(2015년)로 줄어들었다. 이같이, 비정규직의 증가와 노동시장 이중구조의 심화와 더불어 사회경제적 양극화가 심각해짐에 따라 노조와 시민사회가 대면하는 핵심적인 문제로 부각되었다.

신자유주의 경제체제하에서 노동조합운동은 조직력과 사회적 영향력이 상당히 약화되었다. 1990년에 18.6%로 최고점을 기록했던 노조 조직률은 1998년에 11.4%로 하락했고, 2015년에는 10.2%까지 낮아졌다. 좀 더 심각한 문제는 노조들이 내부자(조합원)의 이해관계에 집중하고 미조직 외부자(비정규직과 중소기업 노동자들)의 권익을 배제했다는 점에서 노동조합운동이 연대성 위기를 드러낸 것이다(이병훈, 2004a). 일부 노조, 특히 민주노총 소속의 노조들이 조직적 포괄성을 넓히고 노동시장 분절구조를 극복하기 위해 기존의 기업별 조직을 산업별 체계로 전환했다. 하지만 이들 산별노조는 대기업들의 저항으로 집권화된 산별 교섭을 성사시키지 못했을 뿐 아니라, 보호받지 못하는 노동자들의 조직화에 별 성과를 거두지 못했다(Lee and Yi, 2012). 더욱이, 조합원들이 1998년 경제위기의 고용조정 경험과 생활수준 향상에 따라 보수화되었으며, 특히 그들의 작업장을 넘어서는 노동 이슈에 대해 무관심했기 때문에, 노조운동은 예전 같은 대중적 동원을 이끌어내기 어렵게 되었다(이병훈, 2004a). 이처럼 신자유주의 체제하에서 노조운동은 조직 기반과 사회 영향력이 크게 위축되었으며, 그 하락세가 이명박·박근혜 대통령의 보수정권 시기에 친기업 정책 기조에 따라 더욱 심화되었다.

반면, 시민사회운동은 이 시기에 두드러진 성장세를 보였다. 한국 시민단체명부에 따르면, 시민단체의 수가 1999년 7600개에서 2009년 2만 5886개로 크게 늘어났다.[2] 시민사회운동의 높은 신장세는 김대중·노무현 대통령의 민주정부가 친시민사회 정책 기조에 따라 이들 단체에 재정 지원을 제공하여 크게 촉진되었다. 하지만 정부 정책에 상당한 영향력을 행사했던 시민운동단체들은 시간이 지날수록 시민들의 저조한 참여, 언론과 정치권 로비에의 과도한 의존, 전문가 중심의 활동 방식, 개별화된(monadic) 운동 패턴 등과 같이 적잖은 취약점을 드러냈다(강수택, 2012; 이희수, 2004; 박원석, 1998). 그런 가운데, 시민사회운동에서 보수적 운동과 사이버 운동이라는 새로운 흐름이 등장했다. 한편으로, 보수적 교회, 퇴역군인단체, 노인단체 등과 같은 기존 사회단체들이 북한에 대한 민주정부의 평화정책 기조에 대해 비판적인 태도를 보이며 보수적 시민운동네트워크를 만들어 적극적으로 그들의 연대활동을 벌여나갔다. 이들 보수시민단체는 민주정부에 항의하는 시위를 조직했을 뿐 아니라, 노동조합과 진보적 시민단체의 활동을 반대하는 대중집회를 열었으며,

---

2   안전행정부에 등록된 NGO 수 역시 2007년 7241개에서 2013년 초 1만 1070개로 증가했다.

이명박·박근혜 대통령의 당선에도 중요한 역할을 담당했다. 따라서 진
보적 시민운동에 대해 적대적 입장을 가진 보수적 시민단체의 결집이 가
시화됨에 따라 시민사회운동은 더욱 분화되었다. 다른 한편, 자발적인
시민들의 동원을 위해 인터넷의 네트워크를 활용하는 사이버시민운동
이 2002년 처음으로 전면에 부각되었다. 그해, 경기도 양주에서 여중생
두 명(미선과 효선)이 미군 탱크에 깔려 죽은 사건이 발생했다. 그러나 정
부의 미온적인 대응과 불평등한 한미 SOFA(Status of Force Agreement) 규
정에 따라 그 사건이 제대로 규명되지도 처벌되지도 않자, 학생들과 시
민들이 이 사고 뉴스를 인터넷 네트워크를 통해 널리 알리고 정부와 미
군을 규탄하는 촛불집회를 개최해 많은 시민들이 동참했다. 빠르고 광
범하게 정보와 메시지를 확산할 수 있는 기술능력을 갖춘 SNS 및 인터
넷에 대한 시민활동가들의 활용이 증대한 것에 힘입어 사이버 시민운동
은 시민사회의 공론장에서 더 큰 중요성을 차지하게 되었다. 사이버 시
민운동의 영향력은 2008년 광우병에 대한 국민적 우려를 무시한 채 미
국 쇠고기의 수입을 일방적으로 결정한 이명박 정부의 정책을 규탄·저
지하려던 대규모 촛불시위와 2010년 한진중공업의 정리해고에 저항하
는 김진숙 지도위원과 해고노동자들을 연대하여 지원하기 위해 조직되
었던 '희망버스', 그리고 박근혜 대통령 및 최순실 비선실세의 국정농단
을 규탄한 2016년의 촛불시민혁명 등을 통해 잘 드러난다.

　　노동운동의 침체와 시민운동의 활성화로 집약할 수 있는 시민사회
의 변화된 지형 속에서 노조와 (보수단체를 제외한) 시민운동단체들이 민주
정부의 신자유주의 정책과 이명박·박근혜 정부의 일방적 친기업 정책
강행 등에 저항해 다양한 시위집회를 함께 조직함으로써 그들 사이의 연

대활동이 부쩍 늘어났다. 은수미(2004)에 따르면, 노동·시민운동 연대활동 기구의 수는 1990년대 말에 15개에서 2000년대 초반에 30개가 넘는 수준으로 크게 증가했다. 증가된 연대활동은 노동시민의 삶에 악영향을 미치는 신자유주의적 정부 정책에 대해 큰 우려와 비판의식을 공유한 노조와 시민운동단체가 그러한 정책을 저지하려는 저항 네트워크를 활발히 가동해온 것에 의해 설명될 수 있다. 그런데 연대활동의 빈도가 크게 증가했음에도 불구하고, 그 연대활동의 강도(intensity)는 오히려 약화되었다. 이는 노조와 시민단체 간의 연대적 결속관계와 사회적 영향력이 1997년 초에 보여준 것과 달리 정부 정책을 변화시키기에는 형식적인 수준에서 제한되었기 때문이다(은수미, 2004). 또한, 노동·시민운동 간의 연대활동에서 주목할 만한 변화가 나타나기도 했다. 실제, 1990년대 전반에는 주로 민주노총을 비롯한 조직노동이 연대활동의 중심적 위상과 역할을 담당했다면, 2000년대에 들어 참여연대와 같은 진보적 시민운동단체들이 그 연대활동의 주도권을 행사했던 것이다(은수미, 2004; 장상철, 2003). 더욱이, 민주노총 소속의 노조들과 급진적 시민운동단체, 그리고 자유주의적이거나 진보적인 시민운동단체들 사이에 연대활동을 둘러싼 입장 차이로 인해 때때로 심각한 균열과 상호 경합이 벌어지기도 했다. 노동·시민운동 사이의 균열을 단적으로 보여주는 대표적인 예로는 참여정부 시기에 도입된 기간제노동자 보호법과 이주노동자의 고용허가제를 손꼽을 수 있다. 두 개의 사례에서 민주노총과 민중운동단체들은 정부의 정책 추진에 대해 강경한 반대 입장을 표명했던 반면, 진보·자유주의 시민운동단체들은 이 정책에 대해 비정규직과 이주노동자의 노동조건을 개선하기 위해 수용 가능하다는 긍정적인 태도를 보여주었던 것이다.

요컨대, 1997년 이후의 정치·경제체제하에서 노조운동이 약화되고 보수단체와 사이버시민활동을 포함해 시민사회운동이 크게 확대된 가운데 노조와 시민운동단체의 연대는 시간이 지날수록 그 내실이 부실해졌다. 노동·시민사회 연대운동의 형해화 경향은 지난 20년 동안 그 연대활동의 증가세에도 불구하고 연대 강도의 약화와 사회적 영향력의 위축, 노조와 시민운동단체 간의 균열과 갈등 등에 의해 뒷받침될 수 있다. 그 결과, 노조와 시민운동단체의 연대는 2008년 '광우병' 촛불시위, 2010년 희망버스, 그리고 2016년 국정농단 규탄 촛불운동과 같이 일부의 예외 사례를 제외하면 그 운동적 효능성을 상당히 잃어가고 있는 것으로 평가된다.

5. 소결

한국의 현대사에서 노동조합과 시민운동단체의 상호관계는 개발국가 시기(1987년 이전)의 저항적 연대로부터 민주화 시기(1987~1997년)의 다원화된 연대를 거쳐 1997년 이후의 신자유주의 체제하에서 형해화되는 연대에 이르기까지 변화되어왔다. 〈표 3-1〉은 이 같은 역사적 단계별로 연대적 관계의 주체 특성과 핵심 이슈가 어떻게 변화되어왔는지를 요약해 제시한다.

이 장에서는 한국의 노동·시민사회 연대운동이 서구 국가에서 찾아볼 수 없는 역동성과 복합적 구성을 갖는 점에서 독특한 특징을 띠고 있음을 잘 보여준다. 그러면 한국의 사례 검토를 통해 해외 선행 연구에서

표 3-1

노동·시민사회 연대관계의 역사적 변천

역사적 단계	노동조합운동	시민사회운동	노동·시민사회 연대
개발국가 시대 (1970~1987)	한국노총 소속 노조들에 대한 국가와 기업의 강압적 포섭, 민주노조들의 도전·저항	학생운동의 주도적 역할과 진보 종교단체들의 연대지원	민주화와 노동권 보호의 저항적 연대, 1980년대 급진화
민주화 시대 (1987~1997)	한국노총과 민주노총의 분리·경쟁	시민운동단체들의 성장과 다원화	노동·시민사회 연대의 다양화(온건개량·급진투쟁)
신지유주의 시대 (1997년 이후)	노조운동의 조직적 침체와 영향력 약화	시민운동단체의 계속된 성장과 다양화, 그리고 사이버시민운동 등장	양적 성장과 질적 형해화, 신자유주의 정책에 대한 연대 투쟁 빈발

다루어온 서구 중심의 맥락적 테두리를 넘어서 노조·시민운동단체의 상호관계에 대한 이해를 좀 더 넓혀주는 유의미한 시사점을 논의해보기로 한다. 첫째, 서구의 시민사회에서 등장한 구사회운동과 신사회운동의 단순화된 구분과 상호관계를 다루었던 신사회운동이론의 분석틀과 견주어보면, 한국의 정치·경제체제하에서 전개된 노동·시민사회의 연대적 상호관계는 이념적 노선에 따라 급진적, 진보적, 자유주의적, 심지어 보수적 연대의 다원화된 구성을 보여준다. 더욱이, 서구의 사회운동 연구문헌에서 계급 기반의 (노조 주도) 전통적인 사회운동으로부터 새로운 탈계급적 시민사회운동으로 이행했다고 주장하는 바와 달리, 한국에서 노동조합과 시민운동단체의 상호관계는 지난 40여 년 동안 개발국가 시기 학생운동 주도의 연대활동으로부터 민주화 시대의 노조 주도 연대활동을 거쳐 신자유주의 세계화 시대에는 사이버네트워킹을 포함해 다원화된 연대활동으로 변화되어왔다. 한국에서 노동·시민사회의 연대운동

이 보여준 복합적 구성과 역동적 변화 궤적은 압축적 산업화와 뒤늦은 민주화, 민족분단과 남북한 대결 구도, 강성국가 전통, 노동시민의 권익 대변을 위한 진보정당의 취약성 등과 같은 거시적 맥락 요인들에 의해 설명될 수 있다. 또한, 세대 간 가치규범 및 이해관계의 차이, 대중적 관심 이슈의 지속적 변화, 노조와 시민운동단체 활동가들의 다원화된 운동 지향성, 정부와 기업의 권위주의적 지배엘리트블록 등과 같은 주체적 요인들이 한국 사회에 계급적 문제와 탈계급적 이슈를 동시에 촉발하며 노동·시민사회 연대의 한국적 특수성을 낳고 있는 것으로 이해된다.

둘째, 한국에서 노동·시민사회의 상호관계는 히어리·윌리엄스·애벗(Heery, Williams and Abbott, 2012b)이 지적하듯이 (주로 일시적 방식의) 연대와 경쟁의 다양한 조합 패턴을 보여준다. 또한, 상반된 운동적 지향성을 보이는 노조·시민운동단체의 연대활동이 공존하며 공론적 영향력을 확보하기 위해 서로 경합하고 있다는 점과, 그 연대운동의 빈도와 강도가 작금의 신자유주의 체제하에서 '확대된 연대네트워킹, 하지만 약화된 결집력'이라는 모순적인 경향을 드러내고 있다는 점이 확인된다. 더욱이, 서구의 경우 산업 현장의 노동 문제 대응이나 지역 공동체의 구축을 위한 중범위 수준의 연대활동이 강조되었다면, 한국에서는 노동·시민사회의 연대운동이 주로 국가 차원의 정책 결정이나 의회정치에 주력해오고 있다는 점이 특기할 만하다. 이는 정치 민주화와 신자유주의 구조개혁과 같이 국가적 이슈들이 노동조합과 시민운동단체들이 대응해야 했던 핵심 현안이었기 때문이라 생각된다.

셋째, 노동·시민사회의 연대운동에서 노동조합의 주변화는 한국의 노동조합운동이 현재 당면한 연대성 위기를 단적으로 드러내는 것으로 볼 수 있다. 특히, 노동조합들은 노동자계급 내부에서 조직노동과 미조직노동 사이의 연대성 위기, 그 외부에서 노동과 시민사회의 연대성 위기가 중첩되어 그들의 사회적 영향력과 국민적 신임이 끝없이 추락할 위중한 상황에 직면하고 있는 것이다. 사회운동 노조주의의 연구문헌들이 강조하듯이, 잃었던 사회적 영향력을 되찾고 국민들의 폭넓은 지지를 얻기 위해 사회개혁적 운동 주체로서 재활성화하려 노력하고 있는 서구 선진국 노동조합들의 사례를 본보기 삼아 한국의 노동조합들 역시 "이기적인 작업장 활동관성에서 벗어나 시민·공동체구성원·소비자·가족으로서 시민적 삶의 총체성을 포용하는 시민 정치로 나아가야" 한다는 페어브라더(Fairbrother, 2008)의 제언에 주목해야 할 것이다.

4장

비정규직 노동자 투쟁의 승리 조건,
정규직과 시민사회와의 연대

1. 머리말

〈에피소드 1〉 2013년 8월 26일, 재능교육노조의 활동가 두 명이 202일의 고공 농성을 마치고 혜화성당 종탑에서 내려왔다. 회사와 노조가 해고 조합원들을 복직시키고 기존 단체협약을 인정한다는 합의에 도달함에 따른 것이다. 회사의 일방적인 임금 삭감에 노조가 항의하며 2007년 12월부터 시작된 노사분쟁은 2076일의 최장기로 기록되었다. 그런데 2014년 3월 초에 회사가 노조의 핵심 요구인 생활임금과 노조활동의 보장을 거부함에 따라 노조는 다시금 가두 농성에 돌입했다.

〈에피소드 2〉 2013년 8월 8일, 현대자동차 비정규직 노조의 활동가 두 명이 울산공장 인근 송전탑에 벌여온 고공 농성을 296일 만에 중단했다. 그들은 현대차에 대법원의 판결에 맞추어 모든 사내하청 노동자들을 정규직으로 전환할 것을 요구했다. 대법원은 2010년 7월에 현대차가 '파견법'을 위반했으므로 고소한 사내하청 노동자를 정규직으로 전환해 복직시키라는 판결을 내린 바 있다. 희망버스를 비롯해 노동·시민사회 차원의 수많은 연대시위를 불러일으킨 그들의 고공 농성은 성과 없이 마무리되었다. 2014년 4월 현대차 경영진, 정규직 노조, 비정규직 노조가 참여하는 3자 협의체

※   이 장은 해외 학술지에 실린 두 편의 논문("Worker Militancy at the Margins: Struggles of Non-regular Workers in South Korea"(*Development and Society*, Vol. 45, No. 1, pp. 1~37); 이승윤 교수(이화여대 사회복지학과)와 공동으로 작성한 "Winning Conditions of Precarious Workers' Struggles: A Reflection Based on Case Studies from South Korea"(*Relations Industrielles/Industrial Relations*, Vol. 72, No. 3, pp. 524~550))을 종합해 재구성한 것이다.

가 만들어져 협상을 시작했으나, 노사 간 입장 차이와 노노 간 불신 때문에 전연 생산적으로 진행되지 못했다.

〈에피소드 3〉 2013년 12월 30일, 회사가 갑작스러운 공장 폐쇄를 선언해 기룡노조는 졸지에 그들의 작업장을 잃어버렸다. 2010년 11월, 노조는 지부장의 94일 단식과 공장 굴뚝에서의 고공 농성을 포함한 1895일(2005~2010년)의 장기 투쟁 끝에 해고 조합원들의 복직 요구를 관철시킬 수 있었다. 노조의 투쟁은 수많은 시민사회단체들과 네티즌 등으로부터 연대지원을 받았으며, 정치인들이 나서서 회사를 압박해 노조의 요구를 받아들이게 했던 것이다. 회사의 공장 폐쇄는 노조로 하여금 고통어린 투쟁에 다시 나서게끔 했다.

세 가지 에피소드는 대한민국의 비정규직 노동자들이 얼마나 치열한 투쟁을 벌이고 있는지를 절절히 보여준다. 그들의 투쟁은 주로 사용자의 폭압적인 노무관리(구체적으로는, 강요된 임금 삭감, 일방적 고용계약 해지, 불법적인 처우 차별, 정부 지침과 법원 판결 무시, 폭력적 노조 탄압)에 맞서기 위해 전개된 것이며, 수백 일 또는 심지어 2000일 넘는 오랜 기간에 걸쳐 진행되었다. 이같이, 장기화된 비정규직 투쟁은 그들의 불안정한 고용지위와 부실한 제도적 보호와 밀접하게 관련되어 있다. 1998년 외환위기 직후 급속히 늘어난 비정규직 노동자들은 고용불안정과 차별적인 처우에 시달리면서 이상의 에피소드들에서 보여주듯이 그들의 노동조합을 결성했으며 사용자의 횡포와 탄압으로부터 자신의 생존권을 지키고 노동기본권을 행사하기 위해 절박한 투쟁을 벌이곤 했다. 특히 1998년 이후 많은 정규직 노조가 과거의 투쟁성을 잃고 고용안정과 경제적인 기득권에 타협적으로 안주하고 있을 때, 비정규직 노동자들의 투쟁은 그들을 희생물로 삼는 노동시장 유연화에 저항하는 새로운 전투적 노동운동의 상징으로 부각되었다. 그들의 가열한 투쟁은 스탠딩(Standing, 2011)이 규정하듯 신자유주의 경제체제에 항거하는 프레카리아트(precariat) 계급 반란의 한국판으로 간주될 만하다.

많은 비정규직 노조의 투쟁은 활동자원의 부족과 사용자의 폭력적인 탄압 때문에 바라는 성과를 거두는 데 실패했다. 하지만 일부의 비정규직 노조는 그들의 투쟁을 통해 요구하는 바를 이루어냈고 조합원 규모도 확대했다. 그러면 비정규직 노동자의 투쟁에서 성공과 실패의 차이를 낳은 요인은 무엇일까? 이 장에서는 비정규직 노조의 주요 투쟁 사례를 분석해 이 같은 물음에 답하고자 한다. 구체적으로, 1998~2012년 기간에 발생한 비정규직 노동자들의 투쟁에 대해 전반적인 흐름을 살펴본 다음, 주요 30개 투쟁 사례를 대상으로 퍼지셋 질적 비교분석(fussy set qualitative comparative analysis: fs/QCA)을 적용해 그 투쟁의 성공 조건으로 사업장 안팎의 연대 및 투쟁 레퍼토리의 중요성을 살펴보기로 한다. 이 기간에 매년 발간된 고용노동부의 『노사분규사례집』 및 언론 기사 등에서 비정규직 노조의 투쟁 사례 154건[1]을 파악했고, 그중에서 ≪매일노동뉴스≫, ≪비정규노동≫, ≪노동사회≫ 등과 같은 노동 관련 정기간

---

1   고용노동부가 발간한 『노사분규사례집』에서 비정규직 노조 투쟁 사례 142건을 확인할 수 있었으며, 이 수치에는 정규직·비정규직 공동투쟁 사례 13개가 포함되어 있다. 이에 더해 정부에 의해 노동자 지위를 인정받지 못하는 특수고용 종사자들의 투쟁 사례 12개를 확인해 총 154건을 비정규직 노조 투쟁 사례로 파악한 것이다.

행물 및 관련 수기와 노조 자료집 등을 통해 충분한 투쟁정보를 수집할 수 있으며 언론 등을 통해 사회적 이슈로 크게 주목받은 30개 사례를 선정해 분석했다.

2. 비정규직 노동자 투쟁의 분석 사례 검토

1997년의 외환위기 이후 다양한 비정규직 고용형태에 종사하는 노동자들이 사용자의 부당한 차별과 고용불안정에 항의하여 일련의 절박한 투쟁을 벌임으로써 그들의 문제가 대중적 관심을 끌며 점차 사회적 이슈로 부각되기 시작했다(Chun, 2013). 1997년 이후 비정규직 노동자들에 의한 첫 쟁의행위는 1998년 1월 사북탄광에서 작업장 폐쇄를 반대했던 하청 노동자들의 파업으로 기록되어 있다. 또한, 비정규직 노동자들이 조직한 첫 노동조합은, 경제위기하에서 일자리 감축, 일방적 임금 삭감, 무보수 노동시간 연장 등을 겪었던 800여 명의 건설일용 노동자들이 1998년 2월에 결성한 대구지역 건설노조였다. 비정규직 노동자들의 노조 결성과 투쟁 활동이 꾸준히 늘어나면서 제조업·민간서비스·운수업 그리고 공공 부문으로 확산되었다. 그 결과, 〈그림 4-1〉에서 보여주듯이 전체 노사분규 건수 중에서 비정규직 노조의 쟁의가 차지하는 상대적 비중이 1998년 0.8%에서 2000년대 후반에는 20% 수준으로 증가했다.[2] 전국비

---

2 고용노동부가 매년 파악하여 공표하는 노사분규 자료에는 '노조법'상 근로자성이 인정되지 않은 특수고용 종사자와 해고 등의 분규행위와 불법파업이 배제되어 있으므로 그 건수가 다소 과소 추정될 수 있음에 유의해야 한다.

그림 4-1

비정규직 관련 분규의 변동 추이

단위: 건, %

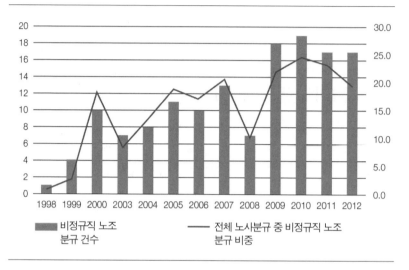

비정규직 노조
분규 건수

전체 노사분규 중 비정규직 노조
분규 비중

주: 정규직·비정규직 노동자들의 공동 파업을 포함한 수치임.
자료: 고용노동부, 『노사분규사례집』, 각 연도(2001~2002년은 발간되지 않아 제외함).

정규노조연대회의가 2004년 10월에 결성되어 비정규직 노동자들의 문
제를 해결하기 위한 제도 개혁과 노동정책을 요구하거나 개별사업장의
투쟁을 적극적으로 지원하기 위한 다양한 연대활동을 전개하기 시작했
다는 점이 특기할 만하다. 비정규직 노조들의 조직화가 활발하게 진행
되었지만, 2016년 8월 현재 비정규직 노동자의 노조 조직률은 2.6%에
그쳐 정규직의 16.5%에 비해 현저히 낮다.[3] 비정규직 노동자들의 낮은

---

3   고용노동부가 발표하는 2015년의 공식적인 노조 조직률은 10.2%인데, 그 자료에는 정
      규직·비정규직의 구분이 제시되지 않았다. 통계청이 매년 실시하는 경제활동인구조사
      근로형태별 부가조사에는 비정규직의 노조 가입 여부에 대한 설문이 포함되어 이를 통

노조 조직률은 정규직 중심의 기업별 노조체계와 관련성이 깊은데, 정규직 노조에는 비정규직 노동자들의 가입이 거의 허용되지 않기 때문이다. 그런 여건하에서 비정규직들이 독자적인 노동조합을 결성하기도 하지만, 활동자원의 부재와 사용자의 탄압에 직면해 그들의 노조는 의도했던 활동성과를 거두기 힘들고 심지어 그 조직의 명맥을 유지하기가 매우 어려운 상황에 놓이는 경우가 많았다.

이 장에서 분석하는 비정규직 투쟁 사례들에 대해 주요 특징적 요건에 따른 구성 현황을 살펴보면 〈표 4-1〉에서 예시하는 바와 같다. 비정규직 고용형태에서는 용역·하청 노동자들의 투쟁 사례 수가 가장 많은 15건에 달하고 특수고용(6건)과 임시직·기간제(5건)가 그 뒤를 잇는다. 업종 분포에서는 제조업이 단연 많은 13건에 이르며, 서비스업이 8건으로 그다음이다. 투쟁 기간을 살펴보면, 100일 이상의 장기 투쟁이 18건으로 다수를 이루며, 특히 1000일이 넘는 초장기 투쟁 사례도 6건에 해당한다. 또한, 간헐적이며 반복적인 투쟁 사례가 5건에 달한다. 투쟁 레퍼토리(protest repertoire)에서 비정규직 노조는 파업 투쟁뿐 아니라 가두집회시위를 비롯해 고공 농성과 점거 농성 및 단식 투쟁과 사업장 봉쇄, 심지어 자살 항거에 이르기까지 다양한 전술을 구사하고 있음을 확인할 수 있다. 투쟁 사유를 살펴보면, 노조 탄압이 24건으로 가장 많은 수치를 보이며, 그다음으로 정리해고와 계약해지 19건, 정규직화와 고용보장 11건, 임금 인상 및 단체협약 개선 10건 등의 순으로 나타났다.

분석 대상의 투쟁 사례들은 ① 집단적 요구의 표출(claim-making)과

해 그들의 노조 조직률을 추정해볼 수 있다.

표 4-1

주요 특징 요건별 분석 사례들의 구성 현황

		사례 수
비정규직 유형	임시직/기간제	5
	일용직	2
	용역/하청	15
	파견	2
	특수고용	6
업종	제조업	13
	서비스업	8
	건설업	4
	운수업	2
	공공 부문	3
투쟁 기간	100일 미만	7
	100~299일	7
	300~999일	5
	1000일 이상	6
	간헐·반복 발생	5
투쟁 레퍼토리	파업	22
	사업장봉쇄/보이콧/피켓팅	12
	단식/삭발 투쟁	12
	점거 농성	13
	고공 농성	15
	가두시위/집회*	25
	분신/자살 시도**	9
	기타***	7
투쟁 사유	노조 탄압	24
	정리해고/계약해지	19
	외주화	7
	임금 인상 및 단체협약 개선	10
	정규직화 및 고용보장	11
	차별 시정	2
합계		30

주: * 일인 피켓팅, 촛불집회, 길거리농성, 3보1배 행진, 서명받기 캠페인 등 포함.
　** 진압경찰과 용역폭력의 희생자 포함.
　*** 해외원정 투쟁, 뗏목 시위, 전국순회 시위, CEO 면담요구 시위 등 포함.

노조 결성, ② 사용자의 거부와 탄압, ③ 노조의 투쟁 돌입, ④ 노사합의 도출, ⑤ 사용자의 노조 탄압에 따른 노사갈등의 재발로 이어지는 공통된 상황 전개를 나타낸다. 우선, 비정규직 노동자들이 노조를 결성하고 투쟁에 나서 제기하는 요구는 사용자의 일방적인 해고 및 외주화, 불법적인 노무관리와 비인간적 처우 등으로부터 자신의 권익을 지키기 위한 방어적인 성격을 나타낸다(김영두·김승호, 2006). 둘째, 비정규직 노동자들이 노조를 결성해 쟁의행동에 들어가면, 대부분의 사용자들은 비정규직 노조를 인정하지 않고 노조 지도자 및 활동가의 해고 및 격리, 용역폭력의 동원과 경찰 공권력의 활용, 손해배상 청구와 형사 고발 등과 같은 다양한 수단을 통해 그 노조를 파괴하려는 태도를 보여준다. 왜냐하면, 노조의 조직화 또는 조합원 확대를 피하려는 것이 비정규직 노동자를 활용하는 사용자들의 주된 동기이기 때문이다. 셋째, 결사적 권력(association-al power)과 활동자원을 변변히 갖추지 못한 비정규직 노조들은 사용자의 탄압에 맞선 장기화된 투쟁의 전개, 혁신적이거나 초법적인 투쟁 전술의 기획·활용, 사업장 밖의 투쟁 공간 의존, 외부 연대 확보와 공공드라마 연출 등과 같은 측면에서 정규직 노조와 매우 다른 투쟁 양상을 보여준다. 넷째, 비정규직 노사분쟁은 정부 또는 지자체, 시민·종교단체, 정당 등의 제3자 조정을 통해 해결되는 사례가 많으며(김영, 2010), 어렵게 도출한 노사합의에 대해 사 측이 이행을 거부하거나 제대로 이행하지 않아 비정규직 노조가 다시금 투쟁에 돌입하는 경우가 적잖은 것으로 확인된다. 또한, 30개 분석 사례 중에서 300인 미만의 중소기업에 해당하는 기륭전자를 제외하면 대부분의 사례가 대기업에 소속되어 있거나 대기업을 대상으로 일하는 비정규직 노동자들의 투쟁이라는 점이 또 다른 특기할 만한 공통점이다.

그런데 30개 투쟁 사례에 대해 교섭 결과와 조직 향배를 중심으로 그 투쟁성과를 살펴보면 〈그림 4-2〉에서 보여주듯이 상당한 차이를 드러내고 있음을 확인하게 된다.[4] 교섭을 통해 바라던 성과를 거두었을 뿐 아니라 노조 조직을 확대한 투쟁 사례가 5건(서울대 간병인, 금호타이어 사내하청, 기아차 화성공장 사내하청, 울산플랜트건설 일용직, 덤프트럭 기사)이었던 반면, 별 교섭성과도 거두지 못한 채 노조 조합원 수마저 크게 감소하거나 아예 노조가 해체된 투쟁 사례 수가 9건(KT 임시직, 현대중공업 사내하청, KTX 승무원, 88CC 경기보조원, GM대우 창원공장 사내하청, GM대우 부평공장 사내하청, 하이닉스반도체 사내하청, 뉴코아 임시직, 현대미포조선 사내하청)에 달한다. 또한, 교섭성과가 제한적이지만, 노조 조직을 유지하거나 확대한 투쟁 사례가 5건(산업인력공단 임시직, 화물연대, 삼성전자 서비스 기사, 현대하이스코 사내하청, 홍익대 청소용역)으로 확인되는 한편, 남은 11건(기아차 광주공장 사내하청, 코스콤 임시직, 캐리어 광주공장 사내하청, 포항플랜트건설 일용직, 이랜드 임시직, 동희오토 사내하청, 기륭전자 임시직, 재능교육 교사, 현대차 울산공장 사내하청, 근로복지공단 임시직, 레미콘 기사)은 노조 조직이 유지되기는 했으나 교섭성과가 전연 없었던 투쟁 사례로 분류된다.

---

4   교섭성과는 비정규직 노조의 요구를 성취한 수준을 측정하는 것으로 '전연 없음' 0, '제한적으로 성취함' 1, '대부분 성취함' 2로 구분했으며, 조직성과의 경우에도 노조의 조직 유지 여부와 조합원 증감 수준에 따라 '노조 해체 또는 조합원 감소' 0, '조합원 감소' 1, '조합원 증가' 2로 측정했다.

그림 4-2

비정규직 노동자 투쟁 사례들의 교섭·조직 성과 교차분석 결과

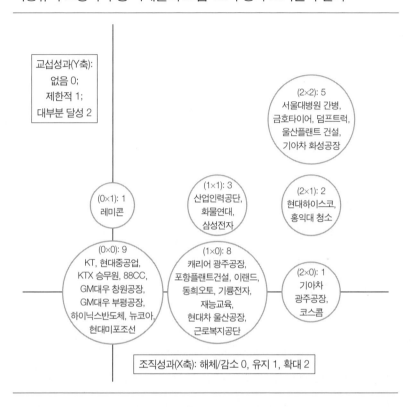

3. 비정규직 노동자 투쟁의 승리 조건 판별하기

앞서 살펴본 바와 같이 비정규직 노조들이 그들의 투쟁을 통한 교섭과 조직의 성과에서 상당한 편차를 보이고 있다는 점에 주목하여, 특히 사업장 안팎의 연대 및 투쟁 레퍼토리가 그들의 투쟁성과에 미치는 영향에 대해 탐색적으로 분석한 결과를 차례로 살펴보기로 한다. 우선, 비정규

직 노동자들의 투쟁에 대한 정규직 노조의 연대활동을 의미하는 내부연대의 수준이 교섭 결과와 조직 유지·확대에 정비례적으로 작용하는 것으로 확인된다. 〈그림 4-3〉에서 예시하듯이, 비정규직 투쟁이 정규직 노조로부터 적극적인 연대지원을 받는 경우 교섭과 조직의 측면에서 모두 대부분 교섭 요구의 성취와 조직 확대, 또는 부분적 교섭 요구의 성취와 조직유지라는 긍정적인 성과를 거두었으나, 정규직 노조가 이들 투쟁을 훼방하거나 탄압했을 때에는 이렇다 할 성과를 거두지 못한 것으로 나타났다. 정규직 노조가 비정규직 투쟁에 무관심하거나 거리 두는 태도를 보였을 경우에는 교섭과 조직의 성과가 공통적으로 최저(0) 수준에서 최고(2) 수준에 이르기까지 다양하게 분포되고 있음을 보여준다. 정규직 노조가 존재하지 않은 경우에는 비정규직 투쟁의 성과가 교섭과 조직의 측면에서 상대적으로 높은 수준에 이르는 것으로 나타난 점이 특기할 만하다.

〈그림 4-4〉에서는 비정규직 투쟁에 대해 사업장 밖의 노동·시민사회단체들이 제공했던 연대지원, 즉 외부연대의 수준에 따른 교섭과 조직의 측면에서 어떠한 성과를 거두었는지를 보여준다. 외부연대의 강한 지원을 받은 비정규직 투쟁 사례들은 교섭과 조직의 양 측면에서 좋은 성과를 거둔 반면, 전혀 외부연대의 지원을 받지 못하거나 약한 연대지원을 받은 사례들은 상대적으로 저조한 결과로 마무리된 것으로 확인된다.

아울러 〈그림 4-5〉에서는 비정규직 투쟁에 동원된 투쟁 레퍼토리의 다양성 수준이 교섭과 조직의 성과에 어떠한 차이를 보이고 있는지를 예시한다. 흥미롭게도, 비정규직 투쟁에서 활용된 투쟁 레퍼토리 유형의 수가 적을수록(3개 이하), 교섭과 조직의 좋은 성과를 이루어냈으며, 오히

그림 4-3

비정규직 노동자 투쟁에 대한 내부연대와 교섭·조직 성과

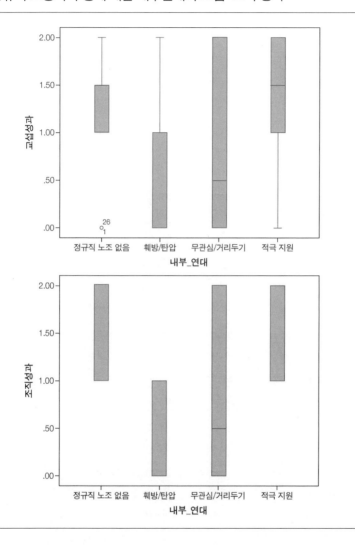

그림 4-4

비정규직 노동자 투쟁에 대한 외부연대와 교섭·조직 성과

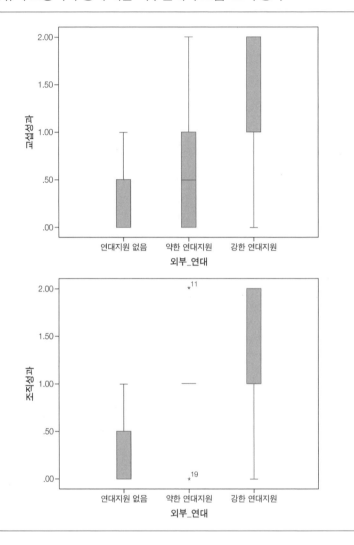

그림 4-5

비정규직 노조의 투쟁 레퍼토리와 교섭·조직 성과

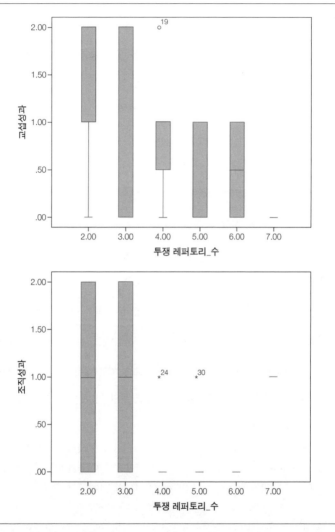

주: 비정규직 투쟁에서 확인되는 투쟁 레퍼토리들을 크게 8개 유형(① 파업, ② 사업장봉쇄/보이콧/피켓팅, ③ 단
신/삭발 투쟁, ④ 점거 농성, ⑤ 고공 투쟁, ⑥ 가두시위/집회, ⑦ 자살/분신 시도, ⑧ 기타 투쟁 전술(예를 들면
해외원정 투쟁, 뗏목 시위, 전국순회 시위, CEO 면담요구 시위 등)로 범주화해 각 투쟁 사례에서 활용된 레퍼
토리의 유형 수로 측정했다.

려 많은 투쟁 레퍼토리가 적용되는 경우(4개 이상)에는 상대적으로 저조한 결과를 거둔 것으로 드러났다.

그러면, 교섭과 조직의 성과를 중심으로 비정규직 투쟁의 성과에 대해 내·외부 연대 및 투쟁 레퍼토리가 어떻게 작용했는지를 판별하기 위해 fs/QCA 방법을 적용해 분석한 결과를 살펴보기로 한다.[5] fs/QCA는 제한된 규모의 표본 사례에 적용되는 분석 기법으로 변수 간의 인과관계를 엄밀하게 검증하기는 어렵지만, 특정 현상에 대한 인과적 조건을 밝혀내는 데 유용하다. 구체적으로, 회귀분석(regression analysis)이 개별 변수들의 인과적 효과를 통계적으로 검증하는 분석 기법이라면, fs/QCA는 사례 중심의 비교분석 원리에 기반하여 분석 초점의 결과 현상에 대해 주요 원인 조건들의 구성 세트(configurational set)가 유의한 영향을 미치는지를 검토함으로써 그 인과관계에 대한 맥락적 이해를 제공하는 연구방법으로서 강점을 갖는다(Lee, S., 2013). fs/QCA의 이 같은 분석원리를 활용해 30건의 비정규직 투쟁 사례를 대상으로 내부연대와 외부연대 및 투쟁 레퍼토리의 8(=2³)개 조합세트 중에서 어느 조건의 조합이 교섭·조직의 성공적인 투쟁성과를 거두었는지에 대해 검토해본다.[6]

5　이 절에서 제시하는 fs/QCA의 분석 내용은 이화여대의 이승윤 교수와 공동으로 작성한 Lee, B. and Lee, S.(2017)를 축약해 서술한 것이다. fs/QCA의 분석 원리에 대한 상세한 설명이 필요하면, Lee, S.(2013)와 Ragin(2000)을 참조하기 바란다.

6　결과 현상으로 교섭성과와 조직성과, 원인 조건으로 내부연대와 외부연대 및 투쟁 레퍼토리에 대해 상기한 측정 점수들을 0~1의 퍼지셋 스코어(fussy-set score)로 전환해 fs/QCA의 분석모델을 적용했는데, 자세한 연구 방법에 대해서는 Lee, B. and Lee, S.(2017)를 참조하기 바란다. 그리고 내부연대와 외부연대 및 투쟁 레퍼토리의 퍼지스코어 0과 1을 조합한 8개 경우(1−1−1, 1−1−0, 1−0−0, 0−1−1, 0−1−0, 0−1−1, 0−1−0, 0−0−0)가 성공 조건의 규명을 위해 고려된다.

교섭성과에 대해서는 비정규직 투쟁의 9개 사례(기아차 광주공장, 서울대병원 간병, 금호타이어, 울산플랜트건설, 덤프트럭, 현대하이스코, 기아차 화성공장, 코스콤, 홍익대 청소)가 성공적이었던 것으로 확인된다. Y(교섭성과)=X(내부연대, 외부연대, 투쟁 레퍼토리)의 fs/QCA 분석모형을 적용했을 때, '강한 외부연대-강한 내부연대-적은 투쟁 레퍼토리 수'로 구성된 조합이 유일하게 성공적인 교섭성과를 이끌어낸 것으로 밝혀졌다.[7] 이런 조건들의 조합을 갖춘 것은 3개 사례(기아차 광주공장, 금호타이어, 서울대병원 간병)였다. 조직성과의 경우에는 비정규직 투쟁의 10개 사례가 상대적으로 성공적인 것으로 확인되는데, 구체적으로 기아차 광주공장과 화성공장, 서울대병원 간병, 금호타이어, 울산플랜트건설, 산업인력공단, 덤프트럭, 현대하이스코, 화물연대, 홍익대 청소를 손꼽을 수 있다. Y(조직성과)=X(내부연대, 외부연대, 투쟁 레퍼토리)의 fs/QCA 분석모형을 적용했을 때는, '강한 외부연대-적은 투쟁 레퍼토리'의 조합만이 조직성과에 대해 유의미하게 긍정적으로 작용한 것으로 분석되었으며, 화물연대가 이러한 조합을 갖춘 사례임을 확인했다. 교섭과 조직의 양 측면에서 모두 성공적인 결과를 이룬 비정규직 투쟁은 8개 사례(기아차 광주공장과 화성공장, 서울대병원 간병, 금호타이어, 울산플랜트건설, 덤프트럭, 현대하이스코, 홍익대 청소)로 나타났다. Y(교섭성과 AND 조직성과)=X(내부연대, 외부연대, 투쟁 레퍼토리)의 fs/QCA 분석모형을 검토한 결과, '강한 외부연대-강한 내부연대-적

---

7   fs/QCA 분석모형에서는 결과 현상에 대해 유의미하게 영향을 미치는 원인 조건들의 조합을 확인하는 지표로서 일관성(consistency)과 포괄범위(coverage)를 주로 산출해 검토하는데, 통상 전자의 지표가 0.75 이상이고, 후자의 지표가 0.3 이상일 때 그 인과관계의 유의미성을 인정한다(Ragin, 2008).

은 투쟁 레퍼토리 수'의 조합이 유의미한 성공적 조합으로 밝혀졌으며, 2 개 사례(서울대병원 간병과 금호타이어)가 이 같은 성공 조건을 충족시키고 있는 것으로 확인되었다.

fs/QCA의 분석모형을 통해 비정규직 투쟁성과에 영향을 미치는 배경 조건들을 확인한 바에 따르면, 정규직 노조의 내부연대와 노동·시민단체의 외부연대가 제한된 수의 투쟁 레퍼토리와 결합해 불안정 노동자들의 교섭과 조직화에서 유의미한 성과를 이루어내는 중요한 성공 조건으로 작용함을 볼 수 있다. 특히, 많은 제약 여건하에서 비정규직 노동자들의 투쟁이 성공하기 위해서는 사업장 밖의 시민사회와 노동운동으로부터 적극적인 지원을 확보하는 것이 관건이 되고 있음을 유념해야 한다.

4. 소결

비정규직 노동자들은 사용자의 비인간적 차별과 횡포에 맞서 노조를 결성하고 투쟁을 벌여왔지만, 그들의 불안정한 고용지위와 빈약한 활동자원의 제약 때문에 원하는 성과를 거두지 못하는 경우가 많다. 이런 점을 감안해 이 장에서는 정규직 노조와의 내부연대, 사업장 밖 노동·시민사회단체와의 외부연대, 동원된 투쟁 레퍼토리에 초점을 맞추어 1998~2012년 기간에 발생한 비정규직 투쟁의 30개 사례를 대상으로 교섭과 조직의 측면에서 성공적인 결과를 낳은 주요 조건을 밝히려는 경험적 분석을 시도했다.

fs/QCA 분석을 통해 강한 내부연대와 강한 외부연대 및 적은 수의 투쟁 레퍼토리가 교섭과 조직의 모든 측면에서 좋은 성과를 안겨주는 성공 조건의 조합으로 작용하고 있음이 밝혀졌다. 또한, 좋은 조직성과에 대해서는 강한 외부연대와 적은 수의 투쟁 레퍼토리가 성공 조건의 조합으로 역할하고 있다는 점이 드러나기도 했다. 이 같은 분석 결과는 정규직 노조와의, 또는 외부 노동·시민단체들과의 연대 구축(solidarity building)이 교섭과 조직의 양 측면에서 비정규직 투쟁의 좋은 성과를 안겨주는 핵심적 성공 조건이 되고 있음을 분명히 확인해준다. 이런 점에서 상이한 고용지위의 노동자들이 서로에 대해, 그리고 시민사회의 다양한 주체들과 유기적 연대(organic solidarity; Zoll, 2000) 또는 저항연대(protest alliances; Wills, 2009)를 만들어내는 것이야말로 불안정 노동자들이 불리한 투쟁 여건에도 불구하고 바라던 성과를 성취할 수 있는 필수 조건이 된다는 점은 아무리 강조해도 지나치지 않다. 이는 노동운동의 추진 과정과 실천적 결과에서 운동자원의 동원 여부가 성패에 가장 중요한 영향을 미치는 조건이 된다는 점을 역설해온 사회운동의 이론적 관점(McCarthy and Zald, 1977)에 부합하는 분석 결과라 할 수 있다. 따라서 동원 가능한 활동자원을 제대로 갖추지 못한 비정규직 노동자들은 차별화된 고용지위와 상이한 이해관계로 분절되어 있는 작업장의 현실을 극복하기 위해 의식적으로 정규직과의 내부연대를 구축해 노동자계급의 단결을 이루어나가는 것이 중요하다. 또한, 불안정 노동자들은 작업장 밖의 노동·시민단체들로부터 외부연대의 지원과 개입을 불러일으키기 위해 폭넓은 대중적 공감과 지지를 얻을 수 있도록 그들이 겪고 있는 노동 문제의 부당함과 그들이 전개하는 투쟁 동기의 정당성을 효과적으로 널리 알려 그들의 투쟁을 공공드라마(Chun, 2005)로 연출해나가는 것이 필요하다.

아울러, 이번 분석에서는 비정규직 투쟁에서 적은 수의 투쟁 레퍼토리를 동원했을 때 교섭과 조직에 있어 좀 더 좋은 성과를 거두었다는 흥미로운 사실이 밝혀지기도 했다. 다시 말해, 동원된 투쟁 레퍼토리의 수는 내·외부 연대의 강한 지원에도 불구하고 그 투쟁의 성공에 부정적으로 작용하고 있다는 점이 예상 밖의 분석 결과로 확인되는 것이다. 기존의 사회운동이론(예를 들면, McAdam, 1986; McAdam et al., 2001)에서 투쟁 레퍼토리에 대해 그 형태(예를 들면, 관행적 또는 탈법적)나 성격(예를 들면, 저비용·저위험 또는 고비용·고위험)을 구분했던 것과 달리, 노동자 투쟁에서 동원된 투쟁 레퍼토리 종류 또는 유형의 수가 그들의 투쟁성과에 중요하게 영향을 미치고 있다는 사실이 특기할 만하다. 특히, 비정규직 투쟁에서 적은 수의 투쟁 레퍼토리를 동원하는 것이 좀 더 좋은 성과를 거두기 위한 중요 조건으로 작용하고 있다는 분석 결과는 투쟁 레퍼토리의 과도한 동원이 오히려 그들의 투쟁을 과격화해 결국 내부연대와 외부연대를 제공할 주체들로부터 고립되는 바람직하지 못한 상황으로 귀결될 수 있다는 점을 시사한다. 천(Chun, 2013)이 지적하듯이, 노동자들이 이기기 위해 좀 더 많은 투쟁 레퍼토리를 동원하는 경우, 자칫 잘못하면 동료 노동자들의 이탈과 사업장 안팎의 연대 주체들로부터 거리 두기를 초래해 그들로 하여금 절박하지만 끝없는 투쟁의 덫에 갇히게 할 수 있다는 점이 밝혀졌다. 매캐덤(McAdam, 1986)의 투쟁 레퍼토리 유형화와 관련지어 볼 때, 저비용·저위험의 투쟁 레퍼토리로 원하는 성과를 거두지 못한 불안정 노동자들이 사용자에 대한 압력을 가중하기 위해 고비용·고위험의 투쟁 레퍼토리를 더 많이 동원하지만 그 성과를 이루어내지 못하는 상황에 빠져들게 되는 것으로 추론해볼 수 있다. 다시 말해, 노동자들이 위험한 투쟁 레퍼토리를 더 많이 동원할수록, 그들이 얻는 투쟁성과는 더욱 제한적이기 쉽다는 역설적인 '불임의 투쟁 상황'이 발생되고 있는 것이다. 이처럼 투쟁 레퍼토리의 동원 수준과 투쟁성과의 상호관계가 '적은 투쟁 레퍼토리 → 좋은 투쟁성과'의 선순환과 '많은 투쟁 레퍼토리 → 나쁜 투쟁성과'의 악순환으로 나뉘어 전연 상반된 경로로 치달을 수 있다는 점에 유의해야 한다.

5장

비정규직 조직화와 도덕적 연대

대학 청소노동자 사례

1. 머리말

지난 2000년에 서울대 시설관리직 노동자들이 일방적인 임금 삭감에 항의하며 노동조합을 결성한 이래, 많은 대학에서 비정규직 노동자들이 노동조합을 조직화하려는 움직임을 활발하게 전개해오고 있다. 특히, 최근 수년 동안에는 공공운수노조 산하 서울경인지역 공공서비스지부(약칭 서경지부)의 주도하에 서울 지역에 소재하는 여러 대학에서 청소미화 업무를 담당하는 비정규직 여성들을 중심으로 분회를 연이어 조직화하는 데 성공해 세간의 주목을 받았다. 이처럼 서울 지역 대학들에 비정규직 노조가 빠르게 확산된 배경에는 서경지부의 전략조직화 사업[1]이 효과적으로 추동되어온 점과 더불어 사회적 약자에 대한 도덕적 연대가 형성되어 청소노동자들의 조직화 투쟁에 막강한 지지세력으로 뒷받침해준 점이 특기할 만하다.

대학 비정규직의 노조 조직화는 노동시장 양극화 문제와 침체된 노동운동 상황을 고려할 때 자못 중요한 의의를 갖는다. 우선, 대학 청소노

※   이 장은 중앙대 박사과정 김직수 대학원생과 공저로 작성하여 2014년에 ≪산업노동연구≫(20권 2호, 1~38쪽)에 실린 「대학 비정규직 전략조직화의 성공요인 분석: 공공운수노조 서경지부 사례를 중심으로」를 수정·보완한 글이다.

1   전략조직화 사업은 노조가 조직화의 효과성을 높이기 위해 특정 업종이나 지역에 자원과 인력을 투입·운용하는 것으로 정의될 수 있는데, 이는 단순히 조합원 수를 늘리기 위해 주력하는 것에 국한되기보다 노동조합의 계급적 대표성을 강화하기 위한 조직 혁신을 이루어가려는 운동적 취지를 담는다(김태완, 2009). 민주노총은 2000년부터 비정규직을 중심으로 한 미조직노동자 조직화를 위한 전략조직화 사업을 위해 연구사업을 벌였으며 사업기금을 마련해 2005~2010년의 1기를 거쳐 2011~2013년의 2기 사업을 수행했고 2014년부터 3기 사업을 추진 중이다.

동자들은 주로 저학력의 중고령층 여성들로 구성되어 간접고용의 비정규직 신분에서 일하고 있으며 저임금의 주변부 노동시장에 속해 있는 대표적인 불안정 노동자집단이다.[2] 대학 청소노동자들 대다수가 나이 많은 여성으로서 불안정한 고용의 비정규직으로 일하다 보니 이들에 대한 노조 조직화는 여간 쉽지 않은 상황이다. 그럼에도 불구하고 서경지부 사례는 간접고용의 여성노동자들이 노조로 조직될 수 있으며 노조 결성을 통해 여성 비정규직의 삶이 획기적으로 바뀔 수 있음을 훌륭히 보여준다. 또한, 서울 지역 대학 청소노동자의 노조 결성이 사업장 경계를 넘어서 지역 차원의 전략조직화 사업으로 전개되었다는 점과 주변노동자의 조직화 과정에서 학생과 시민사회의 도덕적 연대를 전략적으로 형성해 효과적으로 동원하고 있다는 점에서 서경지부의 대학 비정규직 조직화 활동은 침체된 노조운동을 재강화하기 위한 혁신 방향을 생생하게 구현하는 모범적인 사례로서도 흥미롭다.

따라서 이 장에서는 서경지부가 2006년 설립된 이후 전개해온 대학 비정규직 조직화 활동이 괄목할 만한 성과를 거둘 수 있었던 성공 요인들을 검토하고자 한다. 그동안 노조 및 노동단체의 활동평가로서, 또는 투쟁 수기 및 르포의 형태(예를 들면, 김세현·오수빈·용락, 2012; 이승원·정경원, 2011)로 대학 청소노동자들의 노조 결성 사례들이 상세하게 다루어지기는 했으나, 이들 비정규직의 조직화성과를 분석적으로 검토하는 학술적 연구는 미흡했다. 이러한 연구 공백을 메우기 위해 이번 사례 연구에서

---

2 참고로, 2010년에 청소미화직은 그 일자리에 종사하는 노동자의 수가 40여 만 명에 달해 네 번째로 취업 규모가 큰 직업으로 알려졌으며, 전국 200여 개 대학에 근무하는 청소노동자의 수가 1만여 명에 이르는 것으로 파악되었다(이상선, 2011).

는 서경지부가 주도해 대학 청소노동자의 조직화를 성취해온 과정을 살펴보고, 노조 차원의 전략적 지도집행력과 노조 외부로부터 동원된 도덕적 연대에 초점을 맞추어 대학 비정규직 조직화의 성공 비결을 따져봄으로써, 저임금·불안정 노동자들의 조직화에 관한 이론적·실천적 시사점을 도출하고자 한다. 이 글은 2013년 7월~2014년 1월 기간에 실시한 서경지부 노조 간부 대상의 인터뷰조사와 더불어 노조 및 노동사회단체에서 발간한 관련 문헌자료의 검토에 주로 의존하여 작성했음을 밝혀둔다.

2. 공공운수노조 서경지부의 대학 비정규직 조직화 사업

1) 공공운수노조 서경지부의 역사와 현황

공공운수노조 서경지부의 전신은 전국시설관리노동조합의 일부 조직이 분리되어 2006년 7월 설립된 서울경인지역 공공서비스노조이다. 지역 공공서비스노조들[3]이 2006년 11월 공공노조의 출범과 더불어 지역지

---

3 이 시기 공공운수 산별노조의 건설을 추진하는 과정에서 지역에 기반을 둔 조직화 활동을 지향 목표로 설정했으며, 이에 따라 미조직·비정규직 전략조직화 사업을 기본적인 임무로 수행하는 '지역공공서비스노동조합'을 건설하는 사업이 전개되었던 것이다(공공노조 지역지부연구팀, 2009). 지역공공서비스노조의 건설 초기에는 지역 기반의 산별운동에 대한 중장기 발전 전망을 수립해 추진하려는 조직 구상이 한때 공론화되기도 했으나, 산별노조의 전환이 지지부진해짐에 따라 이들 지역공공서비스노조는 비정규직 노동자들을 조직하는 활동 단위로 간주되어 그 위상과 역할이 크게 축소되었다(김혜진, 2013).

부[4]로 새롭게 편제함에 따라 서울경인지역 공공서비스노조는 2007년 10월 보육지부와 학교비정규직지부를 통합해 현재의 지부 조직체계로 탈바꿈했다. 서경지부의 초기 조직은 주로 시설관리직 조합원으로 구성되었으며 2004년에 설립된 고려대 분회만이 유일하게 대학 청소미화직 중심의 단위 조직으로 포함되어 있었다. 서경지부는 설립 즈음부터 성신여대(2007년 7월), 덕성여대(2007년 10월), 연세대(2008년 1월)에서 연이어 비정규직들을 조직화한 분회조직들의 가입을 받아들였으며, 2009년부터는 대학 비정규직을 대상으로 하는 전략적 조직화 사업을 전개함으로써 동덕여대(2009년 8월), 이화여대(2010년 1월)를 비롯한 여러 대학에 분회 조직을 건설하는 데 성공했다. 그 결과, 〈표 5-1〉에서 보여주듯이 서경지부의 조합원 규모는 2006년 출범 당시 650명에 그쳤으나 대학 비정규직 조직화에 힘입어 2008년 이후 빠른 증가세를 보였다. 특히 2008년에는 이전 연도에 비해 50%의 높은 증가폭을 보이는데, 이는 2007년 말 서경지부 출범 당시 학교 비정규직과 보육노동자의 노조 조직을 통합한 것과 더불어 성신여대·덕성여대·연세대 등에서 신규 분회를 결성한 것에 따른 것이었다. 2009~2011년 기간에도 주로 대학분회의 신규 조직화를 통해 7.7~28.6%의 증가세를 이어갔다. 그런데 2012년에는 사업장 수준의 복수노조 시행을 배경 삼아 대학 및 용역업체 사업주가 주도하는 어용노조 설립과 서경지부 분회로부터의 탈퇴 압력이 추진되어 여러 대학분회

---

4   공공노조의 「조직발전위원회 보고서」에서는 지역지부의 위상을 다음과 같이 규정한다. "초업종 지역지부는 업종과 기업의 구분 없이 광역 단위 또는 인접한 지역 범위 안에서 모든 노동자를 포괄해 조직 대상으로 표방하며, 하나의 조직구조와 재정구조를 유지하고 있는 지부를 말한다"(공공노조, 2006).

표 5-1

공공운수노조 서경지부의 조합원 추이(2006~2013년)

	2006	2007	2008	2009	2010	2011	2012	2013
조합원 수	650	800	1,200	1,300	1,400	1,800	1,600	2,000
전년 대비 증감률(%)	–	23.1	50.0	8.3	7.7	28.6	-11.1	25.0
분회 수	–	14(2)	19(5)	21(6)	21(8)	22(9)	21(9)	24(12)
대학 분회 수	2	2	5	5(6)	7(8)	8(9)	8(9)	11(12)
채용 상근자 수	–	–	–	3	4	5	6	7

주: 매년 3월 예산계획 보고 기준이며, 분회 수 중 괄호 안 수치는 대학 및 대학부설기관 분회 수이다
자료: 노동조합 내부자료(각 연도)를 바탕으로 재구성.

에서 집단탈퇴 또는 제2노조 설립이 이루어졌고, 그 결과 200명(-11.1%)
이 줄어들기도 했다.[5] 2013년에 들어 서경지부 산하의 대학분회들에서
사용자의 노조 분열·탄압 공세를 효과적으로 대응해 타개함으로써 조합
원 규모가 다시금 25%의 높은 증가세를 보이며 처음으로 2000명 수준
을 넘어섰다. 서경지부는 조합원 규모의 가파른 증가에 힘입어 채용 상
근간부의 수 역시 2009~2013년 기간에 3명에서 7명으로 두 배 이상으로
늘어나 좀 더 확대된 활동가역량을 갖고 지부 차원의 조직화 및 현장활
동에 한층 더 적극적으로 나설 수 있게 되었다.[6]

〈표 5-2〉에서는 2013년 상반기까지 서경지부 대학 분회의 조직화

---

5 성신여대 분회에서는 분회장 및 분회 간부가 조합원 대상의 탈퇴서 작성을 강요하여
   2011년 8월에 결국 서경지부를 집단적으로 탈퇴하는 일이 발생하기도 했다.
6 참고로, 서경지부의 조합비는 2013년 기준으로 공공운수노조로 납부되어 그중 77.3%
   가 지부 부과금(35%)과 사업교부금(42.3%)으로 배정되어 일반회계 예산으로 편성·운
   용되었다. 지부 예산의 사용내역을 살펴보면, 인건비 32%, 사업비 36%, 운영비 12%,
   연대사업비 4%, 분회운영비 16% 등의 비율로 배분되었다.

표 5-2

공공운수노조 서경지부의 대학분회 조직화 과정과 조직 현황

분회	설립 연도	조합원 수	비고
고려대	2002년 1차 결성 2004년 2차 결성	363(미화·주차·보안: 2개 업체)	학생모임 불철주야와 인권사랑방 연대지원; 고려대병원 분회 별도 조직화(104명)
덕성여대	2007년 10월 결성	43(미화·보안·시설관리·차량: 1개 업체)	학생회 및 교직원노조 연대지원
연세대	2008년 1월 결성	342(미화·보안·주차·차량: 6개 업체)	학생모임 살맛의 연대지원; 연세대 재단빌딩분회 추가 조직화(129명)
동덕여대	2009년 8월 결성	66(미화·보안: 1개 업체)	학생회 및 교직원노조 연대지원
이화여대	2010년 1월 결성	275(미화·보안·시설관리·주차: 3개 업체)	학생모임 '신바람' 및 서부비정규센터 연대지원; 전략조직화 사업 본격 적용
홍익대	2010년 12월 결성	114(미화·보안: 2개 업체)	학생모임과 다른 분회간부 및 시민 '날라리 외부세력' 연대지원
경희대	2011년 9월 결성	67(미화: 1개 업체)	학생회 등 연대지원
한국예술종합학교	2012년 9월 결성	82(미화·보안·시설관리: 2개 업체)	학생모임의 연대지원
서울시립대	2012년 10월 결성	54(미화·보안·시설관리·주차: 직접고용 전환)	학생모임의 연대지원
인덕대	2012년 11월 결성	56(미화·보안: 1개 업체)	청소노조 간부 연결망 통해 조직화
대학분회 소계		1,695	
기타 청소·시설관리 12개 분회*		429	보안, 미화, 시설관리 등
총계**		2,124	

주: * 서경지부의 조직 구성은 10개 대학 및 2개 부속시설 분회, 기타 청소·시설관리 12개 분회, 학교비정규직
분회, 보육분회로 총 26개 분회에 달함.
　** 조합원의 종사 직종 및 소속 업체 수를 괄호 안에 명기함
　** 2013년 7월 이후 5개 대학분회(광운대, 서강대, 서울여대, 중앙대, 카이스트)가 추가 설립되었으며,
2011년 8월에 1개 분회(성신여대)가 집단 탈퇴로 줄어들었음.
자료: 노동조합 내부자료(2013년 7월 기준)를 바탕으로 재구성.

과정과 조직 현황을 정리해 제시한다. 2013년 상반기 기준으로 서경지부는 총 26개 분회로 구성되어 있는데, 그중에서 대학 및 대학부설기관(예를 들면, 고려대병원과 연세대재단빌딩)의 분회수가 12개로 전체 분회의 46.2%를 차지한다. 대학분회로 조직되어 있는 조합원 수가 1695명에 달해 서경지부 조합원 전체(2124명)의 79.8%로 절대적인 비중을 차지한다. 대학분회들에 조직되어 있는 노동자들은 모두 용역업체의 간접고용 형태로 취업해 있으며, 청소미화 업무를 담당하는 중고령 여성이 다수를 차지하는 가운데 보안·시설관리·주차 등의 업무를 수행하는 남성들도 일부 포함되어 있다. 2013년 하반기 이후에도 서경지부는 광운대·서울여대·중앙대·카이스트 등에서 추가적으로 신규분회를 결성해 17개(2개 대학부설기관 분회 포함) 분회로 확대하면서, 현재 서울 지역에 소재한 40개 대학의 37.5%를 조직하고 있는 셈이다.[7]

2) 서경지부 소속 대학분회들의 조직화 과정

서경지부의 첫 대학분회인 고려대 분회는 2002년 노조 결성 시도가 실패한 뒤 휴지기를 거쳐 2004년 용역업체 재계약 시기에 정년 단축에 따른 집단해고 시도가 밝혀지면서 노조 재결성에 성공한 사례이다. 2002년에 '불철주야(불안정 노동 철폐를 주도할거야)'라는 고려대 학생모임이 학내 청소노동자들의 휴게실을 방문해 고용조건 실태조사를 실시하는 활

---

7 수도권의 대학을 조직하고 있는 노조로는 공공운수노조 서경지부 이외에 서울일반노조와 전국여성노조가 각각 서울대·동국대·숭실대와 서강대·인하대·인천대를 조직하고 있다.

동을 벌였는데 이를 계기로 노동조합이 결성되었다. 그런데 용역업체가 조합원들을 대거 해고하며 강경하게 대응함에 따라 노동조합은 곧 해산되었다. 하지만 '불철주야' 학생모임이 계속해서 청소노동자들을 조직화하려는 활동을 전개하는 가운데, 2004년 60세 이상 청소노동자의 해고가 예고되자 노동자들의 불만이 폭발하면서 노동조합 재결성이 이루어진 것이다. 고려대 분회의 결성에는 학생모임의 지속적인 연대지원활동이 결정적인 역할을 담당함으로써 이후 대학 청소노동자 조직화에 대한 학생 연대의 좋은 본보기로 자리매김했다. 아울러, 고려대 분회의 결성 및 조직적 안정화에는 인권운동사랑방이라는 사회운동단체가 저임금과 고용불안에 시달리는 청소노동자들의 인권침해에 대해 문제를 제기하고 국가인권위원회에 진정하는 등 적극적인 연대활동을 전개해 상당한 도움을 주었던 점 역시 특기할 만하다.

2007년 9월에는 성신여대에서 일하는 모든 청소노동자가 공공노조 서경지부에 가입하는 방식으로 분회를 결성했다. 노조 설립 이후 성신여대 분회는 새로 교체된 용역업체를 대상으로 단체협약을 체결하고 최저임금 이하 수준의 임금을 크게 인상하기도 했다. 그런데 단체협약 체결 직후 원청인 대학 측의 노조 탄압이 시작되어 조합원들의 계약해지를 시도했다. 이에 맞서 성신여대 분회는 대학 본부건물의 점거 농성을 비롯해 강력한 투쟁을 전개했다. 성신여대 분회의 농성 투쟁에 대해 학생들이 강의실 선전전과 지지서명운동[8] 등을 벌여 노조의 고용안정협약

---

8   분회의 농성 투쟁을 지지하는 서명운동에 3일 만에 6500명의 학생(성신여대 전교생 9000명의 72.2%)이 동참했으며, 졸업생들이 모금해 분회 투쟁을 지지하는 신문광고를 게재했다.

체결에 큰 힘을 보태주었다. 또한, 2008년 9월 성신여대 분회의 투쟁집회에 고려대와 연세대 분회의 조합원들이 적극 동참함으로써 대학 청소노동자들 간의 연대활동을 본격화하는 계기가 만들어지기도 했다.

2007년 10월에 결성된 덕성여대 분회는 노조 설립 이후 5개월간의 투쟁을 거쳐 2008년 3월 첫 단체협약을 체결했다. 그리고 2008년 5월 용역업체 재계약 과정에서 노동조합을 배제한 채 최저가 낙찰을 이유로 새로운 용역업체가 선정되자 분회는 임금교섭을 명분 삼아 파업 투쟁을 강행했다. 노조 파업을 해결하기 위해 원청인 덕성여대의 총장이 직접 합의안을 제시함으로써 제한적으로나마 원청의 사용자성을 인정받는 값진 성과를 거두었다. 이를 통해 덕성여대 분회는 다른 대학 분회들과 대비되는 몇 가지 두드러진 성과를 이루어냈는데, 구체적으로 원청 및 용역업체가 분회활동을 인정하며 보장해주고 있다는 점,[9] 학생회와 대학 교직원노조의 공동 연대지원활동이 지속적으로 이루어지고 있다는 점, 그리고 그 결과로서 보안직 및 시설관리직 남성 노동자들이 자발적으로 분회에 가입해 활동하고 있다는 점 등을 꼽을 수 있다.

연세대 분회가 결성된 것은 2008년 1월이었지만, 그 조직화의 계기는 2006년 9월에 한국비정규노동센터가 개최한 '대학생 비정규노동포럼'[10]에 연세대 학생들이 참여한 것이었다. '대학생 포럼'에서 학내 비정

---

9   2012년 단체교섭에서 덕성여대 분회는 대학 측이 직접 참여하는 '노동조건개선 특별위원회'를 만들기로 합의해 원청을 대상으로 분회의 직접 교섭을 현실화하는 데 의미 있는 진전을 이루어냈다.

10 학생과 비정규노동운동 간의 연대 형성을 위해 열린 한국비정규노동센터의 '대학생 포럼'은 2006년과 2007년 두 차례 개최되었다. 2008년과 2009년에는 서울 서부 지역에 새롭게 설립된 서부비정규노동센터와 공공노조 서경지부가 공동 기획해 '노동사회포럼'

규노동자의 인권실태조사가 이루어졌고, 조직화의 필요성이 제기되어 연세대 학생연대단체인 '살맛'이 구성되었다. 학생연대모임 '살맛'의 꾸준한 지원하에 노조 조직화를 준비하는 일환으로 최저임금 및 '근로기준법' 위반 사례에 대한 청소노동자들의 문제인식이 확산되었으며, 고려대 분회 등과 같은 비정규직 노조와의 간담회를 비롯한 정보 교류가 이루어지기도 했다. 2007년 11월, 용역업체의 부당노동행위에 대해 '살맛' 학생들과 청소노동자들이 집단적 항의를 벌여 사과문을 받아냈으며, 이를 통해 청소노동자들이 자신감을 얻어 분회 설립을 추진했던 것이다. 연세대 분회는 분회 설립 직후 학생들과 함께 고용 승계, 정년단축 저지를 위한 공동투쟁을 전개해 학교 측으로부터 노동조합을 인정받았으며, 조합원들의 정년연장을 이루어내기 위해 원하청 간 도급계약서에 '정년 문제에 대한 언급이 없는 고용 승계 문구를 삽입하라'는 요구를 관철시켰다. 연세대 분회는 첫 단협 투쟁을 성공적으로 진행한 결과 조합원 수를 크게 증가시킬 수 있었으며, 2009년 초에는 연세대 동문회관에서 발생한 부당해고 및 임금체불 문제를 해결해 그 건물의 청소노동자들을 별도 분회로 확대 조직하기도 했다. 또한, 연세대 분회의 성공적인 조직화 이후에도 '살맛' 학생들이 조합원 대상의 풍물, 컴퓨터교실 및 한글학교, 노학연대 김장 담그기 행사 등을 열어 노동자·학생 간의 일상적인 연대활동을 창의적으로 기획해 수행해온 점은 특기할 만하다(김세현·오수빈·용락, 2012).

동덕여대의 청소노동자들은 최저임금 미만의 저임금, 고용불안, 부

___

을 개최했고 연세대와 아주대에서 '대학 비정규직 연대활동 워크숍'을 진행했다.

당한 업무 강요를 겪고 있었으며, 특히 재단 창립자 가족묘의 벌초 등과 같이 추가적 일에 동원되기도 했다. 이에 대해 많은 불만을 가진 동덕여대 청소노동자들은 2009년 8월 공공노조 서경지부, 대학 교직원노조, 총학생회와 공동 협의를 거쳐 분회 설립에 성공했다. 동덕여대 분회는 출범 이후 7차에 걸쳐 용역업체 측과 단체교섭을 진행했으나 결렬되어 결국 파업에 돌입했다. 본관 점거 농성과 학내 선전활동을 포함해 5일간에 걸친 파업 투쟁이 진행되었는데, 전교생 7000여 명 중 4000여 명이 투쟁 지지 서명운동에 동참하는 등 분회 파업에 대해 우호적인 학내 여론이 크게 일어났다. 그 결과, 분회는 대학 측으로부터 해고자 복직, 파업기간 임금 지급, 신규 인원 충원, 임금 인상, 부당 업무지시 중단 등을 포함하는 단체협약을 체결함으로써 노조 안정화를 이룰 수 있었다.

서경지부는 2009년부터 대학 비정규직에 대한 전략조직화 사업을 추진했는데 그 활동의 첫 성과로서 2010년 1월에 이화여대 분회가 결성되었다. 분회의 조직화 과정에서 전략조직화 사업단 내 현장조직팀의 일부가 휴게실 방문조를 별도로 구성해 현장 노동자들과의 일상적인 접촉활동을 수행했으며, 학내에서 청소노동자들의 노동 현실을 알리는 사진전을 개최하기도 했다. 이화여대에서도 분회 조직화를 지원하기 위한 학생 연대단체인 '신바람'이 구성되어 현장조직팀의 활동에 직접 참여하기도 했다. 결국 노조 조직화의 초동 주체를 형성하는 데 성공해 2010년 1월 분회가 출범할 수 있었다. 이화여대 분회도 다른 분회와 마찬가지로 설립 직후 임단협(임금·단체협약) 투쟁을 벌이며 본관 점거 농성을 진행했다. 분회는 농성 투쟁의 주요 성과로 최저임금보다 높은 기본급 인상을 쟁취함으로써 그동안 최저임금을 당연시해온 대학 청소노동자들의 인식을 바꾸는 데 중요한 계기를 마련해주었다.

홍익대 분회의 조직화 준비는 2010년 6월 서경지부와 홍익대 학생들 간의 간담회로부터 시작되었는데, 이는 홍익대가 서경지부 전략조직화 사업의 대상으로 선정됨에 따른 것이었다. 간담회 이후 서경지부 전략조직화 담당자와 홍익대 학생들은 함께 휴게실 방문을 통해 조직화 활동을 전개했고, 인근 지역의 이화여대·연세대 분회 간부들이 휴게실 방문활동에 동참해줌으로써 청소노동자들의 상당한 호응을 불러일으켰다. 5개월만인 11월에 분회 설립의 첫 초동 주체 모임을 열 수 있었으며, 이들을 중심으로 교육 및 논의 과정을 거쳐 12월에 130여 명의 조합원이 가입한 홍익대 분회가 출범했다. 그러나 분회 출범 직후 홍익대 측은 용역업체에 계약해지를 일방적으로 통보하며 노조를 인정하지 않고 파괴하려 했다. 이에 맞서 홍익대 분회는 2011년 1월 3일부터 대학본부의 사무처 점거 농성에 돌입해 49일의 농성 투쟁을 전개했고, 그 결과 조합원들의 전원 원직 복직과 더불어 노동조건 개선을 이루어냈다. 홍익대 분회 투쟁은 초기에 인터넷을 통해 청소노동자의 집단해고와 비인간적 처우 등이 널리 알려지고 사회적 이슈로 부각되면서 영화배우를 비롯한 시민들의 폭넓은 지지연대가 자발적인 형태로 표출되었다. 홍익대 학생회가 분회 투쟁에 대해 학습권 침해를 이유로 반대 움직임을 보이자, 교내 학생모임 및 졸업생들, 시민들의 '날라리 외부세력' 연대모임, 노동·사회단체 및 진보정당 등이 적극 나서서 분회활동을 전폭적으로 지원함과 동시에 홍익대의 청소노동 직종에서 발생한 노사갈등을 통해 드러난 간접고용의 구조적 문제와 원청 사용자성 인정의 필요성을 사회적 의제로 진전시키는 데 크게 기여했다(이승원·정경원, 2011). 이로써, 홍익대 분회의 투쟁 승리는 다른 대학들에서 연이어 분회가 설립되는 데 자극제 역할을 했다. 실제, 홍익대 분회가 설립된 이래 2011년 9월에 경희대 분회가 설립되었으며, 2012년에는 한국예술종합학교 분회, 서울시립대 분회, 인덕(전문)대 분회가 차례로 조직되었고, 2013년 이후에도 중앙대·광운대·서울여대·카이스트 등에서 추가로 분회가 결성되기도 했다. 이들 신규 분회의 건설은 서경지부의 전략조직화 사업 방침에 따라 교내 학생연대 모임의 사전 구축 및 현장실태조사(예를 들면, 경희대, 서울시립대, 중앙대)를 거치거나 기존 분회 간부들의 사회적 연결망(예를 들면, 인덕대)을 활용하는 방식으로 조직화 활동 주체의 확보와 적극적 동기부여에 성공함으로써 성사되었던 것이다.

3) 서경지부의 대학 청소노동자 전략조직화 사업

서경지부는 2008년부터 대학 비정규직 전략조직화 사업을 기획했는데, 이 사업계획은 2009년 공공노조의 전략조직화 사업으로,[11] 그리고 민주노총의 2기 전략조직화 지원사업으로 선정되어 본격적으로 추진되었다. 서경지부의 전략조직화 사업에서는 '① 대학 비정규직 노동자들의 노동기본권 보장과 노동조합 조직화, ② 노동자와 학생 간 연대활동 강화, ③ 비정규직 문제의 사회적 의제화'라는 3대 목표를 내걸었다. 또한, 이 사

---

11 공공노조는 2008년 6월 전략조직화 1기 사업으로 서울 지역 중소병의원노동자과 전북 지역 간병요양노동자를 대상으로 하는 전략조직화 사업을 선정한 데 이어, 2009년 3월에는 추가적으로 서울 지역 대학 비정규직과 인천공항 비정규직 대상의 전략조직화 사업을, 4월에는 광주·전남 지자체 비정규직 전략조직화 사업을 각각 선정했다.

업의 조직화 대상은 대학 내 청소노동자들이 우선적으로 설정되었으나, 이에 국한되지 않고 단계적으로 시설관리 직종뿐 아니라 직접고용 노동 자로까지 그 조직화 범위를 확대할 것으로 계획되었다. 그리고 조직화 방식으로는 학생들이 직접 청소노동자들과 만나 조직화의 초기 활동 기 반을 형성하고 지부 간부들의 현장활동을 통해 조직화를 시도하며, 분회 결성 이후에는 집단교섭을 추진하는 절차를 제시했다(공공노조, 2009).[12]

이 같은 사업계획을 실행하기 위해 서경지부는 공공노조 및 공공노 조 서울본부, 그리고 민주노총 서울본부, 사회단체, 학생조직, 진보정당 등과 함께 서울 지역 대학 비정규직 전략조직화 사업을 집행하기 위한 '공동사업단'을 구성하는 한편, 서울 동부 지역과 서부 지역의 조직화를 담당할 현장조직팀을 꾸려 조직화 활동을 본격화했다. 〈그림 5-1〉에서 예시하듯이, 사업단은 전체회의·집행위원회·사업실행팀으로 구성되었 는데, 각급 회의체와 사업팀에는 노조 간부뿐 아니라 학생·사회운동단 체, 그리고 진보정당의 연대 주체들이 결합해 함께 활동하는 구조를 갖 추었다. 이처럼 대학 비정규직의 조직화를 위해 다양한 활동 주체들의 상시적인 연대체제를 의식적으로 구축·가동했다는 점이 주목할 만하다. 사업단 전체회의는 격월제로 개최되어 정례적으로 사업 전반의 추진 계 획과 진행 경과를 점검하고 주요 의사결정을 담당했으며, 집행위원회와

---

12 구체적으로는, 이미 운영되고 있던 '대학 비정규직과 함께하는 학생네트워크'를 기반 삼 아 노동사회포럼, 최저임금 관련 공동 선전활동, 학생활동가 교육 프로그램 등을 확대· 강화하는 방안이 수립되었으며, 이와 더불어 학생활동가들이 학내 청소노동자들과의 신뢰관계를 형성하거나 심화할 수 있도록 함께 밥 지어먹기, 방문기록일지 작성, 학내 축제 기간을 이용한 대중사업, 폐지 모아주기 등과 같이 다양한 실천 프로그램들을 수 행할 수 있도록 지원하는 학생활동가 대상 교육이 준비되기도 했다(공공노조, 2009).

그림 5-1

서경지부의 대학 비정규직 전략조직화 사업체계

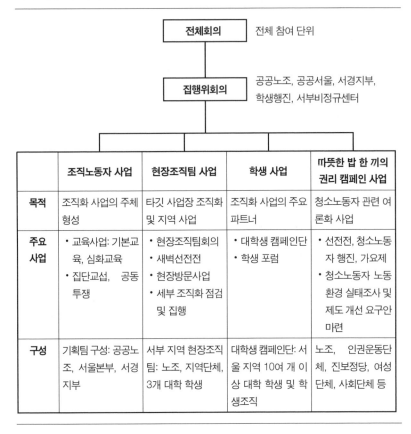

	조직노동자 사업	현장조직팀 사업	학생 사업	따뜻한 밥 한 끼의 권리 캠페인 사업
목적	조직화 사업의 주체 형성	타깃 사업장 조직화 및 지역 사업	조직화 사업의 주요 파트너	청소노동자 관련 여론화 사업
주요 사업	• 교육사업: 기본교육, 심화교육 • 집단교섭, 공동투쟁	• 현장조직팀회의 • 새벽선전전 • 현장방문사업 • 세부 조직화 점검 및 집행	• 대학생 캠페인단 • 학생 포럼	• 선전전, 청소노동자 행진, 가요제 • 청소노동자 노동환경 실태조사 및 제도 개선 요구안 마련
구성	기획팀 구성: 공공노조, 서울본부, 서경지부	서부 지역 현장조직팀: 노조, 지역단체, 3개 대학 학생	대학생 캠페인단: 서울 지역 10여 개 이상 대학 학생 및 학생조직	노조, 인권운동단체, 진보정당, 여성단체, 사회단체 등

자료: 류남미(2013).

4개 사업팀이 전략조직화 사업의 세부 활동을 분담해 수행했다(류남미, 2013).[13]

---

13 서경지부는 전략조직화 사업단에 임원 1인과 상근 활동가 2인을 배정해 이 사업의 주된 역할을 맡아 수행하도록 했다. 또한, 공공운수노조 차원에서도 전략조직화위원회를 설치해 산별 차원에서 전략조직화 사업을 총괄적으로 지원하는 활동체계를 갖추었다.

서경지부의 전략조직화 사업은 〈그림 5-1〉에서 보여주듯이 크게 4개 활동영역(① 조직노동자 사업, ② 현장조직팀 사업, ③ 학생 사업, ④ 캠페인 사업)으로 구성되었다. 우선, 조직노동자 사업팀은 이미 조직되어 있는 분회들의 간부 역량과 조합원 의식을 강화해 신규 조직화 활동에 적극적인 역할을 할 수 있도록 간부 교육사업[14]과 현장순회 간담회를 지속적으로 실시했다. 또한, 이 사업팀은 여러 대학 분회들이 연이어 조직화됨에 따라 집단교섭과 공동투쟁을 전개하는 일을 담당했다.[15] 실제, 서경지부는 2010년 하반기에 고려대 및 고려대병원, 연세대, 이화여대의 4개 분회를 중심으로 첫 집단교섭을 요구하며 공동 파업에 돌입해 상당한 성과를 거두었다. 2011년에는 동덕여대와 덕성여대의 2개 분회가 북부 지역 차원의 공동 교섭을 성사시켰다. 지부 차원의 집단교섭에 동참하는 대학 분회의 수가 지속적으로 증가했다는 점에서 이 사업팀의 활동전략이 상당한 성과를 거둔 것으로 볼 수 있다. 실제, 서경지부의 집단교섭은 2012년 6개 분회(고려대 및 고려대병원, 연세대, 이화여대, 홍익대, 경희대)로부터 2013년 11개 분회(고려대병원 포함), 2014년 14개 분회(고려대병원과 연세대

---

14 전략조직화 사업단은 조직화 주체의 내부 발굴을 위해 기존 분회의 간부들을 대상으로 집중적인 교육 프로그램을 개발·시행했다. 이 간부교육 프로그램은 월 1회 4시간씩 7개월간 실시되었으며, 1단계의 기본교육을 마친 간부들에 대해서는 2단계의 심화교육을 제공했다. 2009~2012년의 4년 동안 매년 36~60명이 이 교육 과정을 이수해 총 200명 넘는 간부가 참여했던 것으로 보고된다(류남미, 2013).

15 서경지부는 2010년 4월의 정기대의원대회에서 지부 차원의 집단교섭 투쟁을 결의했으며, 집단교섭 형태로는 '집단협약을 단일한 내용으로 체결하고 각 사업장별 특성이 반영되어야 할 부분은 보충협약으로 체결'하는 방식을 채택했다. 서경지부는 집단교섭이 성사될 경우 집단협약을 업계 표준협약으로 발전시키고, 나아가 원청과의 교섭 및 협약으로 발전시킨다는 전략적 구상을 갖고 있었다.

재단빌딩 포함, 총 1600명 조합원 포괄)로 꾸준히 늘어났다.

학생 사업팀은 서경지부의 전략조직화 사업에 핵심 활동파트너가 되는 학생활동가의 풀(pool)과 네트워크(network)를 발굴·확대하고 학생 활동가들이 현장조직화와 다양한 캠페인에 적극적으로 결합하여 활동할 수 있도록 기획·협의하는 역할을 담당했다. 학생 사업의 세부 활동으로 서울 지역 10여 개 대학에 학생연대조직을 꾸려 이들을 대학생 캠페인단으로 결집시켰으며, 대학생포럼이나 노학연대 간담회 및 사진전 등을 열어 학생 활동역량의 강화를 지원하고 견인하기 위한 교육선전 프로그램을 마련해 시행했다.

서경지부 간부와 학생연대조직 및 지역단체의 활동가들로 구성된 현장조직팀[16]은 신규 대학분회의 조직화를 추진하는 역할을 담당했는데, 이를 위해 대학별 청소노동자의 근로 실태와 조직 가능성 등에 대한 정보를 사전에 수집해 검토하여 조직화 여부를 결정한 다음, 그 대학의 인근 지역을 대상으로 선전활동과 현장방문을 전개함과 동시에 학내 조직화 주체를 발굴하는 등 분회 결성을 목적의식적으로 추동했다. 예를 들어, 지역선전활동의 경우에는 청소 업무 특성상 청소노동자들이 새벽 시간대에 출근한다는 점을 고려해 새벽 선전활동을 벌였으며, 특히 청소미화직 노조 간부교육과 연계하여 선전활동에 분회간부 및 조합원들이 자발적으로 참여하도록 유도함으로써 같은 직종의 청소노동자들에 의한 선전활동을 통해 그 선전 효과도 더욱 높일 수 있었다. 또한, 이 팀은

---

16 현장조직팀은 서울 지역을 서부(서대문구와 마포구)와 동부(성북구, 동대문구, 노원구, 도봉구)의 두 개 지역으로 나누어 활동했다.

신규로 설립된 분회들이 대학이나 용역업체로부터 집요한 탄압공세에 시달리게 된다는 점에 주목해 분회조직의 안정화에 이르는 단계에까지 지속적으로 조직 상황을 점검하고 당면 문제에 대처하는 상황실의 역할을 수행해주기도 했다. 현장조직팀은 첫 조직화 타깃으로 서부 지역에 위치한 이화여대와 홍익대를 선정해 2010년에 연이어 분회 건설에 성공했으며, 2011~2012년에는 동부 지역의 대학들을 타깃으로 접근해 경희대와 서울시립대를 조직화하는 성과를 거두었다.[17] 아울러, 2012년 조직화 사업의 추가 성과로서 한국예술종합학교와 인덕대의 분회 결성을 이루어냈다.

전략조직화 사업체계의 일부로 포함되어 있는 캠페인 사업은 대학 내 청소노동자들의 비인간적 노동여건에 대해 사회적으로 널리 알리고, 그 문제 해결을 위한 공감대를 확산시킴으로써 대학분회의 조직화와 청소노동의 제도 개선을 위한 우호적인 여론을 형성하려는 활동을 전개했다. 서경지부를 비롯해 인권 및 노동·사회단체, 진보정당 등이 참여했던 캠페인 사업팀은 2010~2011년 기간에 '따뜻한 밥 한 끼의 권리' 캠페인[18]을 벌이며 다양한 활동을 추진했다. '따뜻한 밥 한 끼의 권리' 캠페인

---

17 서경지부가 전략조직화의 대상으로 선정해 조직화를 추진했던 한국외대·성균관대·명지대 등에서는 학생모임 구성 및 현장 접근의 실패, 학생·청소노동자 간의 신뢰관계 미흡, 초기 활동의 보안 미숙, 용역업체의 반노조 선제 조치 및 방해 활동, 현장감독의 통제 강화 등으로 인해 조직화 주체를 형성하지 못하고 분회 건설이 좌절되기도 했다(류남미, 2013).

18 '따뜻한 밥 한 끼의 권리' 캠페인은 말 그대로 대학 청소노동자들이 식사할 만한 휴게공간조차 제공받지 못하는 열악한 근로조건과 저임금 처우에 시달리고 있음을 폭로하고 이를 시정하려는 취지에서 붙여진 이름이다. 또한, 이 캠페인은 이화여대 분회의 조직화 과정에서 청소노동자들의 취약한 노동 현실에 대한 사회적 고발의 필요성을 느끼고

의 사업으로 전개한 주요 활동으로는 청소노동자 행진(2010년 6월의 '밥과 장미' 행진 이후 매년 같은 달 테마 행진 실시), 청소노동자 노동환경 실태조사인 '지금 만나러 갑니다' 사업(2011년), 청소노동자 노래자랑 축제(2010년 10월 첫 행사 시행 후 연례화), 청소노동의 근로환경 개선을 위한 국회 토론회 '한 평 반의 휴게권리' 개최(2010년 12월),[19] 청소노동의 근로환경 개선을 위한 입법청원 캠페인 '10만 송이 장미 서명운동'(2011년 하반기), 대학 분회 투쟁에 대한 시민연대 조직(예를 들면, 홍익대 집단해고 반대 투쟁) 등을 꼽을 수 있다. '따뜻한 밥 한 끼의 권리' 캠페인 사업은 2011년 말로 종료되었으나, 2012년에도 청소노동자의 3차 행진(행사테마 '함께 꾸는 꿈')을 개최했고 그해 연말부터는 청소노동자의 고용안정과 원청 사용자성, 간접고용 규제 강화를 요구하는 '청소노동자에게 해고 걱정 없는 연말을'이라는 테마의 새로운 노동·시민사회 연대 캠페인으로 재편되어 그 흐름을 계속 이어갔다.

서경지부는 당초 대학 비정규직 대상의 전략조직화 사업을 2009~2010년의 2개년에 걸쳐서만 추진할 계획이었다. 하지만 2011년 초의 홍익대 분회 투쟁을 경험하며 서경지부는 대학 청소노동 문제에 대한 사회적 관심과 연대 지지가 광범하게 표출되었을 뿐 아니라 조직화 성과 역시 상당하다는 점에 주목해 2011~2012년의 2단계로 연장하기로 결정했

있었던 사업단이 앞서 서비스연맹의 주도하에 전개되었던 '서서 일하는 노동자에게 의자를' 캠페인이 상당한 성과를 거둔 점을 착안해 기획했던 것이다(명숙, 2014).

19 이 정책 토론회는 당시 부산 해운대 화재사건에 대해 청소미화원의 책임을 문제 삼는 여론이 비등하자 이러한 주장의 부당함을 알리고 청소노동자의 근로조건 개선을 위한 제도 개선을 요구하기 위해 긴급하게 마련된 것이었다.

표 5-3

서울 지역 대학 비정규직 전략조직화 사업 예산 규모

		사업 명칭	사업단 예산(원)	전체 예산(원)
공공노조 1기	2009년	서울 지역 대학 비정규직 전략조직화 사업	22,479,000	127,605,600
	2010년	서울 지역 대학 비정규직 전략조직화 사업	28,940,000	138,101,969
	2011년	서울 지역 대학 비정규직 전략조직화 사업	5,012,787	19,788,302
공공운수노조 1기	2012년	서울 지역 청소노동자 조직화 지원사업	15,000,000	182,200,080

주: '사업단 예산'은 대학 청소노동자 전략조직화 사업단 예산을 말하며, '전체 예산'은 청소노동자 전략조직화
   사업을 포함한 공공노조 또는 공공운수노조의 전략조직화 사업 총예산을 뜻한다.
자료: 이승우(2013)에서 재구성.

다. 전략조직화 사업의 2단계에서는 그 대상을 대학뿐 아니라 공공기관 등의 서울 지역 청소노동자 전체로 확대했다(류남미, 2013).[20] 〈표 5-3〉에서는 서경지부 및 공공(운수)노조의 전략조직화 사업 예산집행 추이를 보여준다. 서경지부의 전략조직화 사업 예산은 2009~2010년의 1기 기간에 5142만 원으로 공공노조가 지출한 전체 조직화 사업 예산의 19.4%에 해당했으나, 2011~2012년의 2기 기간에는 2012만 원으로 크게 감소했을 뿐 아니라 전체 예산의 상대 비중 역시 8.4%로 줄어들었다.

　　서경지부의 전략조직화 사업은 4년(2009~2012년)의 추진 기간 동안 주목할 만한 성과들을 거두었다. 우선, (앞서 언급한 바와 같이) 전략조직화

20　전략조직화 사업의 2기에서 서경지부는 서울 지자체 기관에 종사하는 청소노동자들을 조직하려는 준비활동을 벌였으나, 이들 청소노동자가 시설관리공단으로 직접 고용됨에 따라 별 성과 없이 조직화 활동을 중단했다.

사업이 신규 분회들의 결성에 연이어 성공함으로써 서경지부의 조직 확대에 결정적으로 기여했다. 흥미롭게도, 전략조직화 사업 1기에 비해 2기에는 그 사업 대상을 확대하고 집행예산을 줄였으며, 2013년부터는 전략조직화 사업단의 활동이 종료되었지만, 오히려 1기 기간(2009~2010년)에 비해 2011년 이후 시간이 지날수록 조직화의 성과가 확대되었다. 이는 서경지부의 전략조직화 사업이 단순히 조합원 수를 늘리는 것 이상으로 조직역량을 현저히 강화시킴으로써 사업예산 축소나 사업단 종료에 관계없이 대학 분회조직의 확대 재생산을 원활하게 이루어내고 있는 것으로 이해될 수 있다. 특히, 서경지부는 4년간의 전략조직화 사업을 통해 축적된 경험들을 바탕으로 2012년에 「청소노동자 조직화 매뉴얼」을 제작해 발간했다. 이 매뉴얼은 〈그림 5-2〉에서 예시하듯이 조직화의 9단계를 제시하며, 각 단계에서 수행해야 할 일들, 유의 사항, 발생 가능한 상황, 실태조사 양식 등을 체계적으로 제시한다(김진량, 2013). 이 매뉴얼 역시 전략조직화 사업을 통해 서경지부의 강화된 조직역량을 단적으로 보여주는 것이라 판단된다.

2011년 사업장 복수노조를 허용하는 법 시행을 통해 대부분의 대학 분회들이 노조를 분열시키고 무력화하려는 용역업체와 대학 측의 탄압 공세에 한동안 어려움을 겪기도 했으나 1년 만에 큰 흔들림 없이 사 측 공세를 이겨내어 조직 규모를 회복하거나 심지어 확대했던 점에서도 전략조직화 사업을 통해 서경지부와 산하 분회들이 내실화해온 조직역량의 튼실함을 잘 보여준다. 전략조직화 사업의 일환으로 전개된 '따뜻한 밥 한 끼의 권리' 캠페인 사업 역시 대학 청소노동자들의 열악한 노동환경 문제를 사회적 이슈로 부각시키는 데 크게 기여했다. 그 결과, 이 캠

그림 5-2

서경지부의 청소노동자 조직화 흐름도

페인 사업의 다양한 활동은 서경지부의 대학 비정규직 조직화 사업과 분회 차원의 투쟁에 대한 시민사회 차원의 적극적인 연대·지원을 이끌어 냈을 뿐 아니라 청소노동자들의 노동환경 개선을 위한 제도 개선과 미조직 사업장 청소노동자들의 근로환경 향상을 이루어내기도 했다.[21] 2010년부터 추진된 집단교섭과 공동투쟁은 "최저임금 이상 수준의 임금 쟁취 및 단체협약 상향 평준화를 쟁취하고, 이를 대학 청소노동자 전체의 노동기준으로 만들어 지부의 영향력을 확대하며, 이를 통해 조직 확대를 촉진하겠다"(공공노조, 2009)는 전략적 목표를 세워 추진되었던 것이다. 이를 통해 서경지부는 내세운 목표의 대부분을 성취하는 두드러진 성과를 거두었다. 실제, 서경지부의 집단교섭은 대학 청소·보안 등의 비정규직 노동자들에 대해 매년 최저임금 수준에 맞추어 임금 조정을 해온 오랜 관행을 깨고 최저임금을 능가하는 임금 인상을 쟁취했다. 서경지부

---

21   서경지부와 사회단체들의 연대 캠페인에 힘입어 '산업안전보건법' 29조 8항이 신설되어 작업 현장에 휴게실 공간 및 식권 지급을 의무화하는 제도 개선이 이루어졌으며, 미조직 대학뿐 아니라 삼성의료원을 비롯한 한화, 아시아나항공 등과 같은 대기업에서도 청소노동자의 휴게실 개선과 중식 제공을 시행하기도 했다.

는 2010년에 최저임금 시급 4320원보다 높은 4600원, 2011년에는 시급 4580원보다 높은 5100원으로 임금 인상을 이루어냈다. 또한, 2012년에는 시급 5600원의 임금협약에 합의해 처음으로 월 기본급이 112만 5000원에 도달했고, 2013년에도 시급 5700원 및 식대 7만 원 인상(대략 시급 기준 6000원 상당)에 합의해 최저임금 능가를 목표 삼은 임금협상 기조가 이어졌다. 이처럼 서경지부의 집단교섭은 분회 조합원들의 높은 임금 인상을 성취했을 뿐 아니라 다음 연도의 최저임금 인상을 선도함으로써 청소미화·시설경비 직종 전반의 임금 결정에 상당한 파급력을 행사했다. 아울러, 집단교섭은 임금 인상 및 근로조건 개선[22]을 쟁취함으로써 서경지부에 대한 조합원들의 신뢰와 효능감을 크게 제고함과 동시에, 공동투쟁을 통해 사업장을 넘어서 지부 차원의 조합원 연대의식을 크게 강화하는 부수적 성과를 얻기도 했다.

3. 대학 비정규직 조직화의 성공 요인

서경지부의 대학 비정규직 조직화가 주목할 만한 성과를 거둘 수 있었던 이유에 대해 크게 네 가지 측면의 요인들(① 청소노동자들의 열악한 고용조건과 부당한 처우, ② 학생 및 시민사회의 도덕적 연대, ③ 서경지부의 전략적인 지도집행

---

22   2012년의 집단교섭에서는 서경지부가 "진짜 사용자 대학과 직거래"를 협상 목표로 내걸고 원청인 대학본부와의 직접 교섭을 요구하며 공동투쟁을 벌여 고려대와 연세대의 분회가 원청과의 협상 합의를 인정하는 대학 측의 확인서를 받아내는 성과를 올리기도 했다.

력, ④ 유리한 기회구조)을 중심으로 살펴볼 수 있다. 대학 비정규직의 노조 조직화를 가능케 한 첫 번째 성공 요인으로는 그들의 노동 생활이 매우 열악하다는 점을 꼽을 수 있다. 실제, 용역업체에 소속되어 있는 대학 청소노동자들이 노조 설립 이전에 일상적으로 겪어온 고용불안, 저임금 및 임금 체불, 장시간 노동, 감독자 횡포, 비인격적인 노무관리 등이 그들로 하여금 노조 결성에 동참하게 하는 객관적인 선결 조건으로 작용했던 것이다. 청소미화·시설관리직 업무는 일부 대학에서 1990년대 초반부터 외주화되기 시작해 2000년대에 들어 대다수의 대학에서 용역업체로 위탁되었다(김종진 외, 2011). 그 결과, 원래 정규직이 수행하던 이들 업무는 외주용역업체에 소속된 간접고용 인력이 맡아 수행했던 것이다. 이 같은 고용형태의 변화는 대학 내 청소노동자들을 만성적인 고용불안과 저임금 그리고 비인간적인 작업여건으로 내몰았다. 원청인 대학은 경쟁입찰을 통한 최저낙찰제로 용역업체를 선정함으로써 대학 비정규직들의 저임금과 열악한 고용조건을 초래했고, 용역업체들은 한술 더 떠 이들 노동자들에게 지급해야 할 임금과 사회보험료, 작업물품비 등을 상시적으로 착복하기까지 했다. 이같이, 탈법적인 인력관리의 여건하에서, 그리고 노동조합 없는 대학 내에서 청소노동자들은 최저임금보다 낮은 수준의 불법적인 저임금, 무급의 특근과 초과노동뿐 아니라 매년 갱신되는 용역계약으로 항상 고용불안을 겪어야 했다. 이에 더해, 청소노동자들은 각종 학내 행사에 동원되어 업무 외 노동을 무급으로 수행하는 경우가 많았으며, 심지어 대학 본부 또는 용역업체 관리자의 사적 요구에 따라 사업장 외부의 잡무를 무급으로 처리해주는 경우도 있었다. 이처럼 대학 청소노동자들은 그들에게 강요되어온 고용불안과 저임금, 열악한 작업여건과 탈법적 노무관리, 비인간적인 처우 등에 시달리면서 대학의 다른 구성원들에게는 '투명인간 또는 유령' 같은 존재로 취급받아왔던 것이다. 하지만 주로 중고령 여성으로 구성되어 있는 대학 청소노동자들은 일상적으로 경험하는 부당한 노동조건에 대해 별 문제의식을 갖지 못하거나 스스로 개선할 길을 찾지 못한 채 체념 상태에 머물러 있었다 (김혜진, 2013). 그런 만큼, 여러 대학의 청소노동자들이 그들에게 강요된 비인간적 노무관리와 열악한 노동조건에 대해 비판적인 문제의식을 갖고 노조 결성과 집단행동의 대중적 주체로서 나설 수 있었던 것은 다음의 세 가지 성공 요인들이 가세함으로써 실현되었다고 볼 수 있다.

대학 청소노동자 조직화의 두 번째 성공 요인으로 학생들과 시민사회의 도덕적 연대를 꼽을 수 있다. 청소노동자들과 어떠한 이해관계나 사회적 동질성을 갖고 있지 않음에도 불구하고 대학생들과 시민들이 그들의 열악한 노동조건과 비인간적인 처우에 대해 비판적인 문제의식을 공유하고 대학과 용역업체의 부당한 횡포에 맞서기 위한 그들의 노조 결성과 파업 투쟁에 적극 연대해 지원해주었다. 이처럼 학생모임과 사회단체, 일반 대학생·시민들의 연대활동은 지난 10여 년 동안 서울 지역 대학 청소노동자들의 노조 건설을 든든하게 뒷받침해준 버팀대 역할을 해주었을 뿐 아니라 막강한 지지의 압력으로 큰 도움을 안겨주었던 것이다. 특히, 학생활동가들의 자발적이며 목적의식적인 연대활동은 대학 청소노동자들의 노조 조직화에 결정적인 역할을 담당했다.[23] 고려대 '불

---

23 청소노동자 조직화 사업에 함께 참여한 학생들의 대부분은 일반 학생들보다는 학내외의 사회운동에 관여하고 있거나 사회운동가를 지망하는 학생들인 경우가 많았다. 이는 노조 조직화 사업에의 참여가 일회적인 방식으로 진행되기보다 청소노동자들과의 신뢰

철주야'와 연세대 '살맛'의 활동 사례에서 잘 나타나듯이, 청소노동자들의 부당한 노동 현실에 대해 문제의식을 가진 학생활동가들은 자발적인 연대모임을 꾸려 ① 실태조사와 현장방문 접촉, ② 문제인식 공유 및 '노동법' 교육, ③ 초동 조직 주체 형성, ④ 노조 결성과 조합원 가입 독려 등 창의적인 활동 기법을 개발하고 적용해 해당 대학의 노조 조직화를 성공시켰으며, 이후 서경지부의 현장조직팀에 의해 이들의 조직화 방식이 다른 대학에서도 그대로 활용되었다. 또한, 이들 학생활동가는 노조 결성을 탄압하려는 대학이나 용역업체의 공세를 무력화하기 위해 조합원들과의 공동투쟁을 전개하거나 전체 학생의 서명운동을 벌이는 등 다양한 투쟁지원활동을 수행하여 든든한 노조 지킴이로서의 역할을 담당해주었다. 일부 대학의 경우(예를 들면, 연세대와 이화여대 등)에는 학생활동가모임이 조합원들과의 일상적인 연대활동을 꾸준히 기획해 추진함으로서 노조 조직의 내실화에 적잖은 도움을 주기도 했다. 사회운동단체(예를 들면, 인권사랑방과 한국비정규노동센터 등) 및 진보정당 역시 대표적인 불안정 노동자들에 해당되는 대학 청소노동자들의 노동 문제를 자신이 해결해야 할 과제로 받아들여 그들의 노조 조직화와 파업 투쟁에 적극적

관계를 형성하기 위한 일상적이고 지속적인 노력과 상당한 책임의식을 요구한다는 점에서 수준 높은 실천적 참여이기 때문이다. 이런 사정을 감안할 때, 전략조직화의 일환으로 실시된 학생포럼과 같은 사업은 청소노동자를 비롯한 비정규직 문제에 관심 있는 학생활동가들의 풀을 형성한다는 의미에서 나름 적절했던 것으로 평가된다. 서경지부에 의한 전략조직화 사업 이전까지 대학 청소노동자 조직화에는 해당 대학 내에 자발적인 학생모임이 존재하는지 여부가 중요했다면, 사업이 추진되기 시작한 이후에는 조직 대상 대학을 선정한 다음 서경지부 및 시민사회단체 활동가들이 조직화 활동에 함께 할 수 있는 학생들을 조직하고 훈련하는 방식으로 변화했다(류남미, 2013).

으로 결합해 지원활동을 벌였다. 이들 사회·정치단체는 대학 청소노동자들의 부당한 처우와 열악한 노동조건을 사회적 의제로 부각시키는 다양한 캠페인을 공동으로 기획해 추동함으로써 노조 투쟁과 제도 개선을 지지하는 우호적인 사회 여론을 조성하는 데 상당히 기여했다. 아울러, 대학생 및 졸업생, 일반 시민들이 고등교육기관인 대학 공간에서 일하는 청소노동자들에게 가해지는 열악한 노동조건과 비인간적인 처우에 대해 제기되는 도덕적 비판에 공명해 대학 또는 용역업체의 노조 탄압과 부당한 횡포(예를 들면, 고용계약 해지)를 규탄하는 서명운동에 적극 동참하거나(예를 들면, 성신여대와 동덕여대) 분회 투쟁에 물심양면의 전폭적 지원을 제공하여(예를 들면, 홍익대와 중앙대) 사 측에 사회적 압박으로 작용함으로써 노조 지키기에 큰 힘을 보태주었다.[24] 한 가지 특기할 점으로, 고려대·연세대·홍익대 등에서 대학 청소노동자들의 노조 조직화와 집단해고 반대 투쟁을 지원하는 학생·시민들의 연대활동에서 청소노동의 문제를 동정적 또는 시혜적으로 접근하며 이들의 여성성 이미지('아주머니' 또는 '어머니')를 부각시켜 연대의 대상으로 간주하는 문제가 드러나기도 했다.[25] 그러나 연대활동의 경험이 축적되고 기존의 비대칭적인 연대관계

---

24 홍익대 분회의 조직화 과정에서 대학 측이 주장한 '외부세력 개입' 논란에 대해 일반 시민들까지도 '외부세력'임을 자처하며 좀 더 폭넓은 지지와 연대를 보내주어 분회의 투쟁에 대한 사회적인 관심을 한층 더 불러일으켰다. 아울러, 홍익대가 위치한 마포 지역에서는 같은 시기에 성미산 공동체 투쟁, 두리반 투쟁 등이 진행되고 있어 시민사회와의 연대 기반이 손쉽게 확장될 수 있었다. 대학 울타리를 넘어선 학생들의 연대활동 역시 큰 연대의 힘으로 작용했다. 구체적으로, 홍익대의 총학생회 측이 학습권 침해를 이유 삼아 분회 투쟁을 반대하는 입장을 밝히자 이에 대해 다수의 대학 총학생회들을 비롯한 범대학 학생단체들이 공동 기자회견 등을 통해 총학생회 및 원청 홍익대 측을 강력 비판함으로써 오히려 분회파업에 우호적인 여론을 형성하는 데 이바지했던 것이다.

에 대한 비판적 성찰이 널리 공유되면서 대학 청소노동자들을 어머니가 아닌 비정규직 노동자로 자리매김하고 우리 사회의 비정규직 문제를 함께 해결해나가는 대등한 운동 주체로서 인정하려는 시각이 연대 주체들 사이에 분명하게 확립되었다(명숙, 2014).

세 번째 성공 요인으로 서경지부의 전략적 지도집행역량을 여러 측면에서 높게 평가할 만하다. 우선, 조직혁신을 위한 서경지부 지도부의 전략적 결단이 대학 비정규직의 조직화 활동을 가능하게 한 주체적 성공 조건이었다. 사실, 서경지부는 원래 전신인 시설관리노조 때부터 기술직 남성 노동자 중심의 조직이었으나, 지부의 지도부는 기존 조직구조에 안주하기보다 과감하게 여성 청소노동자 중심의 조직 확대 전략을 선택해 신규 조직화 사업에 대한 집중적 역량 투입을 결정했다. 서경지부의 초기 지도부는 시설관리직 출신으로 청소용역 업종에 대해 잘 파악하고 있었기 때문에 대학 청소노동자들에 대한 조직 확대의 가능성과 유리한 조직화 여건 등을 정확히 포착하여 소기의 성과를 거두는 데 주효했던 것이다.[26] 아울러, 서경지부의 지도부는 대학 청소노동자 대상의 새로운 조직 확대 활동이 원활하게 추진되기 위해 추가적인 활동자원이 필요하다는 판단하에 상급 조직(공공운수노조 미조직·비정규실)의 협조를 얻어 대학 비정규직의 전략조직화 사업에 선정되는 데 성공했다. 이로써, 서경

---

25 일부 대학에서는 분회의 독자적인 실천력이 취약하다는 이유로 대학 분회의 조직화를 이끌었던 학생활동가 모임이 노조 결성 이후에도 계속적으로 분회의 일상 활동이나 투쟁에 과도하게 개입하는 일이 벌어지기도 했다.

26 다만, 2000년대 중반 이후 여성 청소노동자 중심으로 조직화와 교섭·투쟁의 역량이 집중됨에 따라 시설관리직 중심으로 조직된 기존 사업장들에서 간부 및 조합원들의 불만이 증대해 일부 조직이 이탈하기도 했다.

지부는 1기의 2009~2010년에 5142만 원을 지원받아 대학 비정규직의 조직화 사업을 본격적으로 전개할 수 있었다. 1기 사업의 종료로 조직화 활동 지원이 끊길 예정이었으나, 2011년 초 홍익대 분회 투쟁을 둘러싼 우호적 사회여론과 왕성한 시민연대활동이 형성되는 상황을 맞아 서경지부의 지도부는 대학 등의 청소노동자들에 대한 추가적인 조직화를 추진할 수 있음을 전략적으로 판단하고 효과적으로 상급 조직을 설득해 당초 예정치 않았던 2기 사업(2011~2012년, 2000여 만 원)의 연장 지원을 받아내어 조직화 사업의 추진 동력을 계속 살려갈 수 있었던 것이다.[27]

둘째로, 서경지부는 4년 기간의 전략조직화 사업을 추진함에서 개방적인 집행구조를 갖추어 학생활동가 및 사회운동단체 등의 운동역량을 적극 활용해 상당한 성과를 거둘 수 있었다. 서경지부는 전략조직화 사업단의 구성에서 학생 사업과 캠페인 사업 등에 외부연대단체를 적절하게 결합시켜 조직화의 활동역량을 효과적으로 극대화했다. 서경지부는 고려대와 연세대의 분회 결성 사례에 착안해 해당 대학의 구성원인 학생활동가들을 파악하고 육성해 대학 비정규직 조직화의 초동 주체로서 역할을 할 수 있게 만드는 학생 사업을 전략조직화 사업의 일환으로 시행했다. 또한, 서경지부는 전략조직화 사업의 일부로서 대학 비정규직의 조직화와 제도적 처우 개선을 지지하는 사회적 여론을 형성하거나 강화하기 위해 다양한 캠페인 사업들을 활발하게 추진하고자 했으며, 이러한 캠페인활동에는 다양한 사회운동단체들을 포괄해 그들의 전문역

---

27 서경지부는 2012년에 전략조직화 사업이 종료되었음에도 조직화 성과로 확대된 자체 예산의 일정 부분을 조직화 사업에 지속적으로 투입해오고 있다. 실제, 2013년의 조직 활동 예산으로 서경지부는 1400여 만 원을 책정해 신규 조직화 사업을 위해 집행했다.

량을 적극 활용했다. 서경지부의 개방적인 전략조직화 사업체계는 외부 연대 단위들이 '기여할 수 있는 전문성(contributive expertise)'을 적극 활용할 수 있도록, 연대적 네트워킹을 원활하게 형성해 활용해나가는 소통적인 전문성(communicative expertise)을 구사하는 방식으로 작동했던 것이다.[28] 특히, '따뜻한 밥 한 끼의 권리' 캠페인을 비롯한 여러 활동 프로그램들(예를 들면, 대학 비정규직 실태조사 '지금 만나러 갑니다', 청소노동 작업환경 제도 건설을 위한 '10만 송이 장미 서명운동', 청소노동자 대행진과 노래자랑 등)을 기획하거나 준비하는 데 학생연대단위와 사회운동단체들과 결합하여 그들의 참신한 아이디어들을 채택해 적용함으로써 좀 더 시민 친화적인 운동 기법을 새롭게 개발해 적용할 수 있었다.

셋째로, 서경지부는 전략조직화 사업을 구상해 전개함에서 그 사업의 효과성 제고와 산별적 조직역량 강화를 목적의식적으로 이루어내기 위해 실로 '전략'적인 접근과 실행능력을 보여주었다. 서경지부는 대학 분회의 건설 이후 분회 간부들의 집행능력을 제고하기 위해, 그리고 신규 분회의 조직화에 대한 기존 간부 및 조합원들의 적극적인 연대활동 참여를 이끌어내기 위해 간부 및 조합원의 교육 과정을 체계적으로 개설

---

28 서경지부의 간부는 전략조직화의 학생 사업과 관련해 다음과 같이 증언한다. "대학 청소노동자 전략조직화 사업을 계획을 할 때, 먼저 고민했던 게 단순하게 대학이라는 특성이 있기 때문에, 우리가 직접 조직하기가 한계가 있다고 보았고, 그렇다면 먼저 학생들을 조직화해야 한다는 계획이 있었습니다. …… 학생을 먼저 조직하자는 판단하에 의도적으로 상근 활동가도 학생운동 활동했던 친구들을 채용했던 것도 있었고. 그런 친구들을 전략조직화 사업 담당을 시키면서 학생들하고 소통하기 좋게 그런 구조를 만드는 게 주효했던 것이죠." 참고로, 기여적 전문성과 소통적 전문성에 관해서는 Collins and Evans(2002)를 참조하기 바란다.

해 운용했다. 또한, 서경지부는 기존의 남성 중심의 권위주의적 조직 운영에서 비롯되는 폐단을 차단하기 위해 청소(여성)노동자들을 우선적으로 조직해 민주적인 분회 집행의 관행을 확립한 다음, 다른 직종의 남성 노동자들을 포괄해내는 방식으로 분회의 조직화 과정에서 '선여성 후남성'의 전략적인 접근을 실천해 대부분 분회 조직의 견실화를 도모했다.[29] 서경지부는 조직화의 초동 단계에 학생활동가들을 활용한 예에서처럼 과거 사례(예를 들면, 고려대와 연세대 분회)의 경험을 적극적으로 활용해 조직화 절차의 효과성을 제고했을 뿐 아니라, 2012년의 집단교섭 요구 테마로 '파견 철폐'가 아니라 '원청 사용자성의 인정'을 선정해 상당한 교섭성과를 거두었다. 이처럼 서경지부는 조합원들이 관심을 갖고 동참할 수 있는 활동과제를 적절하게 선정해 추진하는 유능한 기획 능력을 과시하기도 했다. 아울러, 서경지부의 전략적 집행역량은 대외적 캠페인 사업과 현장조직활동을 상호 연계해 선순환의 상호효과를 이끌어냈다는 점과 전략조직화 사업의 진전과 더불어 집단교섭과 공동투쟁을 적절하게 안배해 추진함으로써 조합원들로 하여금 사업장을 넘어서는 수

---

29 다음의 간부 인터뷰 구술에서 언급되듯이 분회조직의 견실화를 도모하기 위한 또 다른 전략적 방책으로 서경지부는 조직적 긴장감을 유지하는 차원에서 현장 이슈의 발굴과 문제 제기를 끊임없이 해온다고 한다. "각 사업장마다 저희는 의도적으로 사건사고를 많이 만드는 편입니다. 표현이 좀 그렇긴 한데, 일거리를 만드는 것이죠. 시비 걸지 않으면 싸움이 되지 않으니까. 용역회사가 되었든, 원청이 되었든 자본에 대해서 저희는 계속 시비를 걸고 …… 저희들이 그게 원청이나 용역업체 측에서 '노동조합이 이런 것까지 하느냐' 할 정도로요. 예를 들어 용역업체 계약서를 입수하면 계약서를 가지고 따진다든가, 계약 시기가 아니더라도 계속 인원이 부족하다고, 인원을 충원하라고 요구를 하고. 끊임없이 문제의식을 던져주는 것이죠. 조합원들에게 계속 그런 것을 투쟁으로 만들어가게끔, 현장에 긴장감을 계속 불어넣는 것, 그런 것들을 계속 진행하고 있습니다."

준의 연대의식과 노조활동에 대한 자신감을 고취했다는 점에서도 잘 드러난다.

네 번째 성공 요인으로 서경지부의 전략적 조직화에 유리한 기회구조를 제공했던 환경 여건을 손꼽을 수 있다. 우선, 대학이 갖고 있는 사회적 상징성과 공간적 개방성이 서경지부의 분회 조직화에 유리한 조건으로 작용했다. 부연하면, 전자(상징성)는 고등교육기관인 대학에서 사회 정의에 어긋나는 방식으로 경제약자인 비정규직 노동자들에 대해 부당한 처우나 비인격적인 노동조건을 강요한다는 사실이 사회적 이슈로 손쉽게 주목받게 된다는 점을 의미하는 한편, 후자(개방성)는 대학 교정이 개방되어 있어 노조 활동가나 다른 분회 조합원들, 그리고 일반 시민들이 연대지원활동을 벌이는 데 상당히 용이하다는 점을 뜻한다. 또한, 그동안 대학 분회가 결성되는 경우 대부분의 대학에서는 학교 당국과 용역업체가 조합원들의 고용계약 해지 등을 통해 노조 파괴의 노골적인 공세를 보임으로써 분회 조직의 사수를 위한 조합원들의 조직적 결집력을 강화해주었을 뿐 아니라 탄압받는 분회 조합원들을 지지하고 지원하려는 교내 학생들과 학교 밖 시민사회의 도덕적 연대를 촉발하고 확산시키는 계기로 작용해 오히려 분회 투쟁의 유리한 국면을 열어주기도 했다.[30]

---

30 이 같은 사례는 2011년 초 홍익대 분회 투쟁에서 찾아볼 수 있는바, 서경지부 간부의 구술 증언에서 다음과 같이 확인할 수 있다. "홍대 투쟁이 상당히 시사하는 바가 큽니다. 그때 우리들이 수세적인 싸움을 했더라면 아마 다르게 비춰졌을 텐데, 그것이 아닌 공격적으로, 그리고 그 싸움을 진행하는 중에도 계속 전략조직화 사업을 진행했다는 것이죠. 이게 주효했던 부분이 있는 것 같습니다. 그래서 그게 승리하면서 계속 연장선상에서 전략조직화 사업을 했고, 거기에 탄력이 붙었던 것이고, 또 현장에서도 자신감이 생겼던 것이고."

아울러, 서경지부의 전략조직화 사업이 추진되던 시기에 벌어진 노사관계 상황 및 우연적 사건이 또 다른 기회 조건으로 작용했다. 한편으로 2000년대 하반기에 간접고용 문제가 사회적인 이슈로 부각되어 언론이나 정치권에서 주요 관심사로 다루고 있었으며, 다른 한편으로 청소노동자에 대한 막말사건이나 해운대 화재사고의 청소노동자 책임론 등과 같은 돌발적인 변수가 발생했다. 이 같은 사회정치적 여론 동향과 돌발 사건은 대학 내 간접고용의 청소노동자들의 열악한 노동 현실을 시정하기 위한 노조 조직화 및 제도 개선에 대한 우호적인 연대 분위기를 조성하는 데, 그리고 대학 및 용역업체의 노조 탄압에 맞서는 분회 투쟁에 대해 학교 안팎의 도덕적 연대를 폭넓게 연출해 확산시키는 데 적잖은 도움이 되기도 했다.

4. 소결

2000년대에 들어 서울 지역의 많은 대학에서 비정규직의 노조 조직화가 연이어 성공했다. 이는 불안정 노동을 수행하는 중고령 여성들로 구성된 대학 청소노동자들이 노조 결성을 통해 자신의 노동시민권을 쟁취하는 공공드라마(Chun, 2005)를 훌륭하게 연출해낸 것으로 평가할 만하다. 서울 지역 대학 비정규직의 조직화가 활발히, 그리고 성과 있게 진행된 배경은 공공운수노조 서경지부의 전략조직화 사업과 학생·시민들의 도덕적 연대활동에 의해 추동된 것으로 설명해볼 수 있다. 서경지부는 대학 비정규직의 조직화를 통해 조합원 규모를 3배 이상 늘렸을 뿐 아니라 조직역량 강화와 지역 차원의 운동 기반을 내실화하는 괄목할 만한 성과를 거두었다. 또한, 대학 비정규직의 조직화 활동은 단체협약 체결과 제도 개선을 통해 조합원들뿐 아니라 미조직 청소노동자들의 작업환경이나 고용조건을 크게 향상시키는 성과를 거두기도 했다. 서경지부의 전략조직화 사업은 간접고용에 대한 원청 사용자 책임성과 최저임금 인상 등과 같이 대학 청소노동자들의 문제를 사회적 의제로 부각함으로써 저임금 비정규직 노동자들의 고용지위와 소득 조건을 실질적으로 개선하는 데에도 일정한 기여를 했다. 서경지부의 이 같은 전략적 조직화 성과가 조합원들의 노동자 주체성과 노조 신뢰감을 더욱 고취해 지부 차원의 활동역량과 조직 기반을 한층 더 강화하는 역동적인 선순환을 만들어주었다는 점 역시 특기할 만하다.

지난 10여 년 동안 서울 지역 대학 비정규직의 조직화, 특히 서경지부의 전략조직화 사업이 두드러진 성과를 거둔 배경 원인에 대해 살펴본 바를 요약하면, 한편으로 청소노동자들의 열악하고 부당한 고용조건 및 노무관리 관행과 대학사회에 배태되어 있는 유리한 기회구조의 조건들이 조직화의 성공을 가능하게 만든 객관적인 필요조건으로 작용했으며, 다른 한편으로 학생과 시민사회의 적극적인 도덕연대와 특히 서경지부의 전략적이며 유능한 지도집행역량이 주목할 만한 성과를 실현하게 한 주체적인 충분조건이라 평가할 수 있다. 대학 비정규직 조직화에 대한 경험적 인과분석을 기존의 노동운동이론과 연계해 논의해본다면, (2절에서 검토한 바와 같이) 서경지부의 사례를 통해 조직화 대상인 노동자들의 고용조건과 태도성향, 조직활동 주체인 노조 지도부의 전략역량, 활동자원 확보와 특히 노조운동 수세 국면에서 외부연대 자원 확보의 필요성, 다양한 기회구조의 활동 여건들이 복합적으로 작용하고 있을 뿐 아니라 상호 연계되어 선순환의 역동성을 창출해 유지하고 있음을 확인할 수 있다.

물론, 서울 지역 대학 비정규직의 조직화를 성과 있게 전개해온 서경지부의 사례를 학술적으로나 실천적으로 일반화하기에는 신중함이 요구된다. 무엇보다, 서경지부의 조직화 성과는 다분히 대학의 특수한 기회구조에 기반해 상대적으로 용이하게 성취할 수 있었던 만큼, 그 경험을 같은 청소노동자들이라 하더라도 대학 외의 공공기관이나 민간기업에 적용하거나 다른 업종·직종·형태의 비정규직 노동자들에 대한 조직화에 그대로 준용하는 것은 적절하지 않을 수 있다. 그럼에도, 서경지부의 조직화 성과를 뒷받침했던 주·객관적인 요인들의 상승적인 복합작용은 여전히 이론적으로 일반화할 만한 가치의 교훈을 제시하고 있다고 판단된다. 다시 말해, 비록 대학 청소노동자들과 상이한 성격의 조직 대상이라 하더라도, 그 집단에 대한 조직화 사업을 구상해 실행하고자 하는 경우에는 상황 차이를 감안하되 ① 조직 대상의 실태 파악, ② 조직 주체의 전략적 지도집행역량 확보와 효과적 실천, ③ 외적인 도덕연대 네트워킹 및 자원의 충분한 확보와 적절한 작동, ④ 유리한 기회구조의 활용과 불리한 위협 조건의 회피를 통해 한편의 공공드라마를 연출하는 것이 가능할 수 있기 때문이다.

덧붙여, 서경지부의 전략적 조직화 사업이 현재까지 상당한 성과를 거둔 것은 사실이지만, 여전히 여러 장애 요인으로 인해 이후 활동에 적잖은 불확실성이 존재하고 있다는 점을 간과해서는 안 될 것이다. 구체적으로, 서경지부가 부딪치는 당면 문제로는 공공운수노조의 산별전환 지체와 산별적 조직 결속 약화, 지부 조직 편제의 불투명한 전망과 애매

한 위상, 서울 지역 청소미화·시설관리 비정규직 사업에 대한 노조들 간의 조직 경합과 각축적 관계, 용역업체들의 노조 대응능력 세련화, 고령 여성 조합원들의 노조 활동 주체화 미흡, 학생 및 시민사회의 연대활동 단속성 등을 꼽을 수 있다. 이 같은 주·객관적인 제약 요인들 대부분은 서경지부만의 문제라기보다는 침체 상황에 놓인 한국 노조운동의 문제를 고스란히 드러내는 것이기도 하다. 그런 만큼, 서경지부가 그동안 자신의 전략적 지도집행역량으로 돋보이는 조직화 성과를 일구어왔듯이 앞으로도 당면한 문제나 제약 요인들을 지혜롭게 극복·해결하며 계속 승승장구하여 노동운동의 재활성화를 선도하는 길라잡이 역할을 이어 가길 기대한다.

6장

노동·시민사회의 연대운동 네트워킹

희망버스 사례

1. 머리말

이제 우리에겐 희망이 필요합니다. 김진숙과 이 땅의 모든 해고노동자들, 비정규직 노동자들에게로 향하는 이 희망의 버스에 함께해주십시오. 이 버스는 절망의 시대를 가로질러 희망의 시대를 향해 가는 연대의 버스입니다. 이 버스는 우리가 빼앗겼던 따뜻한 나눔의 마음을 실고 달려가는 사랑의 버스입니다. 이 버스는 우리 모두의 존엄을 지키는 저항의 버스입니다. 지난 시대와 결별하고 새로운 시대를 향해 가는 희망의 버스입니다.

송경동 시인이 2011년 5월 19일 "희망의 버스를 타러 가요"라는 제목으로 인터넷 뉴스 매체 ≪프레시안≫에 투고한 공개 제안서의 맺음말이다. 이 제안서에는 '정리해고 비정규직 없는 세상을 위한 깔깔깔 희망버스'(이하 희망버스)의 상세한 탑승 안내와 더불어 '비정규직 없는 세상 만들기'(이하 비없세) 네트워크, '용산참사 진상규명위원회', '노나메기 재단 준비위원회' 등과 소금꽃 김진숙을 응원하는 ≪한겨레≫ 신문 광고에 참여했던 사람들, 쌍용자동차와 콜트콜텍 등의 해고노동자들, 그리고 촛불 시민들이 참여할 것임을 알리고 있다. 이 제안에 따라 1차 희망버스 19대가 2011년 6월 11일 부산 한진중공업의 고공 농성 현장을 방문하면서 그해 회사의 일방적 정리해고에 맞서 저항하던 김진숙과 해고노동자들을 응원하기 위한 노동과 시민사회의 연대운동이 시작되었던 것이다.

※ 이 장은 중앙대 석사과정 김진두 대학원생과 공저로 작성하여 2017년에 ≪산업노동연구≫(23권 2호, 109~139쪽)에 실린 「시민사회의 연대운동 네트워킹 사례연구: 희망버스를 중심으로」를 수정·보완한 글이다.

2011년 11월까지 다섯 차례에 걸쳐 추진되어 연인원 3만 8000여 명이 참가했던 희망버스의 연대운동은 당시 이명박 보수정권하에서 노조운동이 매우 침체된 상황 속에서도 사업장 밖의 다양한 사회운동 주체들과 일반 시민들이 자발적으로 참여하며 새로운 문화축제 방식의 활동 레퍼토리와 SNS를 활용한 수평적 의사소통 방식 등을 선보였다. 그뿐 아니라, 희망버스는 한진중공업 재벌총수에 대한 엄청난 사회적·정치적 압력을 이끌어내어 결국 정리해고자들의 재고용을 확약받음으로써 노동·시민사회 연대를 통해 괄목할 만한 성과를 거두었다.[1]

이처럼 희망버스운동은 한진중공업의 일방적 정리해고에 맞서 사회운동단체의 활동가들과 일반 시민들이 나서 자발적인 연대네트워크를 형성하여 값진 성과를 거둠과 동시에 당시 언론과 정치권에 큰 반향을 일으키며 노동·시민사회 연대의 사회적 영향력을 잘 보여주었다. 그런 만큼, 그동안 희망버스 연대운동에 높은 관심을 보이며 성공 요인을 규명하려는 여러 연구들이 발표되었다. 예를 들어, 허건(2015)[2]은 희망버스

---

1   큰 성과를 거둔 희망버스 연대운동을 본보기 삼아 그 이후 쌍용차 평택공장 해고자 지원의 희망텐트와 희망지킴이(2011년 12월과 2012년 2월), 장기 투쟁 사업장 순례 지원의 희망뚜벅이(2012년 1월), 진주의료원 사수의 생명버스(2013년 6월), 현대차 비정규직 지원의 희망버스(2013년 7월), 밀양 송전탑 저지 투쟁 지원의 희망버스(2013년 11월, 2014년 1월), 유성기업 노조 탄압 분쇄의 희망버스(2014년 3월), 거제 대우조선 하청노동자 지원의 희망버스(2016년 10월) 등으로 유사한 연대활동들이 연이어 추진되기도 했다.

2   허건(2015)은 희망버스에 대한 심층적인 사례 분석을 통해 노조 중심의 집단적 사회운동 방식에서 벗어나 네트워크 사회운동의 새로운 방식을 시도해 노동운동의 동원 위기를 극복할 수 있는 운동혁신의 가능성을 밝혀냄과 동시에 네트워크 사회운동 방식이 안고 있는 지속성의 한계를 적절하게 지적한다는 점에서 특기할 만한 연구 성과로 꼽을 만하다.

의 성공 사례에 대해 중위 수준에서 사회운동단체들의 새로운 동원방식, 그리고 미시적 수준에서 인터넷 네트워크를 통한 일반 시민의 자발적 참여가 효과적으로 접목했던 점을 강조한다. 한편, 장덕진(2012), 박설희(2013), 차희준(2014), 이주환(2014) 등은 소셜미디어인 트위터의 활용을 통해 희망버스의 연대담론과 저항 서사, 그리고 자발적인 시민 참여가 성공적으로 형성되어 작용했음을 부각한다. 또한, 배카(Baca, 2011)는 희망버스운동을 신자유주의 경제체제에 대한 시민사회의 연대적 저항으로 성격 짓기도 한다. 이처럼 선행 연구에서는 희망버스의 성공 요인에 대한 다양한 인과분석이 제시되기는 하나, 희망버스의 핵심적인 성공 비결에는 '일방적인 정리해고와 목숨 건 고공 농성'으로 상징되는 위기의 노동을 구하려 사업장 밖의 사회운동가들과 시민들에 의한 자발적이며 수평적인 연대행동을 촉발해 추동해온 연대네트워킹(solidarity networking)에 대해 그리 주목하고 있지 않다. 희망버스의 사례는 지난 20년 동안 급격히 쇠락해온 노동운동의 침체 상황에서 노동과 시민사회의 연대네트워킹이 위력적으로 작동하여 재벌대기업인 한진중공업의 일방적인 정리해고에 저항하던 고립된 노동자 투쟁에 값진 승리를 안겨주었다는 점에서 노동 위기를 타개하고 극복하기 위한 사회운동 차원의 활로를 찾는데 유의미한 시사점을 안겨준다. 따라서 이 글에서는 사회연결망 운동(social network movement)의 이론적 논의에 착안해 희망버스운동의 연대적 네트워킹이 어떻게 이루어졌고, 다섯 차례의 희망버스 캠페인을 통해 그 연대네트워킹이 어떻게 효과적으로 작동할 수 있었는지에 초점을 맞추어 살펴보기로 한다. 희망버스의 성공적인 연대네트워킹에 대한 사례분석은 기계적인 연대 방식의 덫에 갇힌 노동운동의 위기와 사회운동단체들 간의 형식적인 연대 동원에 머물러 있는 시민사회 차원의 '대중 없는' 연대전선 방식에서 벗어나 새로운 유기적 연대를 성사시키거나 발전시킬 수 있는 실마리를 찾는 데 유의미한 시사점을 안겨줄 것이다.[3]

이 장은 희망버스의 제안과 더불어 1~5차 희망버스 기획단의 핵심 구성원으로 주도적 역할을 담당했던 여섯 사람(송경동 시인, 박성미 영화감독, 명숙 인권단체 활동가, 나영 성소수자단체 활동가, 이창근 쌍용차 해고자, 신유아 문화운동단체 활동가)을 대상으로 실시한 구술인터뷰조사에 기반한다.[4] 2015년 7월부터 2017년 4월까지 진행된 구술인터뷰는 피면담자들에 따라 다소 차이가 있기는 하나 평균적으로 1.5시간이 소요되었고, 인터뷰 증언을 구술 녹취록으로 정리해 이번 분석에서 검토하여 활용했다. 인터뷰조사 대상인 여섯 사람이 희망버스 기획단의 핵심 주체였던 만큼, 이들의 구술인터뷰를 통해 희망버스 캠페인에서 연대네트워킹의 형성과 실행에 대해 풍부한 증언을 확보함과 동시에 구체적인 사실관계를 상호 점검할 수 있었다. 아울러, 희망버스 참가자들의 수기와 증언 기록(예를 들면, 깔깔깔 기획단, 2011; 박성미, 2015; 허소희 외, 2013; 박점규, 2012), '비없세' 카페(http://cafe.daum.net/happylaborworld)의 희망버스 기획단 관련 자

---

3 비슷한 맥락에서, 작금의 노동운동이 신자유주의적 세계화와 노동주체들의 다원화 등에도 불구하고 동질성에 기반하는 기계적 연대(mechanistic solidarity)의 활동 방식에서 벗어나지 못함에 따라 연대성 위기에 놓여 있는 것으로 진단하며, 다양한 노동주체들이 서로의 이질성을 존중하며 상호 공감과 유대를 창출·발전시킬 수 있는 유기적 연대(organic solidarity)의 운동 방식을 만들어냄으로써 그 위기를 극복할 수 있다는 Hyman(1999)과 Zoll(2000)의 제언에 주목할 필요가 있다.

4 송경동 시인과 박성미 감독에 대해서는 추가적인 사실 확인이 필요하여 두 차례 인터뷰를 실시했다.

료와 참가자 후기, 희망버스 관련 언론 인터뷰 기사 등과 같이 다양한 문헌자료를 추가적으로 수집해 검토했다.

2. 희망버스운동의 전개 과정

희망버스의 발단이 된 한진중공업의 정리해고 사태는 2009년으로 거슬러 올라간다. 회사는 수주 물량이 부족하다는 이유를 내세우며 2009년 12월 352명에 대한 구조조정을 추진했고, 정리해고와 설계부문의 분사 등을 통해 600여 명의 추가적인 감원 계획을 발표했다. 노조의 연이은 파업과 지역사회 및 정치권의 개입으로 2010년 2월 말 구조조정 추진이 중단되었지만, 그해 12월 15일 회사는 노조(금속노조 지회)에 400여 명의 희망퇴직을 모집한다고 통보했다. 희망퇴직 인원이 목표치에 미달하자 회사는 정리해고 절차를 추진했다. 이에 맞서 노조의 총파업이 전개되었으나, 회사의 일방적인 정리해고를 제대로 막지 못하는 상황이 벌어졌으며, 2011년 1월 초 한진중공업의 해고자인 민주노총 부산본부의 김진숙 지도위원이 85호 크레인에서 고공 농성에 돌입했던 것이다. 실제, 회사는 그해 2월 중순에 170명의 정리해고를 단행하기로 공표했다.

한진중공업 정리해고를 둘러싼 노사갈등이 해결되지 않아 김진숙 지도위원의 고공 농성이 계속되는 가운데 김 지도위원의 안위를 걱정하며 응원하기 위한 여러 움직임이 나타나기 시작했다. 3월 말, 송경동 시인이 ≪프레시안≫에 한진중공업의 정리해고와 김진숙 지도위원의 고공 농성을 알리며 사회적 연대의 필요성을 주장한 글("소금꽃 김진숙과 '85

호 크레인'")을 게재했으며, 그 즈음에 김 지도위원의 지인들이 모금해 지지 입장의 신문광고를 싣기도 했다. 또한, 홍익대의 일방적 계약해지와 노조 탄압에 맞서는 청소노동자들의 투쟁에 대한 연대활동을 벌였던 영화배우 김여진과 '날라리 외부세력' 회원들이 4월 중순에 홍대 투쟁 때 응원 메시지를 보내주었던 김 지도위원의 고공 농성장을 찾아 격려와 응원의 스마트몹 행사를 진행했다. 그러던 중, 4월 말 콜트콜텍 해고노동자들을 후원하는 수요문화제에 참석한 송경동 시인을 비롯해 문화연대 활동가 신유아, 쌍용자동차 해고노동자 이창근, 인권활동가 기선 등이 장기화되고 있는 김진숙 지도위원의 고공 농성을 지원하기 위한 연대활동 추진에 대해 논의했다. 그 모임에서는 당초 김 지도위원의 농성 100일 째에 해당되는 5월 중순에 '희망열차'의 방식으로 현장 격려 방문의 연대활동을 실행하는 것으로 결정했다. 그런데 그 일정이 쌍용차 해고자들을 위한 특별행사(김제동의 토크콘서트)와 겹치게 됨에 따라 다시 김주익 열사의 농성 기간이었던 129일에 맞춰 '희망버스'라는 이름으로 추진하기로 조정되었다.[5]

이 연대운동의 초동 주체들로 구성된 기획단은 2011년 6월 11일의 희망버스를 공개적으로 제안함과 더불어 크게 3개 운동네트워크(비정규직 노동운동단체들의 네트워크 '비없세', 사회운동단체들의 네트워크 '용산참사 진상규명위원회', 사회운동 원로들의 네트워크 '노나메기 재단'[6]의 준비위원회)를 중심으로

---

5   100일째의 희망열차가 취소되었지만, 그 일정에 신유아 활동가의 주도로 문화예술인들이 중심이 되어 김진숙 지도위원의 농성장을 방문해 영화를 상영하고 대형 현수막을 내거는 등 독자적인 연대활동을 벌이기도 했다.

6   노나메기 재단은 백기완 선생의 기부와 사회 모금을 통해 조성된 기금을 활용해 민중연

참가자들을 확보하기 위한 홍보와 섭외 활동을 전개했다. 또한, 기획단의 활동가들은 개인적 연결망을 활용해 추가적으로 다양한 사회운동조직과 지역운동단체, 투쟁사업장 등에 알려 희망버스 참가를 요청하기도 했다. 또한, 기획단은 한진중공업의 김진숙 고공 농성과 정리해고자들을 격려하고 응원하려는 희망버스의 연대운동을 널리 알리고 참가자들의 확대와 일반 시민들의 동참을 이끌어내기 위해 배우 김여진, 작가 공선옥 같은 유명인사들과 더불어 사회운동단체들의 주요 인사들이 작성한 릴레이 공개 제안문을 인터넷 언론에 게재하기도 했다. 그 결과, 1차 희망버스7 총 11대가 서울에서 출발했는데, 그 버스에는 사회운동 원로를 비롯해 투쟁사업장 조합원들과 시민사회단체 활동가들, 그리고 영화인·가수·소설가·시인·교수·학생 등 총 700여 명이 참여했으며, 이와 별도로 광주·평택·순천·전주 등의 5개 지역 버스가 자체적으로 조직되어 동참했다. 또한, 1차 희망버스의 준비 과정에서 김진숙 지도위원을 응원하기 위해 전달된 배우 김여진의 쪽글 "웃으며 함께 끝까지"를 연대운동의 슬로건으로 사용하는 것으로 결정했다. 1차 희망버스의 진행에서 회사가 동원한 용역경비와 경찰이 조선소 경내 진입을 막았으나, 희망버스 참가자들이 노조 조합원들의 도움을 받아 월담하여 김진숙 지도위원의 농성 현장에까지 진입할 수 있었고, 그 공간을 연대축제의 해방

대를 지향하는 학술교육과 문화실천 등을 주된 사업으로 수행하는 진보운동단체로서 그 준비 과정에 노동운동과 시민사회운동의 원로들이 다수 참여했다.

7   면담조사에 따르면 원래 희망버스는 1회 행사로 기획된 것이었으나, 한진중공업의 농성 현장을 방문한 참가자들이 자발적으로 계속된 연대 방문을 약속함에 따라 5차까지 진행되었던 것이다. 당초 1차 희망버스라는 표현은 존재하지 않았으나, 편의상 1차 희망버스로 표기한다.

구로 만드는 일이 벌어졌다. 희망버스 참가자들이 김진숙 지도위원의 농성 현장으로 진입해 다채로운 연대활동을 벌였으며 배우 김여진을 포함한 일부 참가자들이 경찰에 연행되었다는 연이은 소식들이 트위터와 인터넷 동영상 등을 통해 실시간으로 널리 전파됨에 따라 한진중공업의 정리해고 문제와 희망버스에 대해 많은 시민의 관심을 불러일으키며 이후 희망버스에 대한 대중적 동참 열기를 더욱 널리 촉발했다.

1차 희망버스의 연대활동을 마무리하면서 참가자들이 김진숙 지도위원과 한진중공업 해고자들 및 그들의 가족에게 재방문을 약속함에 따라, 기획단은 다녀온 지 3일 후 회의를 열어 7월 9일에 2차 희망버스를 추진하는 것으로 결정했다. 기획단은 언론과 SNS를 통해 사회운동단체들뿐 아니라 일반 시민들의 뜨거운 관심과 지지 여론을 확인했던 만큼, 그 실행 일자가 김 지도위원 농성기간 185일에 해당되는 점을 들어 185대를 2차 희망버스 참가 규모의 추진 목표로 설정했다. 1차 희망버스에 참가했던 활동가들과 시민들이 자발적으로 결합함에 따라 크게 확대된 기획단의 회의에서는 2차 희망버스의 대규모 시민 참여를 이루기 위해 참가자 집단별로 부문 및 지역 버스를 조직하는 것으로 결정했다. 부문 버스로는 성소수자들의 퀴어 또는 무지개 버스, 장애인 버스, 문화예술인 버스, 날라리 외부세력 버스, 교수학술 버스, 노동자 버스, 청소년들의 영의정(영한 의리의 정의단) 버스, 대학생들의 반값등록금 버스, 인권단체 활동가들의 인권 버스, 철거민 버스 등을 손꼽을 수 있다. 또한, 2차 희망버스에 대한 지역운동단체들의 참가 의사도 높아져 무려 37개 지역 버스가 준비되었다. 2차 희망버스를 앞둔 6월 말에 한진중공업의 노조 집행부가 사 측과 파업을 철회하고 정리해고를 인정하는 합의를 직권조인하는 일이 발생했다.[8] 이 노사합의에 대해 김진숙 지도위원과 해고 조합원들이 인정할 수 없다는 입장을 밝힘에 따라 기획단은 2차 희망버스를 예정대로 추진했다. 일방적인 노사담합이 널리 알려지면서 오히려 비판적인 시민여론을 확산시켜 2차 희망버스의 참가 열기는 더욱 고조되었다. 그 결과, 2차 희망버스는 당초 목표인 185대를 넘어 전국적으로 190대의 1만여 명이 참가했으며, 영도 조선소로의 행진을 둘러싸고 경찰과 밤샘 대치함으로써 사회적으로 더 큰 파장을 불러일으켰다. 2차 희망버스에 참가자가 급증했고 언론의 높은 관심사로 부각되자 그 직후 야당의 대표와 민주노총 위원장 등이 한진중공업의 정리해고 문제 해결에 공개적으로 나서기도 했다.

2차 희망버스를 성공적으로 진행한 기획단은 3차 희망버스를 7월 30일에 추진했는데, 이 시기가 여름 휴가철이라는 점을 감안해 "희망을 만드는 휴가, 우리가 소금꽃이다"를 연대테마로 내세우며 진행했다. 3차 희망버스에는 야당 정치인들을 포함해 2차보다 더 많은 1만 5000여 명이 참여했다. 그런데 3차 희망버스는 보수단체인 어버이연합과 지역주민 자치회 및 협력업체 직원 등이 도로 점거, 고성방가, 무단 방뇨, 쓰레기 방치 등을 문제 삼으며 집단적인 반대 집회를 벌임으로써 물리적인 충돌을 빚기도 했다. 3차 희망버스까지 전국적으로 큰 반향을 일으키며 한진중공업의 정리해고 문제가 사회적 이슈로 부각되면서 8월 초에 김 지도위원과 회사대표 간의 협상이 이루어졌는데, 회사 측이 정리해고 방

---

8   주요 합의 내용은 정리해고자가 원하는 경우 희망퇴직자로 전환하고, 손배소 등의 민형사상 문제를 최소화하며, 기타 노조 요구 사항을 전향적으로 협의한다는 것이었다. 이 노사합의에 따라 2011년 6월 27일 농성 조합원들에 대한 강제퇴거조치가 취해졌다.

침을 고수함에 따라 별 성과 없이 끝났다. 8월 중순에는 국회의 환경노동위원회가 한진중공업 청문회를 개최해 증인으로 소환한 조남호 회장을 상대로 회사의 정리해고 사태 해결을 위한 정치권 차원의 압박이 가해지기도 했다.

4차 희망버스는 3차까지 부산 조선소 농성 현장으로 방문했던 것과 달리 서울에서 개최되었는데, 이는 정리해고 문제를 한진중공업을 넘어 사회적인 차원에서 전면적으로 이슈화하려는 기획단의 전략적 의도에 따른 것이었다.[9] 그런데 4차 희망버스의 준비 과정에서 민주노총과 야당, 시민사회단체가 주도해 정리해고 문제를 해결하기 위한 10만 명 규모의 희망시국대회를 개최하겠다고 나섬으로써 기획단 내부에 논란을 빚었으며, 결국 8월 27일에 독자적으로 추진하는 것으로 결정했다. 민주노총 주도의 희망시국대회(8월 20일 개최)가 당초 공언한 것과 달리 4000명의 참여로 저조하게 진행된 가운데, 4차 희망버스는 "다른 세상을 향해, 거침없이 깔깔깔"을 캠페인 테마로 내걸고 청와대 인근의 인왕산 등반을 포함해 다채로운 문화행사를 전개했지만 3차 참가자 규모의 절반에 못 미치는 7000여 명 정도만이 참여해 다소 그 열기가 가라앉는 양상을 보여주었다.

기획단이 5차 희망버스를 10월 8일에 추진하는 것으로 예고함에 따라 한진중공업의 정리해고 사태를 둘러싼 사회적 갈등이 지속적으로 표출되자, 10월 초 여야의 정치권은 한진중공업의 정리해고 문제를 마무

---

9   기획단에서는 3차 희망버스를 준비할 때부터 서울 개최의 의견이 제기되어 논의했으나, 의견이 갈려 4차 희망버스로 미루어졌던 것이다.

리 짓기 위해 국정감사 실시와 더불어 '정리해고자의 1년 이내 재고용과 생계비 지원에 대한 권고안'을 채택했으며, 조남호 회장이 결국 이를 수용했다. 이런 상황 속에서 진행된 5차 희망버스에서는 "가을 소풍 가자"라는 테마를 내걸고 당시 부산국제영화제 기간에 맞추어 5000여 명이 방문해 다양한 문화행사(예를 들면, 영화인 지지 선언, 인디밴드 공연, 대학생의 보이는 라디오 희망FM, 깔깔깔 희망놀이터, 소금꽃 작업실, 부산영화제 버스상영관, 희망 퍼레이드 등)를 열어 새로운 연대활동 방식을 계속 선보였다. 10월 중순에 선출된 노소 지회의 신임 집행부가 11월 10일에 국회 권고안을 수용하는 내용의 노사합의를 수용했으며, 이에 따라 김진숙 지도위원이 크레인 고공 농성을 해제하고 309일 만에 무사히 내려옴으로써 희망버스의 연대운동은 주목할 만한 성과를 거두고 마무리되었다.[10]

3. 희망버스 연대네트워킹의 작동 조건

정리해고의 노동 문제에 대해 희망버스운동이 전례 없이 사회적 관심과 대중적 참여를 폭넓게 이끌어낸 데에는 그 연대운동의 주체적 네트워킹이 효과적으로 작동했던 점에 주목할 만하다. 그러면 어떻게 희망버스의 연대적 네트워킹이 성공적으로 발휘될 수 있었는지에 대해 촉발·형

---

10 하지만 2012년 이후 한진중공업에는 회사 주도의 복수노조가 결성되었고, 금속노조 지회에 대한 손배소 청구와 정리해고자의 재취업 직후 사업장의 무기한 휴업 처분 등과 같이 회사의 노동억압적 노무관리가 강화됨에 따라 2012년 12월에는 최강서 조합원이 자살하는 일이 발생해 그를 추모하는 희망버스가 다시 결행되기도 했다.

성·실행의 세 가지 작동 조건을 중심으로 살펴보기로 한다.

1) 촉발 조건

희망버스가 사회운동단체 활동가들과 시민들에게 큰 관심을 끌어 그들의 연대운동을 촉발한 주요 요인으로는 김진숙 지도위원의 고공 농성과 85호 크레인의 비극적 서사, 그리고 한진중공업 정리해고의 부당성을 꼽을 수 있다. 우선, 한진중공업의 정리해고 문제를 사회적으로 부각하고 희망버스 연대운동의 추진 계기를 마련한 것은 김 지도위원의 고공 농성이라 할 수 있다. 김 지도위원은 빈농의 딸로 태어나 18세에 미싱공으로 노동자의 삶을 시작해 시내버스 안내양 일을 하다가 25세에 한진중공업의 전신인 대한조선공사에 여성 용접공으로 취업했다. 그녀는 회사를 다닌 지 얼마 안 되어 어용노조의 비리를 폭로하는 활동에 가담했다는 이유로 해고되었으며, 이후 노조민주화 활동을 벌이다 여러 번의 수배 생활과 세 번의 구속을 겪기도 했다. 김 지도위원은 일생 노동운동에 헌신해온 개인 이력뿐 아니라 입담 좋은 노조활동 교육가로서, 그리고 그녀의 책『소금꽃 나무』(2011)로 부산 지역을 넘어 전국적으로 노동운동 활동가들 사이에 널리 알려진 인물이었다.[11] 또한, 김 지도위원이

---

11 송경동 시인은 구로 지역의 진보적 생활문예잡지인 ≪삶이 보이는 창≫의 편집 활동을
    담당할 때 글 청탁을 위해 김진숙 지도위원과 연락하면서 알게 되었다고 한다. 그는 인
    터뷰를 통해 "김진숙이라는 사람이 한국 근대사를 생각해볼 전형성"을 갖고 있으며, 그
    녀의 생애사가 희망버스에 나서도록 "많은 사람의 마음을 움직이는 데 큰 역할을 했다"
    고 진술한다.

스스로 밝히듯이 고공 농성을 벌인 85호 크레인은 2003년 회사의 일방적 구조조정을 막기 위해 당시 노조의 김주익 지회장이 129일 동안 홀로 고립된 농성 투쟁을 벌이다가 끝내 자결한 공간이라는 역사적 상징성을 갖고 있었다.

> 주익 씨가 죽어서 나는 살았다. 그의 죽음이 아니었다면 85호 크레인이 그렇게 많은 사람들에게 공감을 불러오진 못했을 것이다. 그의 죽음이 아니었다면 내가 85호 크레인에 있다는 게 그렇게 절박하지 않았을지 모른다(김진숙, 2011).

이처럼 김주익 지회장의 비극적인 종말을 상징하는 85호 크레인에서 같은 이유(회사의 일방적 구조조정 저지)로 김진숙 지도위원이 다시금 고공 농성에 돌입했다는 사실은 노동운동과 시민사회의 많은 사람들로 하여금 과거의 비극적 서사가 되풀이되지 않도록, 그녀의 농성을 외롭지 않게 격려하고 응원하기 위해 희망버스의 연대운동을 기획하고 동참하도록 만든 촉발 요인의 하나로 작용했다.[12] 더불어, 한진중공업에서 일방적으로 강행되었던 정리해고의 부당함이 널리 알려지면서 활동가들과 시민들의 공분을 불러일으키며 희망버스 연대운동에 대한 이들의 적극적 참여를 촉발했다. 실제, 한진중공업의 정리해고는 필리핀 수빅조선소로의 생산 기지 이전을 위한 의도적인 구조조정이었다는 점, '구조

---

12 이 연구의 인터뷰조사에 참여했던 피면담자 대부분은 2009년 쌍용차 정리해고 사태의 비극적인 경험이 한진중공업의 정리해고를 저지하기 위한 연대운동의 또 다른 추진 동기였음을 밝힌다.

조정을 중단한다'는 2007년과 2010년의 노사합의를 회사 경영진이 무시하고 고용조정을 일방적으로 강행했다는 점, 대규모의 인력 감축을 단행하면서 매년 수십 억 원의 주주배당을 실시해왔다는 점[13] 등에서 그 부당성에 대한 비판적인 여론이 비등했다(허소희 외, 2013). 그 결과, 한진중공업의 부당한 구조조정에 맞서는 김 지도위원의 고공 농성과 정리해고자 투쟁이 정의로우며 이를 응원하기 위한 연대운동이 필요하다는 점에 대중적 공감이 손쉽게 확산될 수 있었다. 또한, 정리해고 조합원들의 반대 투쟁과 희망버스 주도의 집회시위에 대해 회사의 용역폭력 동원, 경찰의 과잉 대응(예를 들면, 시위 참가자 연행, 체포 영장 청구, 집회용품 압수 등), 노조 지도부의 담합적 태도와 직권조인 등이 SNS와 인터넷을 통해 널리 알려지면서 희망버스의 연대운동에 대한 대중적인 관심과 동참을 더욱 확산시키기도 했다.

2) 형성 조건

김진숙 지도위원의 고공 농성과 한진중공업 정리해고의 부당성 등이 희망버스를 추진하게 만든 촉발 조건이었다면, 그 연대운동이 실제로 성사될 수 있도록 작용했던 형성 조건으로는 초동 주체의 생성, 사회운동 네트워크의 활용과 확산, SNS 매개의 연대적 소통 등을 꼽을 수 있다. 우

---

13 허소희 외(2013)에 따르면, 한진중공업은 2000년대 중반 이후 지속적인 고용 조정을 추진하는 한편, 2008~2011년 기간에 주주배당으로 총 178억 원을 지급했으며, 대주주인 조남호 회장 역시 29억 원의 현금배당을 챙긴 사실이 알려져 언론이나 국회 청문회에서 큰 질타를 받았다.

선, (앞서 살펴본 바와 같이) 송경동·신유아·이창근·기선 등이 한진중공업의 일방적 정리해고에 맞서 고공 농성을 벌이고 있는 김 지도위원을 응원하기 위한 연대운동을 추진하는 초동 주체로서 헌신적으로 나섬으로써 희망버스가 추진될 수 있었다. 이들은 다양한 노동·사회 문제의 현장에서 오랫동안 연대 투쟁을 함께 해옴으로써 동지적 신뢰관계를 형성하고 있었으며, 한진중공업의 정리해고 사태에 공통된 문제의식을 갖고 있어 송경동 시인의 연대운동 제안을 손쉽게 받아들여 희망버스의 기획과 동원을 추진하는 초동 주체로서 나서게 되었던 것이다.

보통 이런 활동하는 친구들은 활동 시작하면서부터는 주구장창 아는 사이라고 보면 돼요. 무슨 농성이나 하면 다 만나는 사람들이고, 회의를 하면 만나는 사람들이고, 그 사람들이 개별적으로 단체에서 뭐했을 때 서로 연대하고 이러기 때문에 대부분은 다 그냥 아주 오래된 친구처럼 아는 사이들이겠죠. 비정규직 없는 세상 만들기 네트워크라는 데가 있어요. 거기 안에 운영 주체들로 지금 말한 이런 사람들이 들어가 있어요. 송경동은 대추리 때부터 알았고, 이창근 쌍차, 2009년 용산 참사하면서 알았고, 용산 참사 때 쌍차 투쟁이 같이 일어났잖아요. 옥쇄파업이 그때쯤이니까 알았고 기선이 친구는 인권단체연석회의 모임 있을 때 자주 보던 사이니깐 당연히 알 수밖에 없고, 용산참사 때, 그 전에 촛불 때, FTA 등등 다 같이 투쟁을 했던 동지들인 거죠. …… 그래서 그때만 특별히 모여서 이렇게 하자를 시작을 한 건 아니고, 그날 그 자리에 딱 모였는데 송경동 시인이 제안을 한 거예요(신유아 인터뷰).

희망버스 연대운동의 제안과 기획에서 주도적 역할을 담당했던 송경동 시인은 1980년대 후반부터 구로 지역에서 진보운동을 벌였으며 대추리 미군기지 이전 반대 투쟁을 계기로 사회적 전선운동에 나서기 시작해 그 이후 한미 FTA 반대 투쟁, 쌍용자동차 정리해고 반대 투쟁, 기륭전자 비정규직 투쟁, 용산참사대책위원회 등의 연대활동에 적극적으로 참여해왔다. 그 과정에서 그는 초동 주체들뿐 아니라 많은 노동·사회운동단체의 활동가들과 동지적 신뢰관계를 형성해왔기 때문에 희망버스의 연대운동에 대한 이들 활동가들의 적극적 동참을 이끌어내는 연대적 네트워킹의 중개자이자 주동자(solidarity networking broker & entrepreneur)로서 핵심적인 역할을 담당했다. 송경동 시인을 포함한 초동 주체들은 각자의 운동적 네트워크를 적극 활용해 '비없세', '용산참사규명위원회', '노나메기 재단 준비위원회'를 비롯해 당시의 장기 투쟁 사업장 활동가들과 인권단체·문화운동단체·지역운동단체 등의 활동가들에게 1차 희망버스의 추진을 알려 참여하게 했다. 1차 희망버스에 800명 넘은 참가자 규모를 이룰 수 있었던 것은 한진중공업 정리해고 문제의 사회적 심각성도 작용했지만 초동 주체들이 오랫동안 노동·사회운동에 보여온 헌신성에 대한 상호 신뢰관계에 기반하는 인적 네트워크가 뒷받침했기 때문이라 볼 수 있다. 특히, '비없세'와 장기 투쟁 사업장(예를 들면, 쌍용차, 콜트콜텍, 기륭전자, 재능교육, 발레오공조코리아 등)의 활동가들은 한진중공업의 정리해고 문제가 불안정 노동의 공통 문제이었던 만큼 초동 주체들과 더불어 1차 희망버스의 연대적 동원에 적극 나섰을 뿐 아니라 5차까지 기획단의 핵심적 역할을 담당했다. 또한, 1차 희망버스의 성공적 실행에 힘입어 2차 희망버스 이후에는 일반 시민들의 자발적 참여도 크게 늘어

낮지만, 1차 희망버스에 참여했던 다양한 운동단체·모임의 활동가들이 자신의 운동적 네트워크를 활용해 좀 더 다양한 노동·사회·지역단체의 활동가들을 참여하도록 나섬으로써 그 연대운동의 참여 폭이 부문별·지역별로까지 급속히 확대될 수 있었던 것이다.

희망버스 기획단이라고 나선 사람들의 사회적 신뢰도 일면 있었다고 생각해요. 저희들만 해도 기륭 투쟁의 어떤 사람들, 뉴코아·이랜드 투쟁의 어떤 사람들, 재능 투쟁의 어떤 사람들, 쌍차 투쟁에 연대했던 사람들, 콜트콜텍에 연대한 사람들, 용산에서 함께한 사람들, 다 이런 사람들이거든요. 일상적으로 그런 연대운동 속에 있었던 사람들이 기본적으로 가졌던 신뢰감이나, 기존에 형성된 네트워크 이게 몇 년 사이에 이어져 왔거든요. 이게 가동이 되고, 신뢰 갖고, 그 축이 넓어지니깐, 수많은 자발적 주체들이 붙은 거죠. …… 투쟁하는 노동자들이 1차 희망버스의 주축이었죠. '비없세' 동지들하고. 희망버스운동이 자발적 시민운동이라 이야기하는 데 크게 보면 투쟁하는 노동자들의 관심과 노력이 큰 축이었던 거죠. 끝까지 기획단의 핵심은 그 동지들이었어요(이창근 인터뷰).

다른 단체나 다른 조직에서 활동하는 성소수자들이 있어요. 그냥 원래 노동운동에 관심이 있거나 한 건 아닌데 다른 성소수자 단체에 있거나 그냥 개인인데 그날 (1차) 희망버스에서 온 사람들을 보게 된 거죠. 그래서 이게 다음 버스 때는 기왕에 많이들 오는 데 같이 오면 좋겠다. 한 버스 만들어서. 그 생각을 한 거고. 그래서 제가 주변에 관심 가지고 있는 다른 성소수자들한테 제안을 했죠. 셋이 주로 준비를 하고 홍보물도 만들고 그리고 자기 단체의 회원들 하고 온라인 트위터, 페이스북 이런 걸로 해가지고 같이 가자고 홍보를 했어요. (2차 때) 퀴어버스라는 이름으로 사람들이 모였고, 이 상황을 보고 있던 인권 단체의 인권운동사랑방이랑 단체 활동가들이 기왕에 그렇게 갈거면 (3차 때) 무지개버스라는 이름으로 다른 인권 의제랑 엮어서 가보자. 그래서 성소수자, 장애, 인권 활동가들이 같이 무지개버스라는 이름으로 가자(나영 인터뷰).

초동 주체를 비롯한 활동가들의 인적 네트워크가 희망버스의 연대운동을 이루어갈 수 있게 만든 '연대 추동'의 형성 조건이었다면, 소셜미디어 및 인터넷은 그 연대운동을 일반 시민들에게까지 널리 확장시켜 동참하게 만든 '연대확산'의 형성 조건으로 이바지했다. 박성미 영화감독이 증언에서 밝히듯이, 희망버스의 주요 사건들(예를 들면, 1차 희망버스의 참가자 월담과 경찰 연행, 2차 희망버스 직전의 노조 직권조인, 조남호 회장의 기자회견과 국회 청문회, 정리해고 관련 노사합의와 김진숙 지도위원 농성 종결 등)이 트위터 및 인터넷 뉴스를 통해 일반 시민들에게 급속하게 전파되어 이들의 관심과 동참을 이끌어내는 데 큰 도움이 되었다. 또한, 희망버스 기획단 역시 '비없세' 블로그와 SNS를 통해 희망버스의 추진 계획과 행사 홍보 및 참여 후기 등을 빠르고 폭넓게 알리고 공유할 수 있어 그 연대운동의 참여 폭을 손쉽게 넓힐 수 있었다.

(1차 희망버스 진행 중) 김여진 씨가 연행될 때, 네이버 검색어에 뜨면서 이게 무슨 일인가 하고 한진중공업 사태가 알려졌거든요. 초반에 알리는 데는 역할이 컸다고 생각을 해요. …… 시민이 전달한 뉴스, 힘없는 사람이

전달하는 수단은 트위터밖에 없었던 건데, 굉장히 빠르게 전파가 되었고, 어떤 운동하는 사람이 아니라 약국 하는 사람, 의사, 평범한 대학생들, 디자이너나 프리랜서들, 노동운동이랑 거리가 멀다고 느껴진 사람들이 참여해서 힘이 커진 거거든요(박성미 인터뷰).[14]

아울러, 희망버스의 사회적 반향과 대중적 참여를 촉발한 데에는 트위터의 활용이 크게 이바지한 점을 빼놓을 수 없다(홍석만, 2011). 트위터(Tweeter)는 140자 이내의 단문 메시지를 주고받는 마이크로 블로그 SNS의 일종으로서 등록된 사람들 간의 상호 연결망을 통해 본인 또는 다른 사람의 메시지를 전파하는 기능을 갖고 있어 온라인의 관계 맺기와 정보 공유, 개방적 소통이 매우 용이하다(차희준, 2013).[15] 김진숙 지도위원은 민주노총 부산본부 지인의 권유로 2011년 2월 말부터 트위터를 사용하기 시작해 희망버스 진행 기간 내내 트위터를 통해 고공 농성의 소통 단절에서 벗어날 수 있었다. 특히, 그녀는 홍익대 청소노동자 투쟁을 계기로 트위터의 유명인이자 적극적인 이용자집단이었던 영화배우 김여진과 날리라 외부세력과 연결되면서 이들의 트위터 연결망을 통해 희망버스의 상징적 존재(icon)로 떠올라 국내외 언론의 관심 대상이 되었을 뿐 아니라 희망버스에 대한 일반 시민들의 관심과 동참을 이끌어내기도 했

---

14   박성미(2015)는 "희망버스는 SNS를 통한 시민운동의 결정적인 홈런이었으며, '팔로우' (가치 선택)와 '리트윗'(연대의 방식)으로 이루어지는 트위터를 통해 2차 희망버스 때 거대한 참여로 폭발했다"라고 강조한다.

15   국내에서 트위터는 2010년 이전에 이용되기 시작했지만, 2010년부터 대중화되어 2011년 말에 그 이용자 수가 약 580만 명에 달했다(차희준, 2013).

다.[16] 또한, 김진숙 지도위원은 트위터 계정을 개설한 이후 스스로 '트위터 전사'로 변신해 희망버스의 종료 시점까지 2만여 개의 글을 트윗(tweet)해 올리거나 리트윗(retweet)해 하루 평균 100여 개 메시지를 전송하면서 한진중공업의 정리해고 문제뿐 아니라 노동 현실에 대한 자신의 절실한 생각을 널리 전파했다(허소희 외, 2013). 그 결과, 그녀는 2011년 말에 2만 4000명 넘은 팔로워(follower)가 따르는 유명인사(celebrity)로서 팬덤을 구축했으며, 이를 통해 한진중공업 정리해고자 및 그들의 가족과 자신의 트위터 팔로워들을 연결하여 희망버스 연대운동의 연결망을 더욱 확장해주기도 했다(홍석만, 2011). 또한, 트위터는 희망버스의 기획단 활동가와 참가자들 및 미참가 시민들, 그리고 한진중공업의 해고노동자들 및 그들의 가족 사이에 연대활동과 관련된 의사소통이 원활하도록 도움을 주었을 뿐 아니라, 온라인(트위터)에서 맺어진 친분의 연결망이 희망버스에의 참여와 동지적 결속을 촉진함으로써 온라인과 오프라인을 넘나드는 연결망의 촉매제로서 역할하기도 했다(허건, 2015).

젊은 사람들이 잘하는 SNS로 엄청나게 뿌려졌겠죠. 그리고 그 김여진과 날라리들이 굉장히 뜰 수 있었던 것이 트윗이었거든요. 트윗 작업을 그분들이 진짜 잘했어요. 김진숙 지도가 크레인에 있을 때 김여진과 날라리들이 희망버스를 조직한지 알았을 정도로 그 사람들의 트윗 홍보는 어마어마했죠. 그 덕을 어마어마하게 봤죠(신유아 인터뷰).

---

16 실제, 김진숙 지도위원의 존재가 SNS에 의해 대중적으로 널리 알려진 것은 2011년 초 20만여 명의 팔로워를 거느린 파워 트위터러(power tweeterer)인 영화배우 김여진 씨와의 트위터 소통을 통해서였다(장덕진, 2012).

큰 영향을 미친 건 트위터였다고 생각을 해요. 트위터에 김진숙 지도위원이 계속 글을 올리셨는데 약간 뭐랄까, 다른 노동자들이나 고공 농성을 하실 때에 올리시는 글하고 느낌이 달랐어요. 그래서 일종의 약간 뭐랄까 팬덤 같은, 그런 느낌도 있었던 것 같고요. 개인적으로 감동을 많이 받았어요 (박성미 인터뷰).

3) 실행 조건

희망버스가 성과 있게 전개되었던 것은 그 연대운동의 주체들이 효과적으로 대중적 참여를 이끌어냄으로써 성사될 수 있었다는 점에서 희망버스의 또 다른 성공 비결로서 주체적인 실행 조건을 살펴보는 것이 필요하다. 희망버스의 성공적인 실행 조건으로는 기획단의 전략적 추진력과 수평적 또는 탈위계적 운영, 참여 단위들의 창발적 운동 방식, 대중적 연대 감수성의 확장 계기 마련 등을 손꼽을 수 있다. 우선, 다섯 차례의 희망버스를 주관했던 기획단의 전략적이며 헌신적인 추진력이 연대네트워킹의 효과적 작동을 현실화해주었다. 초동 주체들을 중심으로 구성된 기획단이 1차 희망버스를 추진함에서 (앞서 살펴본 바와 같이) 그들이 동원할 수 있는 연대네트워크를 전략적으로 활용해 다양한 운동단위 주체들이 참여하도록 했을 뿐 아니라, 정리해고 조합원들의 도움을 얻어 참가자들의 월담을 결행해 김 지도위원의 고공 농성 현장에서 '해방구'의 연대축제를 연출함으로써 이 연대운동의 사회적 파급력을 증폭시킬 수 있었다. 또한, 1차 참가단체들이 결합해 확대된 기획단은 2차 희망버스의 사회적 반향을 더욱 높이기 위해 과감한 참가목표(185대)를 공개적으로 내세우며 전국적으로 부문별·지역별 사회운동 단체들이 동참하도록 적극 제안해 그 목표 이상의 대중적 참여를 이루어냈다. 3~5차의 희망버스에서는 각각 휴가철(3차)과 부산국제영화제(5차)에 걸맞는 연대운동 테마와 활동 프로그램을 배치했으며, 정리해고의 제도적 폐기를 사회적 이슈로 제기하기 위해 서울 집회 및 청와대 인근의 등반대회(4차) 등을 실행했던 점 역시 기획단의 돋보이는 전략적 기획역량과 헌신적인 추진력을 여실히 드러내고 있다.

> 1차가 워낙 강렬했지만 몇 백 명 수준 가서 정리해고가 막아지겠냐? 좀 더 많은 사람들의 참여와 고민이 필요하지 않겠냐? 2차 희망버스 내려가던 날이 185일째가 되더라고요. 그래서 그 자리에서 회의를 하면서 되든 안 되든 많은 사람들의 참여가 필요하다는 생각에서 전국 희망버스 185대를 제안하게 된 거예요. 거기에 다른 거 없죠. 수없이 알리고, 조직할 수 있는 사람은 모두 조직해보자. 민주노총, 전국농민회 이런 조직들 하고, 대안학교 학생들, 장애인, 철거민, 여성운동, 학생운동 하는 사람들, 법조계, 종교계, 언론 쪽. 모든 쪽에 포스트를 잡아서 다 제안하고 상의하고 무엇보다 지역 희망버스 보내야 한다. 되든 안 되든 각 지역에서 출발한다 하고 그랬던 거죠(송경동 인터뷰).

기존 노동운동 주도의 연대활동에 있어 지도부 중심의 위계적인 사업 방식과 달리 희망버스의 실행을 주도한 기획단은 개방적이며 수평적인 회의체 운영을 통해 그 연대운동에의 대중적 참여를 효과적으로 이끌어내었다는 점도 특기할 만하다. 희망버스 기획단의 회의는 초동 주체

다수가 참여했던 '비없세'의 운영 방식을 본보기 삼아 노동·사회운동단체뿐 아니라 '날라리 외부세력'이나 성소수자·청소년 단체 등과 같이 다양한 시민모임들이 폭넓게 참여할 수 있도록 개방되었으며, 그 운영에서도 단체의 규모에 상관없이 참석자 모두에게 평등한 발언권을 보장했고 모든 안건 역시 만장일치의 원칙에 따라 결정했다(허건, 2015; 이주환, 2014).[17] 이처럼 기획단 회의는 탈위계적이며 수평적인 방식으로 운영되면서 참석자 모두의 동의하에 희망버스의 전체 방향이나 종합적 활동계획을 확정했다. 확정된 활동계획에 따라 각 참가 단위별로 세부 활동 프로그램을 자발적으로 책임지고 기획해 수행하도록 함으로써 그 연대운동의 주체적 실행력을 크게 높일 수 있었다. 그뿐 아니라, 희망버스 기획단 회의는 하우그(Haug, 2013)가 지적하듯이 '상호 학습과 창의적 영감, 자기 혁신이 이루어지는 연대적 연결망의 포럼(network forum of mutual learning, creative inspiration and self-transformation)'으로 실제 기능함으로써 돋보이는 연대운동 성과를 이루어낸 것으로 평가해볼 수 있다.

기획단 회의 때, 사람들을 어떻게 모을까, 조직할까, 다음에 프로그램을 어떻게 짤까 얘기를 할 때 '어느 조직의 누구누구가 할당을 해서 몇 명 어떻게 해서 오라', 이런 식으로 얘기를 한 게 아니고 1차 때부터 자발적으로 희

---

17 희망버스 기획단 운영의 선례로 참조되었던 '비없세'는 '기륭전자 투쟁공동대책위원회(기륭공대위)' 주도의 1000일 투쟁을 마감하면서 비정규직 문제 해결을 위해 결성된 사회연대 네트워크운동기구로서, 기륭공대위에 다양한 노동·사회운동 단체뿐 아니라 촛불 시민의 개인적 참여를 보장했으며, 회의 사안에 대해 참가자들이 자유롭게 논의하고, 모두의 동의하에 결정해온 경험을 이어받아 탈위계적인 운영 방식을 실천해오고 있다(황철우, 2012; 박점규, 2012).

망버스에 왔던 사람들이 자기 프로그램을 준비해 오게 할 수 있는 장을 기획단이 열어준 거예요. 그러니깐 기획단이 '이걸 해주세요' 하는 게 아니라 뭔가를 제안할 게 있으면 해달라 얘기를 해서 어떤 그룹에서 '우리는 여기서 랩 공연을 하겠다' 그런 것도 받아서, 하겠다고 하는 거는 다 할 수 있는 장을 연 거예요. (기획단) 회의에서는 전체적인 방향이나 전체 큰 흐름을 어떻게 짤 거냐, 저녁 시간을 어떻게 보낼 거고 이런 것들을 기획단 회의에서 (결정)한 거고 프로그램을 실제 뭐뭐 할 건지 하는 거는 실제 개별 그룹들한테 맡겨진 거죠. 같이 할 사람이 있고 지역 단위든 (부문) 커뮤니티든 그게 있었던 거고 그 사람들이 뭔가 자리를 만들겠다라는 계획을 기획단이랑 소통을 하면 기획단은 그게 최대한 가능할 수 있는 공간을 만드는 거죠(나영 인터뷰).

(기획단) 회의를 10시부터 시작하면 새벽 네 시에 끝나고. 졸려 죽는 줄 알았어요(웃음). 기획단 일하며 각계 연대한 사람들이 회의를 했어요. 늘 민주노총에 동원돼서 가던 노조 간부들이 희망버스 회의에 참여했다가 그것으로부터 색다른 경험을 했다고 들었어요. 투쟁을 배우는 거죠. 그의 싸움이 나의 싸움과 연결됐다고 하는 걸 몸으로 느끼는 그런 걸 노조 활동가들에게 준 게 아닐까? 시민이든 인권 활동가든 장애인권 활동가든 다양한 사람들이 어떻게 손을 잡을 수 있는가. 그 속에서 원칙은 잃지 않되, 무겁지만은 않은 즐거움, 밝은 에너지, 그리고 각자의 힘을 확인하고 보여줬다고 생각해요(명숙 인터뷰).

이처럼 기획단이 희망버스 연대운동의 전반적인 진행 틀을 잡아주되, 참가 단위들을 존중하며 세부 활동에 대해 자발적으로 역할과 프로그램을 맡겼다. 이에 부응해 부문·지역의 참가 단위들은 독자적인 버스를 조직했을 뿐 아니라, 다채로운 활동 프로그램을 자발적으로 준비해 그 연대운동에 참여함으로써 트위터 등을 통해 전해들은 사람들에게 신선한 감동을 안겨주었다. 정리해고와 고공 농성이라는 엄중한 상황임에도 오히려 기획단이 고수했던 개방적이며 탈위계적인 운영 원칙이 많은 부문·지역의 활동 주체들로 하여금 책임감을 갖고 각 단위별로 자체 동원과 특색 있는 연대활동을 자유롭게 준비하도록 하여 희망버스의 연대 네트워킹 효과를 더욱 증폭하는 효과를 낳기도 했다.[18] 또한, (신유아 활동가의 증언에서 나타나듯이) 기획단은 그동안 노동·사회운동 단체들의 연대 집회에서 보여왔던 상층 또는 지도부 중심의 진행 방식이 참가자들을 대상화하거나 그로 인해 대중적 참여를 저조하게 만들었던 만큼 참가자 중심의 상향식 집회 진행원칙을 철저히 지켜나갔던 점 역시 많은 부문·지역 활동 주체들의 자발적인 참여와 역할을 더욱 촉진했던 것으로 평가될 만하다(이주환, 2014).

희망버스 기획단은 주도적인 역할을 할 수밖에 없었으나, 지역마다 우리가 모르는 여러 사람들이 정리해고 문제, 한진중공업 문제, 사회적 위기를 자기 얘기로 설득하고 호소하고, 그런 것들을 했던 사람들이 희망버스 차장

---

18 특히, 인터뷰조사 대상자들은 공통적으로 1차 희망버스에서 영화배우 김여진과 날라리 외부세력이 월담으로 고공 농성 현장에 진입한 다음 김 지도위원을 와자지껄하게 격려하고 응원하는 밤샘 축제공연이 그 이후 기획단의 희망버스 활동 기조를 설정하는 데 적잖은 영향을 미쳤다는 점을 언급한다.

들이었던 거예요. 그리고 부문 버스들, 여성들을 우리 기획단들이 어찌 알아서 조직하나요? 청소년 운동하는 사람들이 자기들끼리 조직해서 뭐 만들어가고, 청소년 버스, 장애인 버스, 자기 버스 만들어가고. 대안학교 학생들, 교수들도 많이 참가했거든요. 방송 PD들도 가고. 자기들끼리 가보자해서. 하여간 수많은 부문 버스들이 있었어요. 이름도 자기 버스별로 다르게 붙였어요. 청소년 버스는 영예로운 청년들의 모임, 영의정 버스라 했고. 퀴어동지들은 무지개버스라 했고. 인디밴드들, 두리반 투쟁했던 이 사람들이 네트워크돼가지고. 그런 부문 버스들로 무수히 많은 복수 주체들이 나섰던 거예요(송경동 인터뷰).

아무것도 없는 속에서 모든 것을 만들어내야 했어요. 마음으로 동의하는 사람들이 오겠지 했는데 진짜 그랬어요. 전주 지역단체에서는 아침밥을 만들어주신다고 하고(희망밥차), 갈비연대에서는 수백 명이 먹을 고기를 보내준다고 하고, 파견미술팀은 이미지를 만들어온다고 하고, 음악을 하는 사람은 공연을 자청했어요. 문인들은 언론에 기고 글을 쓰고 책도 후원한다고 하고 미디어활동가들은 영상제작 후원을 한다고 하고 사진작가들은 사진을 찍어준다고 하고. 일한다는 느낌보다는 즐거운 소풍을 준비하는 어린아이 같았어요. …… 희망버스는 그냥 집회가 아니라 크레인 밑에 놀다오는 '축제'의 컨셉이었던 거예요. …… 우리 원칙으로 지키려고 했던 것은 '높은 사람들 올리지 말자. 이거는 대중들의 투쟁이다. 그 주인은 대중이다'. 그러다보니, 자발적으로 네트워크를 만들어서 참여하려는 구조가 만들어졌던 것 같아요(신유아 인터뷰).

희망버스의 운동 주체들이 사전에 의도한 기획이든, 상황적으로 대응했든, 연대적 감수성에 대한 대중적 체험과 학습의 기회를 제공함으로써 그 연대운동에의 효능감과 몰입도를 더욱 제고했다는 점에 주목할 필요가 있다. 기획단과 부문·지역 활동가들이 버스 이동과 행사 마무리에서 정리해고자와 비정규직 노동자들에 대한 참가자들의 연대의식 고취를 위한 다양한 프로그램을 배치했던바, 구체적으로 '희망밥차', '갈비연대', '문학 작가 도서 기부', '예술인 작품 제작·전시'(예를 들면 사진, 판화, 캐리커처, 조형물 등), '영화 제작·상영', '가수·밴드 공연', '희망청소부' 등과 같이 자발적인 나눔과 베풂의 연대정신을 실천하는 다채로운 프로그램들을 기획해 실천했다. 이로써, 희망버스 참가자들은 노동자 연대의식의 '체험적(heuristic)' 계기를 갖게 되면서 다양한 부문·지역을 넘어 연대적 네트워킹을 더욱 강화하고 확장했던 것으로 평가된다(박성미, 2015). 박성미 영화감독이 증언하듯이, 1차 희망버스를 진행하는 중에 전격적으로 이루어진 참가자들의 월담과 고공 농성 현장 점거는 그들뿐 아니라 SNS와 인터넷을 통해 많은 시민들에게 일방적 정리해고를 강제하는 불의의 장벽을 넘어 노동자와 시민이 해방구를 만들어냈다는 성취감을 안겨줌으로써 그 이후의 희망버스에 대한 대중적 참가 열기를 드높인 사건으로 기록될 수 있다.[19] 또한, 나영 활동가가 증언하듯이, 고공 농성 중인 김진숙 지도위원 역시 희망버스 참가자들의 연대 방문과 트위터 소통

---

19 또한, 홍익대 청소노동자들의 해고 반대 투쟁에 이어 1차 희망버스에서 '날라리 외부세력'과 함께 연대 격려의 축제 분위기를 연출했고, 경찰에게 연행되어 인터넷의 큰 화제로 떠올랐던 영화배우이자 소셜엔터테이너인 김여진 역시 희망버스에의 대중적 연대 동참에 적잖은 기여를 했다.

에 대해 따뜻한 배려로 화답하며 늘 희망과 연대의 메시지를 전해주어 그들의 연대의식을 더욱 다져주는 역할을 담당해주었던 점도 특기할 만하다.

다들 경찰이 막고 공장 안에 못 들어가게 했는데 사람들이 깨고 넘어갔거든요. 경찰을 따돌리고 담을 넘어갔어요. 그래서 그 경험이 사람들한테 감동을 많이 줬어요. 그 얘기가 퍼지고, 현장 중계가 퍼지면서 2차 때는 너도 나도 가야지, 우리가 기존 사회 질서에 저항하고 이겨냈다는 승리감이 컸어요. 그거 때문에 나도 가볼까 하는 그런 흐름이 번졌어요(박성미 인터뷰).

마지막 정리집회를 하다가 김진숙 지도위원이 전화 연결에서 스피커로 말을 하는데 거기서 그런 얘기를 한 거예요. 이 자리에 연대 오신 동지들 얘기를 하면서 누구누구는 성소수자들, 이렇게 장애인들, 언급을 한 거죠. 근데 이 언급이 가지는 의미가 되게 컸어요. 아무리 지금까지 무지개 깃발을 들고 여러 집회를 참여하고 이렇게 했어도 노동 형제들 이렇게는 얘기해도 성소수자들을 이 집회에 참여한 한 무리로서 언급을 하고, 그리고 그 연대를 자기가 알고 있고 확인하고 있다, 고맙다, 메시지를 표현한 거고 그 얘기가 성소수자들한테 감동적이었던 거예요. 그때 운 사람들이 되게 많았어요(나영 인터뷰).

4. 소결

희망버스의 역할이 큰 거죠. 희망버스가 '이 여성 노동자를 보라. 이런 사
연이 거기에 있댄다. 가자.' 하면서 희망버스운동이, 김진숙이라는 사회적
존재가 더 알려진 거죠. 서울에서 아는 한진중공업 상황은 '거기 투쟁 끝났
다. 분열됐고 고립되어 답도 안 나오는 투쟁이다. 거기 안 된다.' 김진숙 동
지의 힘만으로 안 풀리는 부분이 있었던 거죠. 희망버스운동이라는 사회적
주체들이 집중하고 그걸 연대한 거죠(송경동 인터뷰).

노동 위기와 노동운동 위기의 시대를 맞이해 연대운동의 중요성[20]
이 강조되는 작금의 상황에서 희망버스가 돋보이는 성과를 이루었다는
점에 주목해 이 장에서는 그 성과를 이루어낼 수 있었던 핵심 조건으로
서 연대네트워킹에 초점을 맞추어 분석했다. 희망버스 연대운동의 성공
적인 작동 조건을 살펴본 결과, 〈그림 6-1〉에서 종합하듯이 한진중공업
정리해고의 부당성과 이에 맞서는 김진숙 지도위원의 목숨 건 고공 농
성, 그리고 그 농성장(85호 크레인)의 비극적 상징성이 촉발 조건으로 작
용했으며, 송경동 시인 등 초동 주체들의 동지적 신뢰관계와 (희망버스 기
획에의) 의기투합, 다양한 사회운동 네트워크의 활용과 확산, SNS의 대중
적 파급력 등이 그 연대운동의 형성 조건으로 이바지했고, 기획단의 개
방적이며 수평적·탈위계적 운영 방식과 참가 단위의 자발적 연대활동,

---

[20] 비슷한 맥락에서 Waterman(2004)는 연대운동(solidarity movement)을 일컬어 노동의
      위기 상황을 극복하기 위해 '여러 운동을 묶어주는 운동(the movement of move-
      ments)'이라 정의한다.

그림 6-1

희망버스 연대운동의 성공적 작동 조건

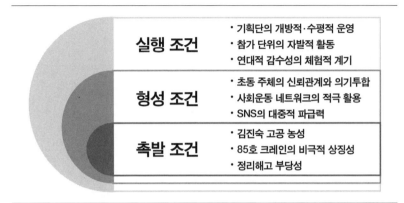

실행 조건	• 기획단의 개방적·수평적 운영 • 참가 단위의 자발적 활동 • 연대적 감수성의 체험적 계기
형성 조건	• 초동 주체의 신뢰관계와 의기투합 • 사회운동 네트워크의 적극 활용 • SNS의 대중적 파급력
촉발 조건	• 김진숙 고공 농성 • 85호 크레인의 비극적 상징성 • 정리해고 부당성

참가자들에 대한 연대적 감수성의 체험적 기회 제공 등이 실행 조건으로 역할을 했다. 이같이, 희망버스의 연대네트워킹은 촉발·형성·실행의 세 가지 조건이 선순환의 상승작용을 이루어내면서 사회운동 단위들의 결집과 다중적 동참, 유의미한 운동 성과를 이끌어낼 수 있었다.

그런데 희망버스의 이전과 이후에 전개되었던 연대운동에서 촉발·형성·실행의 세 가지 조건이 손쉽게 연계되어 상승작용을 만들어낸 것은 아니라는 점에 유의할 필요가 있다. 실제, 많은 노동사건에서 기업 경영자 및 공권력의 부당한 처사가 벌어지고 그 현장의 비극적 서사에 맞서 누군가가 용기 있는 저항에 나섰지만, 이에 대한 동지적 연대감정과 사회적 투쟁의 필요 의의를 공유하는 활동가들이 결집하여 그들의 운동적 네트워크를 널리 활용하지 못하거나 대중적 파급력을 만들어낼 적절한 소통 기제를 확보하지 못해, 즉 형성 조건들을 갖추지 못해 그 연대운동이 별 성과를 거두지 못하는 경우가 오히려 다반사로 발생했다. 또한, 설사 특정 사업장의 노동 문제에 대해 연대네트워킹의 활동 주체들이 등장했고 이들에게 적절한 소통수단이 마련되었다고 하더라도, 그 연대운동의 주체들이 일반 시민들의 자발적 동참과 체험적 계기, 즉 효과적인 실행 조건을 확보하지 못했을 때 역시 실패된 결과를 낳기도 했다. 그런 만큼, 희망버스의 사례를 통해 연대네트워킹이 성공적으로 작동해 의미 있는 성과를 거두기 위해서는 촉발·형성·실행의 세 조건이 완결적으로 충족되어야 한다는 점을 강조하지 않을 수 없다.[21] 갠즈(Ganz, 2000)의 사례연구와 유사하게, 상당한 동원자원을 갖춘 민주노총과 야당 및 시민사회단체들이 주도한 희망시국대회가 실패했던 반면, 변변한 운동자원을 갖추지 못한 희망버스의 활동 주체들은 연대네트워킹의 촉발·형성·실행 조건들을 효과적으로 작동함으로써 엄청난 연대 자원의 동원 능력(solidarity resourcefulness)을 발휘했던 것이다. 물론, 희망버스의 연대네트워킹은 운동적 지속성을 담보할 수 없는 한계를 안고 있으며(허건, 2015), 그 돋보이는 성과에 기대어 조직노동이 관성적으로 유사 운동 방식을 내세우게 만드는 후과(권영숙, 2012)를 남기기도 했다. 그럼에도, 박성미 영화감독이 밝히듯이 희망버스는 연대네트워킹을 통해 불가능한 상황을 이겨내며 노동·시민사회의 약자들이 기적 같은 승리를 이루어낼 수 있었던 역사적 사건으로 정당하게 기억되어야 할 것이다.

2011년 가을 나는 아무것도 갖지 않은 사람이 모든 걸 가진 사람을 이기는

---

21 비슷하게, 홍익대 청소노동자들에 대한 연대활동과 2016년 말의 촛불집회에서도 연대네트워킹의 이 같은 작동 조건들이 제대로 구현됨으로써 두드러진 성과를 거둔 것으로 판단된다.

것을 보았다. 아무도 시키지 않았으나 믿을 수 없이 많은 사람들이 모였다. 13년 만에 재벌회장을 청문회에 세웠고, 돈이 전부인 세상의 오만함에 균열을 내었다. 가진 이들은 이를 통제할 수 없었다. 돈이 아닌 어떤 다른 힘이 수많은 사람을 움직였고, 그해 그렇게 부산 영도 한 조선소의 크레인 위에서 309일을 싸웠던 여성 노동자는, 불가능해 보였던 타결을 얻어내고 기적처럼 살아 내려왔다(박성미, 2015).

7장

정규직·비정규직의 실패한 연대정치

완성차 공장의 사내하청 투쟁 사례

1. 머리말

1998년 외환위기 이후 정부와 기업들이 고용구조 유연화를 본격적으로 추진함에 따라 비정규직 고용이 크게 증가했다. 많은 비정규직 노동자들은 고용불안과 차별, 비인간적 처우에 시달리면서 자신의 열악한 처지를 시정하고 개선하기 위해 노동조합을 조직함과 동시에 치열한 쟁의행동을 전개했다. 하지만 비정규직 노동자들의 투쟁은 그들의 불안정한 고용지위와 취약한 운동자원 등으로 인해 바라던 성과를 이루어내기가 매우 어렵다. 실제, 지난 20년 동안 적잖은 사업장에서 비정규직 투쟁이 벌어졌으나, 일부 사례에서만 노조 조직화와 고용조건 개선의 의미 있는 성과를 이루어냈을 뿐 많은 경우 사용자의 계약해지와 노조 탄압으로 실패했거나 제한된 성과를 거두는 것에 그치고 말았다.[1] 비정규직 투쟁의 성패 차이는 다양한 주·객관적인 요인들에 영향을 받은 결과이지만, 그 요인 중에서도 같은 사업장에 소속된 정규직과 비정규직 노동자들의 상호관계, 특히 정규직 노조의 연대지원 여부에 의해 크게 좌우된다고 여러 선행 연구에서 밝힌다(윤영삼, 2010; 정이환, 2003; 조돈문, 2010). 이는 비정규직 투쟁의 성과를 쟁취하는 데 정규직 노조의 견실한 연대지원이 결정적인 성공 요인으로 작용한다는 점을 뜻하기도 하지만, 많은 실패 사

※   이 장은 중앙대 박사과정 홍석범 대학원생, 서울대 사회학과 권현지 교수와 공저로 작성하여 2014년에 ≪한국사회학≫(48집 4호, 57~90쪽)에 실린 「정규직-비정규직의 연대정치: 현대자동차 울산공장 사례를 중심으로」를 수정·보완한 글이다.

1   조돈문(2011)은 1998년 이후 2010년대 초반까지 전개되어온 비정규직 투쟁 사례들에 대한 종합적인 평가를 제시하고 있어 참조할 만하다.

례에서 드러나듯이 비정규직 노조가 정규직 노조 및 조합원들의 강건한 연대를 이끌어내는 것이 그리 쉬운 일이 아니라는 점을 잘 보여주는 것이기도 하다.

정규직·비정규직 노동자들의 계급적 연대는 침체 상황에 놓여 있는 노동조합운동의 혁신과 부흥을 위해 반드시 추구되어야 할 지향 목표로 강조된다. 사실, 노조운동은 외환위기를 배경으로 전개된 대대적인 고용조정을 겪으면서 정규직 권익 대변 위주의 실리주의 활동에 몰두해 비정규직과 같은 외부자의 노동 문제를 방관한 채 내부자(정규직 조합원)의 일자리와 소득을 지키고 불리는 데 주력하여 노동시장 양극화를 심화시켜온 주범으로 비판받는다(강현아, 2004b). 그 결과, 노조운동은 조직률의 하락과 사회적 영향력의 퇴락, 내부 분열과 도덕성 훼손 등과 같이 다양한 위기 징후를 드러내며 한계적 상황에 봉착하고 있는 것으로 지적된다(이병훈, 2004a). 결국, 노조운동의 재활성화(revitalization)를 위해서는 내부자(정규직) 중심의 활동 관행에서 벗어나 외부자인 비정규직들을 적극 보호하고 조직화하려는 방향으로 활동 기조를 혁신하는 것이 절실히 요구된다. 따라서 정규직·비정규직의 노동자 연대는 비정규직의 조직화와 권익 대변을 효과적으로 성취하기 위한 전략적 운동 기반이 될 뿐 아니라 정규직 노조운동의 부활을 위해 지향해야 할 전략적 운동 목표이자 혁신 과제로 자리매김되는 것이다.

그동안 정규직·비정규직 노동자들의 계급적 연대가 갖는 운동적 의의에 주목해 이에 대한 선행 연구가 적잖게 축적되어왔다. 구체적으로, 기존 문헌에서는 정규직·비정규직 노동자들의 상호관계를 여러 유형으로 판별하거나, 정규직·비정규직 연대의 성공 또는 실패에 영향을 미치는 다양한 요인들을 규명하는 데 상당한 연구 성과를 제시한다. 하지만 기존 연구에서는 연대 대상인 비정규직과 연대 주체인 정규직이라는 이분법적 구도에 따라 이들 노동자집단 간의 상호관계를 논의하여, 비정규직의 주체적 역할이 간과되는 문제를 보이거나, 정규직·비정규직 노동자들의 연대관계에 대한 영향 요인들의 정태적인 분석에 치중해 동태적인 변화 흐름을 제대로 파악하지 못하는 한계를 드러내기도 했다.[2]

이 장에서는 현대자동차 울산공장에 사내하청 노동자의 노동조합이 결성된 2003년 이후 2013년 말까지 정규직·비정규직의 두 노조 사이에 전개되어온 상호관계의 역동적인 변화 궤적을 검토한다. 구체적으로, 왜 현대차 울산공장의 원청 노조와 사내하청 노조가 10여 년 동안 서로의 연대적 관계를 진전시키기보다는 후퇴시키게 되었는지를 분석하고자 한다. 특히, 현대자동차 울산공장의 사례는 정규직·비정규직 노조들이 탈연대(de-solidarity)의 여러 사건 또는 에피소드들을 연이어 경험하면서 상호 간의 연대성을 강화하지 못하고 오히려 퇴행시켜온 실패한 연대정치를 분명하게 보여준다. 이 장의 사례 연구에서는 연대정치의 순차적 인과성(sequential causality)에 착안해 여러 당면 이슈들에 서로 대응하는 과정에서 현대자동차 울산공장의 정규직·비정규직 노조들이 왜 계급적 연대의 형성과 강화를 이루어내지 못하고 좌절하게 되었는지에 대해 동태적 분석을 시도함으로써 연대정치에 대한 이론적·실천적 함의를 찾

---

2   정규직·비정규직 노동자들의 연대활동에 관한 선행 연구 중에서 홍석범(2011)이 사내하청 노조의 주체적 전략에 초점을 맞추어 분석한다는 점에서, 그리고 조돈문(2009)이 그 연대의 단계적 변화에 대해 동태적인 분석을 시도한다는 점에서 특기할 만한 연구로 평가된다.

아보려 한다. 다음의 2절에서는 현대자동차 울산공장에서 정규직 노조와 비정규직 노조가 어떻게 연대적 관계를 형성하고 변화시켜왔는지에 대해 사내하청 조직화, 불법파견 투쟁, 1사 1조직 규약 개정과 같은 주요 국면을 중심으로 차례로 살펴보고, 3절에서는 현대차 울산공장 정규직·비정규직 노조의 연대정치에 중요하게 영향을 미친 제약 요인들을 검토하고 논의한다. 4절의 소결에서는 이번 사례 연구의 내용 요약과 이론적 시사점을 정리하고 제시한다. 이 연구는 정규직·비정규직 노조의 간부 및 활동가에 대한 구술면접조사의 기록과 1·2차 문헌자료를 활용했음을 밝혀둔다.[3]

2. 현대차 울산공장 정규직·비정규직 연대정치의 전개 과정

현대차 울산공장에서 사내하청 문제가 노사관계 현안으로 처음 등장한 것은 2000년이었다. 사실, 그 이전 시기에도 울산공장에는 사내하청의 비정규직 인력이 상당한 규모로 활용되었으나, 노조의 관심 대상 밖에 위치했다.[4] 1998년에 정리해고와 무급휴직, 명예퇴직 등으로 대규모 고

---

3   이 장에서 활용되는 구술자료는 정규직·비정규직 노조 및 금속노조에서 핵심적인 역할을 담당해온 총 13명의 간부 및 활동가를 대상으로 각 2~3시간 정도의 인터뷰를 진행하여 수집한 것이다. 인터뷰는 1차로 2010년 2~10월에 걸쳐 10명을 대상으로 실시했으며, 그 이후의 연대정치 변화를 확인하기 위해 2차로 2014년 2~3월에 정규직·비정규직 및 금속노조에 각각 소속되어 있는 3인의 활동가를 추가로 섭외해 수행했다.

4   현대차 생산공장에서 사내하청 인력이 활용되기 시작한 것은 1980년대 중반부터인 것

용조정을 단행했던 현대차는 1999년 하반기에 급속한 경기회복에 대응해 사내하청 인력을 생산라인에 대거 투입했다. 그 결과, 1998년 외환위기 이전에는 생산부서의 서브라인이나 생산지원 업무를 담당하던 사내하청 인력이 의장부서의 생산공정에 상당수 배치되어 정규직과 혼재된 형태로 근무하게 되었다. 당시 현대차 노조의 정갑득 집행부는 무급휴직 중이거나 정리해고 된 조합원들이 복귀되지 않은 상태에서 대규모의 사내하청 인력이 생산라인에 투입되는 것을 우려해 2000년의 단체교섭에서 사내하청에 관한 단체협약 및 추가 노사합의문를 제결했나. 이 노사합의에는 사내하청 인력의 투입 규모를 1997년 8월 이전을 기준 삼아 정규직 생산 인원의 16.9% 수준으로 제한하는 규정이 완전고용보장협정의 일부로 포함되었다.[5] 또한, 노조 집행부는 2000년부터 하청 인력의 열악한 처우와 근로조건을 향상시키기 위해 회사와의 대리교섭을 통해 비정규직을 위한 임금 인상 및 상여금 지급, 작업환경 개선을 이루어주었다.[6]

으로 알려진다. 그 이후 1998년의 외환위기를 거쳐 2000년대 초반에 이르는 기간에 현대차의 사내하청 인력 활용 동향에 대해서는 이병훈(2004b)을 참조하기 바란다.

[5] 1999년 하반기에 현대차 노조집행부는 생산 물량 증대에 맞춰 회사가 무분별하게 사내하청 인력 투입을 확대하는 것에 제동을 걸어 규제하려는 의도에서 16.9% 규정을 노사합의로 도입한 것이었다. 그런데 이 단협규정은 정규직 노조가 정규직의 고용 안전판으로 회사의 비정규직 인력 활용을 상당 규모 허용한 것으로 간주되어 비정규직 노조들뿐 아니라 많은 노동단체 및 진보적 사회단체들로부터 거센 비판의 대상이 되었다.

[6] 아울러, 정갑득 집행부는 당시 하청업체의 경영진 비리와 탈법적인 노무관리를 시정하기 위해 3회 문제 적발 시 해당 업체를 퇴출시키는 삼진 아웃제를 노사합의로 도입하는 한편, 작업 현장에서 비정규직에 대한 정규직 조합원들의 비인격적인 횡포가 자주 발생하자 대의원대회의 자정 결의를 거쳐 조합원의 행동규범을 제정하기도 했다(이병훈, 2004b).

이처럼 정규직 노조의 개입을 통해 사내하청 노동자에 대한 처우 개선이 상당히 이루어진 가운데, 비정규직 노동자들도 자신의 권익 향상을 위한 노조 조직화의 움직임을 활발하게 보이더니 결국 2003년 7월에 그들의 노조를 결성하기에 이른다. 비정규직 노조의 결성에 참여하는 사내하청 노동자들은 정규직 노조의 수혜 또는 보호 대상에서 벗어나 독자적인 노조활동을 펼치며 사용자에 대한 치열한 투쟁의 주체로 부상했을 뿐 아니라 정규직 노조와의 연대정치에 당사자로서 참여하게 되었다. 그러면 현대차 울산공장에서 지난 20년 동안 정규직·비정규직 노조 간의 연대정치가 어떠한 변화 궤적을 보여주었는지에 대해 크게 네 개의 중요 국면(비정규직 노조 조직화, 1차 불법파견 투쟁, 1사 1조직 규약 개정, 2차 불법파견 투쟁)을 중심으로 살펴보기로 한다.

1) 비정규직 노조의 조직화(2003년)

2003년 이전에도 현대차 울산공장의 사내하청업체에 노조를 결성하려는 시도가 몇 차례 있었다. 열악한 처우에 대한 사내하청 노동자들의 강한 불만이 존재하는 가운데, 현대차 울산공장의 비정규직 노동자들을 조직하려는 상당수의 활동가들이 하청업체들에 취업해 노조 결성을 추진했다.[7] 하지만 원청인 현대차 경영진은 사내하청업체의 노조 조직화를 전연 허용하지 않고 노조가 결성된 하청업체들을 폐업 처리함으로써 비

---

[7] 회사 관리자에 따르면, 2000년대 초반에 현대차 생산공장에는 사내하청 노동자들을 조직하기 위해 노조운동 경력 또는 학생운동 출신의 활동가들이 다수 취업해 비공개적인 노조 조직화 활동을 준비했다고 한다(이병훈, 2004b).

정규직의 노조활동을 아예 봉쇄했다(이병훈, 2004b). 이같이, 원청의 강한 노조 탄압이 지속되는 여건 속에서 비정규직 노조의 결성이 이루어진 것은 돌발적인 사건을 통해서였다. 2003년 3월에 아산공장에서 사내하청 업체의 관리자가 그 업체의 노동자를 흉기로 폭행하는 사건이 벌어지자 이를 계기로 비정규직 노조가 전격 결성되었던 것이다.[8]

아산공장 비정규직 노조의 결성과 뒤이은 파업 소식에 자극받아 울산공장의 비정규직 활동가들도 노조 조직화에 적극적인 움직임을 보이기 시작해 그해 5월 초에 '비정규직 투쟁위원회'(약칭 비투위)를 출범시켰다.[9] 한편, 울산공장 정규직 노조(이헌구 집행부)의 현장활동가 그룹들은 대표자회의를 거쳐 사내하청 노동자들의 조직화를 추진하기로 하며, 그 추진 방법으로는 정규직 노조의 규약 개정을 통해 사내하청 노동자들을 직가입시키는 것으로 의견을 모았다. 당시 정규직 노조 집행부가 금속산별노조로의 전환을 추진하고 있었던 만큼, 산별전환이 성사될 경우 사내하청 노동자들을 지역지부로 가입시키고 실패할 경우에는 정규직 노조의 지부조직으로 소속시키는 방안을 제시하기도 했다.[10] 비투위는 정규직 노조에 대한 사내하청 노동자들의 직가입을 추진한다는 계획을 수

---

8 아산공장의 비정규직 노조는 정규직 활동가들의 지원을 받아 결성되었으며, 현재 금속 노조 충남지부의 지회로 편재되어 있다.

9 아산공장 비정규직 노조의 설립에 자극받아, 울산공장의 한 비정규직 활동가가 「비정규직 인간선언」을 공개적으로 발표한 것이 비투위의 출범을 촉발하기도 했다. 인간선언을 한 비정규직 활동가는 이후 비정규직 노조의 초대 위원장으로 선출되기도 했다.

10 비슷한 시기에 정규직 노조 집행부는 공장 내 비정규직의 조직화를 전담하는 미조직 특별위원회를 구성했으며, 사업부별로 원하청 공동투쟁위원회를 설치해 정규직 활동가들이 하청 노동자들의 조직화 활동에 적극 연대하도록 격려하는 현장지원체계를 갖추기도 했다.

용하면서 이를 위한 규약 개정을 조기에 처리할 것을 요구했다. 그런데 산별전환 추진계획이 조합원 총투표에서 부결됨에 따라, 정규직 노조 집행부는 사내하청 직가입의 규약 개정을 2004년 정기 대의원대회에서 처리할 것으로 결정했다. 이같이, 정규직 노조가 사내하청의 노조 조직화를 상당 기간 미루는 결정을 내린 것은 사내하청의 직가입을 추진할 경우 특별위원회와 같은 별도 조직체계로 편성할지, 통합된 선거구의 조직체계로 구성할지에 대해 내부적으로 상당한 이견과 논란이 제기되어 일정 시간을 두어 의견 조율이 필요했기 때문이다.

정규직 노조가 일방적으로 사내하청 직가입 시기를 연기하는 결정을 내리자, 비투위는 2003년 7월에 독자적으로 노조 결성을 단행했다.[11] 비투위가 비정규직 노조를 서둘러 조직한 배경에는 정규직 노조에의 직가입 여부와 그 실행 시기가 불확실해진 가운데 비투위의 주요 활동가들이 신분이 노출되어 해고될 우려가 있었고 울산공장의 일부 사업부(5공장)에서 사내하청 인력 감축을 단행하는 것을 저지할 필요가 있었기 때문이다. 하지만 비투위의 독자적인 노조 결성은 정규직 노조의 강한 반발을 불러일으켰다. 정규직 노조는 정규직·비정규직의 상호 연대 원칙에 따라 사내하청 노동자의 조직화에 대해 공동보조로 접근해야 한다는 입장을 강조하면서, 자신이 주도하는 일정에 맞추어 비정규직을 기존 조직의 일부로 직가입시켜 편제하는 것으로 접근하고 있었다. 그런 만큼,

---

11   울산공장 비정규직 노조는 금속연맹의 직가입 형태로 결성되었으며, 그 조직 대상으로
     1·2·3차 하청업체에 종사하는 모든 비정규직을 포괄한다. 비정규직 노조의 창립규약
     에는 정규직과 비정규직 노동자들이 하나의 노조로 통합하는 것을 적극 추진하며, 이를
     위해 정규직 노조와 지속적으로 협의해나간다는 조항을 포함한다.

정규직 노조는 비정규직 노조의 독자 결성을 마땅치 않게 받아들였던 것이다. 실제, 정규직 노조는 비정규직의 독자 노조 결성에 대해 공개적으로 "비정규직 철폐의 투쟁전선에서 정규직과 비정규직을 분리시키는" 부적절한 조치로 재고되어야 한다고 강력히 요구하는 상무집행위원회 명의의 입장을 밝히기도 했다(홍석범, 2011). 이처럼 비정규직 노조의 결성이 정규직 노조와의 사전 입장 조율을 거쳐 합의된 방식으로 이루어지지 못하고 비투위의 일방적인 결정으로 추진됨으로써 정규직·비정규직의 연대적 관계에 균열의 앙금을 초래했다. 또한, 정규직 노조의 지원이 중단되어 비정규직 노조는 조합원 조직화에 상당한 타격을 받기도 했다.[12]

요컨대, 비정규직 노조의 조직화 단계에서 정규직 노조와 비투위는 당초 사내하청의 직가입을 통해 정규직과 비정규직 조합원들을 망라하는 통합적 조직체계를 구축하는 것을 공동의 목표로 설정했다. 하지만 정규직 노조와 비투위는 비정규직 노조 결성 추진의 시간 프레임(temporal frame)에 대한 인식 차이로 인해 정규직·비정규직 연대의 조직화에 실패했다. 비투위가 비정규직 노조의 독자 결성을 강행한 배경에는 그들의 불안정한 주체적 운동여건이 주되게 작용했으며, 이에 더해 사업부(5

---

[12] 비정규직 노조는 127명의 발기인으로 출범했으며, 결성 초기에 정규직 활동가의 지원에 힘입어 약 600명 수준으로 조합원의 가입 규모가 급속하게 증가했다. 그런데 비정규직의 독자 노조 결성에 대해 정규직 노조가 반대 입장을 천명하고 공식적인 지원을 중단하자, 비정규직 노조의 조합원 규모는 더 이상 증가세를 이어가지 못하고 오히려 감소했다. 다만, 정규직 노조의 공식 입장과는 무관하게 일부 사업부(예를 들면, 1공장)에서 구성된 원하청노동자 공동투쟁위원회가 주축이 되어 비정규직 노조의 조직활동에 대한 정규직 활동가들의 지원이 활발하게 이루어지기도 했다.

공장)의 사내하청 인력 감축이라는 우발적 상황의 발생이 그 움직임을 더욱 촉발했던 것이다. 반면, 정규직 노조의 경우에는 비투위와 같은 절박한 상황으로 몰리지 않았을 뿐 아니라 사내하청 직가입 문제를 둘러싼 조직 내부의 논란을 충분히 해소하는 절차를 거치기 위해 자신이 주도하는 일정 계획에 맞추어 비정규직의 조직화를 이끌어가려 했던 것이다. 이처럼 비투위와 정규직 노조는 울산공장의 정규직·비정규직 노동자 모두를 포괄하는 통합 조직체계에 대한 운동 대의와 지향 목표를 공유했지만, 실제 추진 과정에서 각 집단의 상황 인식(situational awareness) 차이로 인해 서로 어긋난 행보를 보임으로써 정규직·비정규직의 연대정치가 그 시발점에서 착종되는(disarticulated) 난맥상을 드러냈다.

2) 1차 불법파견 투쟁(2004~2006년)

출범 이후 공장 내 2·3차 하청업체 노동자들의 처우 개선[13]에 주력하던 비정규직 노조는 2004년에 들어 불법파견을 문제 삼아 정규직화를 요구하는 투쟁에 집중하기 시작했다. 비정규직 노조의 이 같은 투쟁 활동은 당시 상급 단체의 협상 방침에 따른 것이기도 했지만, 당시 노정관계의 기회구조를 고려한 전략적 판단에서 전개된 것이었다. 상급 단체인 금속연맹은 그해 3월 '불법파견 정규직화'를 핵심 과제로 내세운 비정규직

---

13 비정규직 노조는 1차 하청업체의 근무 조건이 정규직 노조의 대리교섭에 의해 상당히 향상되었던 것에 비해 2·3차 업체의 처우 여건이 상대적으로 열악한 것에 착안해 출범 이후 후자의 업체들을 대상으로 단체교섭과 파업 투쟁을 집중하여 처우 개선의 상당한 성과를 거두었다(이병훈, 2004b).

임단협 10대 요구안을 확정해 교섭 방침으로 공표했다. 또한, 참여정부는 사내하도급의 불법파견에 대한 문제 제기가 노동·시민단체들로부터 빗발치자 불법파견에 대한 특별근로감독 실시와 더불어 위법 사업장에 대한 시정조치를 단행했다.[14] 우선, 비정규직 노조는 울산공장의 정규직·비정규직 혼재공정을 불법파견으로 진정하기 위해 실태조사를 실시했다. 〈그림 7-1〉에서 보여주듯이 1999년부터 의장부서에 사내하청 노동자들이 대거 투입되면서 컨베이어 생산라인에 정규직 노동자들과 뒤섞여 작업하는 이른바 '혼재공정(mixed production processes)'이 다수 만들어졌다. 이러한 혼재공정에 배치된 사내하청 노동자들은 실제 현대차 관리자들의 지휘감독에 따라 업무를 수행하고 있어 현행 '파견법'을 위반하는 것으로 판정될 소지가 다분히 높았다. 그런데 사내하청의 불법파견에 대한 집단 진정을 둘러싸고 다시금 비정규직 노조와 정규직 노조는 상이한 전략적 입장을 드러내며 각각 독자적인 행보를 보여주었다. 비정규직 노조는 불법파견 투쟁의 정당성을 조기에 확보하는 것이 필요하다고 판단해 현대차를 비롯한 일부의 하청업체를 상징적인 제소 대상으로 선정해 조속히 진정하자는 입장을 보였던 반면, 정규직 노조는 하청업체 전반에 대한 위법 여부를 파악해 법 위반 하청업체들 모두를 대

---

14 2001년부터 대우캐리어, 기아자동차 등에서 불법파견을 문제 삼는 사내하청 노동자들의 진정이 받아들여져 직접고용 등의 정부 조치가 취해지기 시작했다. 참여정부는 불법파견 문제의 심각성을 받아들여 2004년 5월 '간접고용 근로자 보호를 위한 사내하도급 점검확대 기본계획'을 마련해 조선업과 자동차산업을 비롯한 8개 산업부문에 대한 특별근로감독을 강도 있게 실시했다(노동부, 2007). 또한, 참여정부는 2003년 말과 2004년 초에 현대미포조선과 금호타이어에 대한 불법파견 판정을 내려 직접고용 또는 고용의 제의 시정조치를 단행했다.

그림 7-1

현대차 생산공장 의장라인 정규직·비정규직의 혼재공정 예시

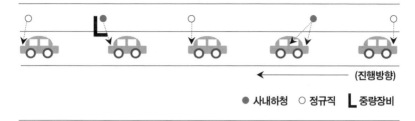

● 사내하청   ○ 정규직   L 중량장비

상으로 행정처분을 신청하자는 입장을 견지했다. 결국, 이 같은 입장 차이로 인해 비정규직 노조는 정규직 노조를 배제한 채 2004년 5월 금속연맹 및 아산 비정규지회의 공동명의로 현대차·현대모비스와 울산·아산 공장의 20개 하청업체를 지목해 불법파견으로 노동부에 집단 진정을 제소했다. 한편, 정규직 노조는 3개월여의 별도 준비 절차를 거쳐 같은 해 8월에 113개 하청업체(울산공장 101개와 전주공장 12개)를 상대로 불법파견의 집단진정을 신청했다. 노동부는 비정규직 노조와 정규직 노조가 제소한 진정사건에 대해 그해 9월과 12월에 각각 불법파견으로 판정한 결과를 발표했고 원청업체인 현대차에게 고용안정에 관한 개선계획서를 제출하도록 명령했다.[15] 현대차가 적법 도급 전환, 즉 불법파견의 완전 도급화를 주된 내용으로 담은 고용안정 개선계획서를 제출했으나, 노동부는 그 개선계획서의 타당성과 실현 가능성이 없다고 판단하여 원청업

---

15 울산지방노동사무소는 2004년 9월에 비정규직 노조가 진정한 현대차와 12개 하청업체에 대해, 그리고 같은 해 12월에 정규직 노조가 제소한 101개 하청업체에 대해 모두 불법파견으로 판정했다.

체에 대해 고발 조치를 취했다.

비정규직 노조는 2004년 7월에 두 차례의 파업을 전개하여 기본급과 성과급의 인상을 비롯해 적잖은 임단협 성과를 거두었다. 이 같은 성과는 당시 비정규직 노조의 파업 투쟁으로 상당한 생산 중단 차질이 빚어지고 여성 하청조합원이 철탑농성에 돌입하자 정규직 노조가 나서서 현대차와 하청업체 대표가 참여하는 4자 교섭을 꾸려 진행함으로써 성취한 것이었다. 노동부의 불법파견 판정에 힘입어 비정규직 노조는 2005년 1월에 불법파견 정규직화 투쟁을 선언하며 5공장에 2일간의 전면파업을 전개했고 이어 다른 사업부로 잔업거부 투쟁을 확대했다. 정규직 노조는 비정규직 노조의 파업에 대해 대체인력 투입을 금지하는 긴급지침을 하달한 것 이외에 더 이상의 연대활동으로 지원하지 않고 방관하는 태도를 보여주었다. 비정규직 노조의 파업 과정 초기에는 회사의 대체인력 투입을 저지하는 5공장 일부 대의원의 지원이 있기는 했지만, 이튿째에는 대체인력이 별 저항 없이 투입되고 사 측의 구사대에 의해 파업 중인 비정규직 조합원들이 폭행당하고 비정규직 노조 위원장이 납치되는 상황이 벌어졌다.[16] 결국, 비정규직 노조의 파업은 정규직 노조의 적극적인 연대지원을 받지 못한 가운데 별 성과를 거두지 못하고 오히려 조합원 100여 명이 징계해고되는 뼈아픈 패배를 맛보았다.

한편, 정규직 노조는 불법파견의 노동부 판정과 상급 단체의 정규직

---

16 조돈문(2014)에 따르면, 이같이 회사의 폭력적인 탄압이 자행된 것은 비정규직 노조의 파업 장기화를 우려한 정규직 노조 집행부 및 사업부 대표가 암묵적으로 용인해줌으로써 가능했던 것으로, 정규직 노조의 연대 기피로 비정규직 투쟁이 사 측의 탄압에 그대로 노출되었음을 보여주는 뼈아픈 사례이다.

화 방침, 조직 내부의 비정규직 지원 여론[17] 등을 의식해 비정규직 노조의 파업 직후에 열린 대의원대회에서 불법파견 문제를 다룰 원하청 연대회의 구성을 결의했다. 정규직 노조 대표 8인과 비정규직 노조 대표 3인으로 구성된 원하청 연대회의에서는 '공동결정, 공동투쟁, 공동책임'의 3대 원칙을 결정했으며, 그해 1월 비정규직 파업을 탄압했던 회사 구사대에 대해 향후 공동 대응하기로 합의했다. 아울러, 정규직 노조가 개최한 5월의 대의원대회에서 불법파견 9234명의 즉각 정규직화와 비정규직 노조의 활동 보장 등을 포함하는 2005년의 특별교섭 요구안을 확정해 결의하기도 했다.

비정규직 노조의 1월 파업 이후 정규직·비정규직 노조 사이에 형성되었던 우호적인 연대의 분위기는 임단협 교섭이 진행되면서 곧 불신과 갈등으로 바뀌었다. 이렇게 된 사정의 발단으로는 정규직 노조 집행부가 불법파견 정규직화의 특별교섭에 대해 그리 노력을 기울이지 않은 채 회사와의 교섭에서 정규직 조합원을 위한 임단협만을 분리해 타결하려는 태도를 보였기 때문이다. 정규직 노조 집행부의 이중적인 태도에 불만을 품은 비정규직 노조는 원하청 연대회의의 공동투쟁 합의에도 불구하고 독자적인 파업을 결의해 8월 25일부터 9월 8일까지 부분파업을 감행했다. 이에 더해 정규직 노조의 태도에 분노한 비정규직 활동가 한 사람이 자결했으며 일부 비정규직 활동가들은 철탑농성에 돌입하기도 했다. 그러나 정규직 노조는 비정규직 노조의 독자 파업을 문제 삼으며 임

---

17 2005년 1월 비정규직 노조의 파업 과정에 정규직 노조의 전직 위원장들이 기자회견을 열어 불법파견을 묵인해 방조해온 기존 노조 활동을 반성하는 대국민 사과문을 발표했다.

단협 교섭을 불법파견 특별교섭과 분리시켜 일방적으로 합의해 처리했다. 이같이, 정규직 노조(이상욱 집행부)는 비정규직 노조의 반발을 무시한 채 정규직 조합원을 위한 임단협 교섭으로 진행했을 뿐 아니라 이에 반대해 자결한 비정규직 활동가의 열사 인정을 거부하여 비정규직 노조의 적대감을 크게 조장했다. 임단협 교섭이 마무리된 이후 특별교섭이 두 차례 열리긴 했으나 회사 측의 무성의한 대응으로 별 성과 없이 끝나고 말았다.

2006년에는 비정규직 노조에 우호적인 정규직 노조 지도부(박유기 위원장)가 등장함에 따라 이전보다 정규직·비정규직 연대가 원활하게 전개되었다. 우선, 비정규직 노조는 그동안 단체교섭에서 정규직 노조에 의존했던 관행에서 벗어나 독자적으로 임단협 교섭을 추진하기로 결정했다. 정규직 노조 집행부는 비정규직 노조의 이러한 교섭 방침을 존중하고 처우 개선에 대해 적극 협조할 것임을 밝혔다. 특히, 박유기 집행부는 이전 집행부와 달리 임단협 교섭과 불법파견 특별교섭을 분리하지 않고 통합해 진행함으로써 비정규직 노조의 교섭에 힘을 실어주기도 했다. 정규직 노조의 강력한 지원을 받으며 비정규직 노조는 8월 한 달 동안 격일제 부분파업을 전개했다. 이 파업은 현대차뿐 아니라 지엠대우·기아차·현대중공업 등 6개 비정규직 노조가 불법파견 정규직화를 요구하는 공동투쟁으로 감행된 것이었다. 정규직·비정규직 노조의 확고한 연대활동은 현대차 경영진을 불법파견 특별교섭에 참여하도록 강제해 처음으로 3자 교섭을 성사시킬 수 있었다. 다섯 차례 진행된 특별교섭은 사내하청의 임금 인상과 (하청업체 변동과 관계없이) 고용보장 등을 담은 노사합의를 도출함으로써 상당한 성과를 이루어냈다. 그런데 특별교섭의

합의 결과를 둘러싸고 비정규직 노조 내부의 정파 갈등이 표출되어 집행부의 사퇴와 3개월여 공백기를 거쳐 신임 집행부의 선출 이후 가까스로 조인되는 진통을 겪었다.[18] 그런데 2006년 말에 노동부가 고발 조치한 현대차의 불법파견 사건에 대해 검찰이 무혐의 처분을 내리고, 불법파견 문제 해결에 적극적이었던 정규직 노조의 박유기 집행부 역시 2007년 초에 조합 간부 비리사건으로 사퇴함에 따라 비정규직 노조가 주도해온 불법파견 투쟁과 특별교섭은 계속 이어갈 수 없게 되었다.

이상에서 살펴본 바와 같이, 2004~2006년 기간에 비정규직 노조의 주도하에 추진된 불법파견 투쟁은 당시 참여정부의 우호적인 정책 기조에 따른 유리한 기회구조를 활용해 전개되었으며, 주요 성과로서 원하청 연대회의의 구성과 공동투쟁 원칙 확립, 박유기 집행부와의 공동 특별교섭에 의한 고용보장 합의 및 임금 인상 등을 성취할 수 있다. 하지만 불법파견 투쟁은 비정규직 노조의 독자적인 운동 방식과 정규직 노조의 탈연대적 태도로 인해 소기의 정규직화 성과를 거두지 못했을 뿐 아니라 정규직·비정규직의 계급적 연대를 발전시키기보다 불신의 균열을 심화시키는 문제를 드러내기도 했다.

---

18 그 진통의 발단은 특별교섭에서 분규행위에 대한 면책권을 확보하지 못한 채 합의했다는 이유로 비정규직 노조 집행부의 직권조인으로 몰아부친 내부 비판에서 비롯된 것인데, 그 이면에서는 비정규직 노조 내부에 존재하는 활동가 정파조직들 간에 과도한 경쟁이 벌어져서 발생한 사태로 지적된다.

3) 1사 1조직 규약 개정(2007~2008년)

현대차의 정규직 노조는 2006년 6월에 실시된 조합원투표에서 71.5%의 찬성을 얻어 금속노조로의 산별전환을 이루어냈다. 같은 해 12월에 개최된 금속산별 통합대의원대회에서 1사 1조직의 방침을 결의해 정규직과 비정규직을 포괄하는 사업장 조직체계로 재편할 것을 확정했다.[19] 산별노조의 방침에 따라 현대차의 정규직 노조는 2007년 1월에 임시 대의원대회를 열어 비정규직 노조들을 포괄하는 통합적인 조직체계로 재편하기 위한 규약 개정을 시도했다. 그런데 대의원 표결에 부쳐진 1사 1조직의 규약 개정안은 참석 대의원 293명 중 192명이 찬성해 의결에 필요한 참석 대의원 3분의 2(195명)에 단 3표가 부족해 부결되었다. 이는 당시 전연 예상하지 못한 결과였다. 2003년 비정규직 노조의 설립 시기부터 정규직 노조 내부에서 1사 1조직 원칙에 부합하는 사내하청의 직가입이 기정사실로 받아들여져 폭넓게 논의되어왔을 뿐 아니라, 산별전환이 성공적으로 이루어진 직후에 열린 대의원대회였던 만큼 1사 1조직의 산별방침에 대해 대의원들이 큰 반대 없이 통과시켜줄 것으로 기대되었기 때문이다. 이런 분위기를 반영하듯, 현대차의 3개 비정규직 노조(울산·아산·전주[20])는 대의원대회 직전에 공동수련회를 열어 1사 1조직 원칙을 견

---

19 금속노조의 신설된 규약 제44조 2항에는 "비정규직, 사무직에 대한 조직 편제는 1사 1조직을 원칙으로 한다. 단, 해당단위의 결정에 따른다"고 명시하고 있다. 이때, 1사 1조직 원칙은 실제적으로 한 사업장 내에 종사하는 정규직과 비정규직을 하나의 조직으로 통합함으로써 미조직의 비정규직 노동자들을 조직화하려는 전략적 방침이라 말할 수 있다(홍석범, 2011).

20 현대차 전주공장의 비정규직 노조는 2005년 3월에 설립되었으며, 금속노조 전북지부에

지하는 것으로 자체 입장을 재확인했고, 울산공장 비정규직 노조는 심지어 비정규직을 위한 독자적인 부문위원회의 설치를 요구하기도 했다.

1사 1조직 원칙의 규약 개정을 당연시했던 주위 기대와는 달리, 정규직 노조 대의원대회에 정식 안건으로 채택되자 조합원 가입 범위 등의 세부 규정내용을 둘러싸고 상당한 논란이 일어나며 대의원들 사이에 심상치 않은 분위기가 연출되었다. 특히, 규약 개정안에 조합원 범위를 "현대자동차와 현대모비스, 현대자동차와 현대모비스에 종사하는 노동자"로 명시해 1·2·3차 하청업체뿐 아니라 판매점 딜러와 정비업체 소속 노동자들을 망라할 경우 정규직 조합원 규모를 초과하는 규모로 가입 대상을 확대하는 것으로 받아들여졌다.[21] 또한, 비정규직 부문위원회의 설치와 비정규직 위원장의 노조 운영회의 참석 등과 같이 규약 개정안에 비정규직 노조들의 요구를 그대로 반영한 것도 너무 비정규직에 끌려간다는 인상을 안겨주어 대의원들의 적잖은 반발을 사기도 했다. 결국, 손쉽게 통과될 것으로 기대되었던 1사 1조직 규약 개정안은 예상 밖의 논란을 빚으며 부결되었던 것이다. 정규직 노조는 1사 1조직 규약 개정에 대한 논란 조항들을 정비한 수정안[22]을 2007년 6월에 다시 제출했으나 50.1% 찬성표를 얻는 데 그쳐 다시 부결되었다. 2008년 10월에 재차 수정 개정안이 대의원대회에 상정되었으나, 이때는 반대표가 오히려 찬성

소속되어 있다.

21 당시 대의원대회에 참가했던 대의원들 사이에서는 1사 1조직의 규약 개정이 이루어질 경우 "비정규직에게 정규직 노동조합이 먹힌다"라는 얘기가 널리 유포되어 표결에 부정적인 영향을 미쳤던 것으로 알려졌다(홍석범, 2011).

22 2·3차의 수정 규약 개정안에는 현대자동차와 현대모비스의 사업장 안에 종사하는 노동자들로 그 가입 대상을 제한했다.

표보다 많은 51.6%를 얻어 부결되었다. 특히, 2차 규약 개정을 앞두고 3개 비정규직 노조들이 1차 1조직의 편제 방식 및 전환 절차를 둘러싼 현격한 입장 차이를 드러냄으로써 정규직 대의원 표결에 결정적인 악영향을 미쳤다.[23] 이에 더해 금속노조에 대한 실망감과 불신이 확산됨에 따라 산별방침에 대한 정규직 노조 대의원들의 거부심리가 늘어난 것도 규약 개정안의 처리에 상당히 부정적으로 작용했다.

1사 1조직의 규약 개정은 노조 조직체계에 정규직·비정규직의 계급적 연대를 구현하는 제도화의 중요한 기회였다. 그러나 두 당사자인 정규직 노조와 비정규직 노조(들)는 당시 산별전환 분위기에 도취되어 안이하게 접근했을 뿐 아니라 오히려 그 규약 개정 방향을 둘러싸고 내부 분열과 이견(특히 비정규직 노조들 간)을 제대로 조율하지 못했다. 그 결과, 사내하청의 직가입이 이루어질 경우 유연한 생산 인력 운용이 크게 지장받을 것으로 우려하던 회사 측의 영향력 행사로 인해 좌절되고 말았던 것이다.[24]

---

23 울산 비정규직 노조는 규약 개정에서 사내하청 노동자들을 바로 정규직 노조의 선거구로 통합 편제할 것을 주장한 반면, 아산·전주공장의 비정규직 노조는 정규직 노조가 지역지부로 재편될 때까지 한시적으로 독자적인 비정규직 지회의 조직체계를 인정해줄 것을 요구했다. 비정규직 노조들 간의 이 같은 입장 차이는 그 이후에도 지속되어 2012~2013년에 정규직 노조의 문용문 집행부가 다시금 1사 1조직 규약 개정을 시도하는 과정에도 표출되어 결국 그 시도를 무산시키는 결과를 낳기도 했다.

24 당시 울산공장과 전주공장의 비정규직 노조 간부였던 활동가들에 따르면, 당시 정규직 노조의 박유기 위원장이 1사 1조직 규약 개정안을 찬반표결이 아닌 만장일치로 처리했다면 무난하게 통과했을 것이라는 점과 소위 회사 측의 대의원들이 강력하게 반대의견을 주장해 대의원대회의 분위기를 부정적으로 유도했다는 점이 증언되고 있다.

4) 2차 불법파견 투쟁(2010년 이후)

1사 1조직 규약 개정의 실패와 비정규직 노조 독자 교섭의 무산 및 원하청 집단교섭 후퇴 등을 겪으면서 침체기에 빠져들었던 비정규직 노조는 2010년 대법원의 불법파견 판결을 계기로 재활성화의 기회를 맞이했다. 2010년 7월 대법원은 2005년 3월 제기된 현대차 사내하청의 부당해고 구제신청 건에 대해 현대차의 불법파견을 인정하는 판결을 내렸다.[25] 판결 직후 비정규직지회는 금속노조와 정규직 활동가들과 함께 신규조직화 사업을 적극적으로 벌였다. 그 결과 대법원 판결 직전인 2010년 6월 600여 명에 불과했던 울산공장 비정규직 노조 조합원 수는 1850명 수준으로 크게 증가했다. 비정규직 노조는 그 여세를 몰아 같은 해 11월에 25일간의 공장점거파업에 들어갔으나 정규직 노조의 암묵적 훼방과 회사의 불성실한 교섭태도로 인해 이렇다 할 성과를 거두지 못한 채 그 투쟁을 마무리했다.

대법원의 판결을 통해 사내하청 정규직화 투쟁의 정당성을 확보한 비정규직 노조에 대해 상당수의 정규직 활동가들이 신규 조직화와 점거농성의 추진 과정에서 활발한 연대 지지를 보냈던 것과 대조적으로 정규직 노조 집행부는 대법원 판결 이후에도 연대활동에 소극적이거나 아예 비정규직 노조의 활동을 방해하는 모습을 보여주었다. 정규직 노조는 3

---

25 대법원은 "현대차 울산공장의 사내하청이 도급관계가 아니라 원청이 작업지시권을 행사하는 파견관계에 있고, 구 '파견법'에 따라 2년을 초과해 근무한 경우에는 2년이 초과한 시점부터 사용사업주인 현대차가 파견노동자를 직접 고용한 것으로 간주한다"고 판시했다.

주체(금속노조, 정규직 노조, 비정규직 노조)의 공동 교섭단을 구성하자는 비정규직 노조와 금속노조의 요청을 거부했으며, 비정규직 노조의 점거 농성 기간에 정규직 조합원들을 대상으로 부결될 것이 확실시되는 쟁의행위 찬반투표를 실시함으로써 비정규직 노조로 하여금 농성 투쟁을 종결하도록 압력을 가하기도 했던 것이다. 한편, 회사는 점거 농성 종료 후 노조들이 요청한 불법파견 특별교섭을 거부하면서 비정규직 노조의 파업 참가자들을 대상으로 징계 조치를 취했다. 이에 반발해 비정규직 노조는 2011년 2월 2차 파업을 추진했으나 그 파업을 앞두고 노조 임원의 조합비 유용 문제가 터지면서 곧바로 집행부가 사퇴하는 돌발 상황을 맞게 되었고 별 성과 없이 정규직화 투쟁을 마무리할 수밖에 없었다.[26] 집행부의 선임을 둘러싸고 비정규직 노조 내부의 정파 갈등이 불거지면서 지도부 공백 상태가 2012년 4월에 새 집행부의 출범 때까지 14개월 동안 지속되었고, 그 결과 비정규직 노조의 조합원 규모 역시 크게 줄어들었다.

한편, 비정규직 집행부의 공백 상태가 지속되던 2011년 말에 비정규직 노조와의 연대활동에 적극적인 정규직 노조 집행부가 출범했으며, 2012년 2월에는 현대차의 불법파견 사용을 최종적으로 확정하는 대법원 판결이 내려졌다. 이 같은 외부 여건의 변화와 더불어 감소 추세에 있던 비정규직 노조의 조합원 수가 소폭 반등하는 가운데 정규직 노조와의

---

26 2차 파업 돌입 직전에 비정규직 노조 임원의 조합비 유용 사건이 전직 지회간부에 의해 폭로된 것을 둘러싸고 의혹이 제기되기도 했다. 실제, 비리를 폭로한 전 사무장이 회사 관리자와 통화했거나 자신의 계좌번호를 보낸 흔적들이 포착되면서 비정규직 노조의 2차 파업을 저지하기 위한 사 측 개입설이 비정규직 활동가들 사이에 유포되었던 것이다.

연대관계와 비정규직 노조의 재활성화 계기가 마련되었다. 비정규직 노조의 집행부가 재구성된 직후 원하청 연대회의를 복원한 정규직 노조와 비정규직 노조는 2012년 4월 통합대의원대회를 개최해 불법파견 특별교섭 6대 요구안[27]을 확정하고 5월 중순부터 원하청 노사 4자로 구성된 교섭에 돌입하게 된다. 통상 3월에 교섭 요구안을 확정하는 정규직 노조는 비정규직 노조의 새 집행부가 들어서기 전에 이미 2012년의 단체교섭 의제로 비정규직 정규직화를 포함시켜 불법파견 문제에 대한 적극적인 해결 의지를 보여주었다. 따라서 현대차 사내하청 문제 해결을 위한 교섭체계는 정규직 노조의 단체교섭(본교섭)과 원하청 노사를 포괄하는 4자 간의 특별교섭으로 나누어 진행되었다. 특별교섭에서 가장 큰 쟁점은 사내하청의 정규직화 방식에 대한 것이었다. 교섭 초기에 정규직·비정규직 노조들이 함께 모든 사내하청을 일괄적으로 정규직화할 것을 요구했으나 이에 대해 원청인 현대차는 처우 개선 우선 처리와 단계적 정규직화, 공정재배치를 통한 진성 도급화, 2년 미만 사내하청 노동자의 직고용 계약직 전환을 제시했다.[28] 신규 채용 시기나 규모에 대해 다소

---

27 6대 요구안은 다음과 같다. 모든 사내하청 정규직 전환, 손해배상·가압류·징계·고소고발 등 철회, 대국민 공개사과, 향후 비정규직 사용금지, 비정규직 대상 구조조정 중단, 비정규직 노조에 대한 '근로기준법' 준수 및 노조활동 보장.

28 정규직 전환 대상이 되는 사내하청 노동자 수를 산정하는 방식에서도 노사 간의 입장이 첨예하게 대립했다. 비정규직 노조는 생산부문 사내하청 전체(전 공장 기준 8500여 명)를 전환 대상으로 요구했던 것에 비해, 정규직 노조는 생산부문의 1차 사내하청 중 직영 계약직으로 전환된 1300명을 제외한 6800여 명(전 공장 기준)만을 전환 대상으로 간주했다. 반면, 회사는 생산부문 1차 사내하청 중 정규직·비정규직 간의 공정분리가 이미 완료되었거나 예정된 공정을 제외한 3000~3500여 명만을 전환 대상으로 삼아야 한다는 입장을 내세웠다. 게다가 현대차는 이미 2016년까지 2800여 명의 정년퇴직을 예

입장 변화를 보이기는 했으나 기본적으로 사 측의 정규직화 방안은 근속 기간을 인정하지 않은 상태에서 기존 사내하청을 선별해서 채용한다는 입장이었다. 또한, 사 측은 당시 사내하청의 5분의 1에 달하는 2년 미만의 사내하청 노동자 1500여 명을 직고용 계약직으로 전환함으로써 2012년 8월 개정 '파견법' 시행에 따른 불법파견 소지를 차단하려 했다.

특별교섭이 개시된 지 한 달여 만인 2012년 6월 중순 정규직·비정규직 노조들이 2년 미만 사내하청 노동자들의 직고용 계약직 전환에 반대하며 교섭 중단을 선언하자, 이에 맞서 회사는 2년 미만 사내하청 노동자 1500여 명 중 1300여 명에 대해 직고용 계약직 전환을 강행했다. 8월 중순 특별교섭이 재개되었지만 논의가 진전되지 않던 상황에서 회사는 특별교섭이 아닌, 정규직 노조와 진행하고 있던 본교섭에서 3000명 신규채용안을 제시했다. 정규직 노조가 비정규직 노조의 동의 없이 회사의 신규채용안에 합의할 것을 우려한 비정규직 노조는 본교섭을 봉쇄하기 위해 연좌농성에 돌입했다. 또한, 비정규직 노조는 불법파견 문제를 다루는 특별교섭이 진행되고 있는 만큼 정규직 노조에 본교섭과 분리해 처리할 것을 요청하기도 했다. 당초 사내하청 노동자들의 정규직화를 본교섭의 핵심 요구로 삼았던 정규직 노조는 이 의제의 해결 없이 교섭 타결이 어려울 뿐 아니라, 비정규직 노조가 요청했던 만큼 불법파견 이슈를 특별교섭 의제로 분리하는 방식으로 교섭 방식을 변경해 본교섭을 마무리했다.[29] 당시 정규직 노조 집행부가 비정규직 노조와의 연대에

정하고 있었기 때문에 사내하청 노동자들의 정규직 전환과 관계없이 대규모 신규 충원이 필요한 상황이었다.

29 교섭 중에 요구안을 변경하기 위해 대의원대회를 여는 것은 흔치 않은 일임에도 불구하

상대적으로 적극적이었음에도 불구하고 대법원 판결에 근거해 사내하청 전원을 일시에 정규직화해야 한다는 비정규직 노조의 주장에 대해 현실적으로 불가능하다고 판단하며 회사 측과의 절충안을 마련해보자는 주장을 막후 교섭 과정에서 제시하기도 했다. 이를 계기로 정규직·비정규직 노조의 상호관계는 멀어졌으며, 본교섭 종결 후 정규직 노조가 대의원 선거 일정 등을 이유로 특별교섭에 불참함으로써 불법파견 문제의 노사협상이 별 진척 없이 계속 미루어지게 되었다.

특별교섭이 지연되고 있던 10월 중순에는 비정규직 노조 활동가 2명이 공장 근처 송전철탑에 올라가 이듬해 8월까지 고공 노숙농성을 진행하게 된다. 정규직 노조가 10월 말 회사에 교섭 재개를 요청하면서 연내 타결을 위해 당초의 6대 요구안을 대신해 새롭게 3대 요구안[30]을 제시했으나 그 요구안은 6대 요구안에서 후퇴한 내용이고 비정규직 노조와 사전 협의된 것이 아니었기 때문에 오히려 비정규직 노조와의 갈등을 더욱 부추기는 결과를 낳았다. 2012년 12월 회사가 다소 진전된 안(3500명 신규 채용, 비정규직 해고자 100명 재입사)을 제시하자 정규직 노조는 채용 규모를 4000명으로 늘리고 사내하청업체 근무 기간을 인정하는 내용으로 잠정합의안 도출을 시도했다. 정규직 노조와 회사 측의 절충 협의를 받아들이지 않았던 비정규직 노조는 12월 말 특별교섭을 앞두고 교섭장

고 실제로 정규직 노조는 교섭장이 봉쇄된 지 일주일 후 비정규직 노조의 요구대로 비정규직 정규직화를 본교섭의 다른 안건들과 분리하기 위해 대의원대회를 소집했다. 그러나 의결정족수 미달로 안건이 보류되었고, 8월 말 정규직 노사의 임금 인상 잠정 합의안을 도출하되 비정규직 정규직화는 별도 협의를 지속하는 것으로 정리되었다.

30 3대 요구안은 "① 대법원 판결 당사자에 한해 정규직 고용, ② 비정규직 전환 시 비정규직 노조 조합원 우선 대상자 선정, ③ 비정규직 노조 해고자 복직"을 꼽을 수 있다.

을 봉쇄해 교섭을 중단시키는 독자적인 집단행동을 결행했다. 이에 따라 정규직 노조와 비정규직 노조가 서로를 비난하는 성명서를 발표하면서 불법파견 특별교섭을 둘러싼 정규직·비정규직의 연대는 심각한 냉각 국면에 들어서게 되었다.[31] 결국, 정규직 노조의 불참 결정으로 2013년 2월에 원하청 공동 교섭이 종결되면서 비정규직 노조가 독자 교섭을 요구했지만 현대차는 이에 일체 응하지 않으면서 자신의 당초 입장에 따라 사내하청 인력에 대한 정규직 신규 채용을 강행했다. 이에 반발해 비정규직 노조는 4월부터 8월까지 현대차 본사 앞의 노숙농성과 전면 또는 부분 파업 등의 독자적인 투쟁 활동을 전개했다.[32] 2013년 6월 불법파견 특별교섭이 재개되어 실무협의가 진행되었으나 회사의 입장에 변화가 없어 별 진척을 보이지 못하는 가운데, 정규직·비정규직 노조 선거가 실시됨에 따라 2013년 9월에 그 교섭이 다시 중단되기에 이른다. 새로운 집행부를 선출한 후 정규직·비정규직 노조는 2014년 2월 회사와 교섭 재개를 위한 간담회를 실시했으나 회사 측이 기존 입장을 고수함에 따라 교착 상태가 이어졌다.

---

31 정규직과 비정규직의 노조가 특별교섭 과정에서 갈등을 겪게 된 결정적인 이유의 하나는 후자에 의한 두 차례 교섭장 봉쇄 때문이었다. 그런데 불법파견 특별교섭 공동 교섭단이 정규직 노조 23명, 비정규직 노조 6명, 금속노조 2명으로 구성되어 있어 다수결주의로 운영되는 교섭에서 비정규직 노조의 소수 입장이 반영될 여지가 거의 없었다는 점을 감안하면 비정규직 노조의 강경한 행동을 수긍할 수 있다. 이 같은 이유로 비정규직 노조는 2012년 8월, 2012년 12월 두 차례에 걸쳐 교섭장 봉쇄를 위한 물리력을 행사했던 것이다.

32 회사의 일방적인 신규 채용에 따른 조합원들의 이탈, 장기화된 투쟁 등으로 인해 비정규직 노조의 조합원 수는 2013년 12월 기준 900명 수준으로 급감했다.

3. 현대차 울산공장 정규직·비정규직 연대정치의 제약 요인

〈그림 7-2〉의 조합원 규모 추이에서 단적으로 보여주듯이, 현대차 울산공장 비정규직 노조의 활동은 2003년 설립 이후 최근까지 등락의 국면 변화를 반복해오고 있다. 비정규직 노조는 2005년 중반과 2010년 중반에 조합원의 신규 가입이 급격하게 늘어나는 상승 국면을 맞이했지만, 다른 시기에는 조합원 수의 감소세에서 확인할 수 있듯이 침체 상황에 빠져들곤 했다. 더욱이, 비정규직 노조의 조합원 증가세가 주체적인 요인에 의해 이루어진 것이라기보다 노동부의 불법파견 판정(2004년 하반기)과 대법원의 불법파견 판결(2010년 7월) 같은 외부의 유리한 기회구조가 조성됨으로써 촉발된 것이라는 점에 유의할 필요 있다. 현대차 울산공장에 국내 최대 규모의 정규직 노조가 존재하고 있다는 점을 감안할 때, 비정규직 노조의 부진한 활동 상황은 정규직·비정규직 노조 간의 연대정치가 그리 원활하지 않았음을 여실히 보여주는 것이라 하겠다. 사실, (2절에서 살펴봤듯이) 비정규직 노조의 독자 결성으로부터 1·2차 불법파업 투쟁에 대한 원·하청 노조의 연대활동 미비, 그리고 1사 1조직 규약 개정의 실패에 이르는 여러 에피소드에서 드러나듯이 10여 년 동안 현대차 울산공장에서 정규직 노조와 비정규직 노조는 연대적 결속을 강화해오기보다 탈연대의 균열을 확대해온 것으로 평가된다.[33]

---

33 물론, 1공장과 같이 일부 사업부에서 원·하청 연대활동이 활발하게 전개되어온 경우도 있다. 그러나 이 글에서는 울산공장의 정규직과 비정규직을 각각 대표하는 노조 차원의 연대정치에 대해 검토해 평가하고 있는 만큼, 사업부 수준의 연대활동에 대해 다루지

그림 7-2

현대차 울산공장 비정규직 노조의 조합원 규모 추이

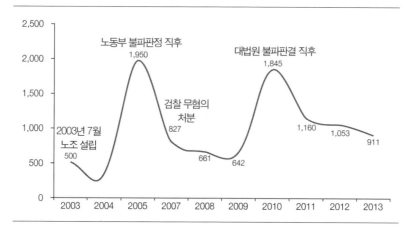

그러면 어떠한 요인들이 현대차 울산공장에서 정규직·비정규직 노조의 연대가 진전되는 것을 가로막았는가? 우선, 선행 연구에서 공통적으로 지적했던 여러 요인들이 현대차 정규직·비정규직의 연대정치에 부정적으로 영향을 미치고 있음을 확인하게 된다. 정규직 노조 집행부(특히 지도부)의 이념적 성향과 연대의지(윤영삼, 2010; 정이환, 2003; 조돈문, 2008; 홍석범, 2011), 정규직·비정규직 노조 간의 상호 신뢰와 이해 조절 능력, 자본의 통제 전략(윤영삼, 2010; 정이환, 2003), 노조 내부의 분파 경쟁(윤영삼, 2010), 정규직 조합원들의 구조조정 경험과 연대 태도(정이환, 2003; 조돈문, 2008) 등을 현대차 정규직·비정규직의 연대정치를 제약했던 주된 요인으로 손꼽을 수 있다. 구체적으로 살펴보면, 정규직 노조 집행부는

않고 있음을 밝혀둔다.

정규직·비정규직 노동자의 계급적 연대를 공개적으로 천명하고 있음에도 불구하고 1사 1조직의 규약 개정 처리 실패와 1·2차 불법파견 투쟁에의 지원 거부 등에서 나타나듯이 탈연대적 태도를 보임으로써 비정규직의 조직화와 집합행동에 결정적인 제동 요인으로 작용했다. 물론, 일부 정규직 노조 집행부(예를 들면, 박유기 위원장과 문용문 지부장의 집행 시기)는 비정규직 노조와의 연대에 적극적이거나 우호적인 태도를 보이기도 했지만, 그 외의 집행부에서는 표방하는 이념적 성향(실리주의 또는 강경전투주의)에 관계없이 비정규직 노조활동에 대해 배제하거나 소극적 관여의 입장을 견지했던 것을 확인하게 된다. 또한, 정규직 노조와 비정규직 노조(또는 활동가집단)는 비정규직 노조의 출범과 1사 1조직 규약 개정을 추진하는 과정에서 상호 간의 입장 조율을 효과적으로 해내지 못하거나 안이한 낙관론 속에서 소기의 목표를 제대로 성취하지 못하는 등 결국 상호 불신과 미숙한 집행력이라는 문제점을 드러냈다. 정규직 노조와 비정규직 노조의 활동가집단 내부에 존재하는 정파적 경합구조 역시 이들 노조 간에 원활한 소통과 연대활동을 전개하는 데 상당한 지장을 안겨주었다. 아울러, 비정규직 노조와의 연대적 관계를 강조했던 정규직 노조의 집행부와 활동가들조차 1998년 구조조정의 뼈아픈 경험을 트라우마로 내면화하고 있는 정규직 조합원들의 불안 심리를 의식해 사내하청 노동자들을 고용안정을 위한 완충 인력으로 간주하는 이중적인 태도를 보여주며 그들의 주도권하에 비정규직 문제를 접근하려 함으로써 연대정치의 비대칭성을 초래하기도 했다. 마지막으로, 현대차 경영진은 비정규직 노조의 출범을 막지는 못했지만 그 이후 1사 1조직 규약 개정의 추진 국면에서 정규직·비정규직의 조직적 통합에 대한 대의원 결의를 저지하는 데 성공했고, 1·2차 불법파견 투쟁 국면에서는 장기적인 법정 투쟁을 유도하면서 사내하청의 정규직화를 둘러싼 원하청 연대를 분열시키는 대응 전략을 효과적으로 구사해옴으로써 정규직·비정규직의 연대정치를 무기력하게 만들었다.

이상에서는 선행 연구가 검토해온 영향 요인들을 중심으로 현대차 울산공장의 정규직·비정규직 연대정치가 약화되어온 과정을 살펴보았다. 자본의 분열통제 전략이나 조합원들의 구조조정 경험과 고용불안 심리, 그리고 노조 내부의 정파 경쟁 등은 정규직·비정규직의 연대정치에 작용하는 제약 조건이라고 볼 수 있다. 이러한 제약 조건 속에서 정규직·비정규직의 연대를 강화할지 또는 약화시킬지의 여부를 좌우하는 결정적인 요인으로 정규직 노조와 비정규직 노조라는 두 주체의 전략적 선택을 손꼽을 수 있다. 그런데 현대차 울산공장의 정규직 노조와 비정규직 노조가 서로 연대하지 못하고 배타적인 행위 전략을 선택하는 것에 대해 노조 지도부의 이념적 성향이나 연대의지 부족만으로 설명하는 것은 충분하지 않다. 비정규직 노조의 결성 단계에서부터 2차 불법파견 투쟁의 국면에 이르기까지 정규직 노조와 비정규직 노조가 서로의 연대관계를 발전시키기보다 (비정규직 노조의 경우) 독자적 행동으로 나서거나 (정규직 노조의 경우) 소극적 또는 배제적 태도를 보이면서 시간이 지날수록 탈연대적 상호관계를 연출해온 배경 사정에 대해 좀 더 깊이 있는 논의가 필요하다.

이질적인 지위나 조건에 놓여 있는 노동자집단들이 그 차이를 넘어서 하나 되는 결속감을 형성해 공동 행동을 실천할 수 있을 때 노동자 연대는 진정하게 실현되는 것이라 할 수 있다.[34] 특히, 노조들이 연대적 관계를 형성하고 발전시키기 위해서는 노조 지도부가 서로의 운동 목표와 행위 전략을 공유하고 일치시키는 것이 매우 중요하다.[35] 이때, 운동 목표와 행위 전략의 공유는 노조 주체들이 당면한 상황과 현실 문제에 대한 공통의 인식 틀을 가질 때 가능하다. 그런데 현대차 울산공장 정규직 노조와 비정규직 노조(또는 비투위)는 불법파견 정규직화를 목표로 내세운 계급적 연대를 공언하고 있음에도 불구하고 당면한 상황에 대한 인식을 달리하며 독자적이거나 상호 배타적인 행동을 되풀이해온 것을 확인하게 된다. 비정규직 노조는 취약한 운동자원과 불안정한 활동 기반으로 인해 사 측의 탄압으로 조직이 와해되는 것을, 그리고 정규직 노조의 보호에 의존하고 예속되어 조직적 정체성을 상실하는 것을 우려하는 위기의식을 갖고 있으며, 또한 불법파견의 당사자인 만큼 그 문제의 해결에 마땅히 주도적인 역할을 담당하기를 바랐다. 그런 만큼, 노조 출범이나 불법파견 투쟁에서 보여주듯이 비정규직 노조는 정규직 노조의 준비 여부나 협조 태도에 관계없이 자신의 주도하에 조속한 문제 해결을 위한 독자적인 행동이나 투쟁을 감행했던 것이다. 1사 1조직 규약 개정의 협의 과정에서도 비정규직 노조(들)는 선거구 편제 또는 부문특별위원회

---

34 Zoll(2000)에 따르면, 산업사회에서의 노동연대는 노동자들의 동질적인 조건이나 이해관계에 기반하는 기계적인 연대(mechanistic solidarity)가 지배적이었으나, 탈산업화 사회에 들어서는 고용구조의 다원화를 통해 이질적인 조건이나 이해관계를 갖는 노동자들 사이의 유기적 연대(organic solidarity)를 형성하는 것이 노동운동의 핵심적 과제로 지적된다. 참고로, 강수택(2012)은 연대에 대해 다양한 사회구성원들이 상상의 공동체를 형성하는 것으로 정의한다.

35 물론, 노조가 조합원들의 자발적 결사체라는 점에서 노조 연대에는 상이한 조합원 집단들 사이에 공통된 이해관계와 정서적 공감대, 사회적 친밀감 등이 중요하게 작용한다는 점을 유의할 필요가 있다.

구성 등과 같이 자신의 입장에서 바라는 바를 요구했을 뿐 정규직 대의
원들의 부정적인 분위기를 사전에 파악해 개선하려는 노력을 기울이지
못했다. 한편, 정규직 노조는 민주노조운동의 선봉이라는 위상을 갖고
있다는 점에서, 그리고 비정규직 문제 해결을 요구하는 사회적 여론이
크게 압박하는 여건하에서 집행부의 성향과 무관하게 공장 내 불법파견
문제의 해결과 비정규직과의 연대를 소홀히 할 수 없었다. 하지만 정규
직 노조는 4만 7000명에 달하는 조합원(울산공장의 경우 2만 4300명)을 대표
하는 거대한 조직으로서 복잡한 집행체계와 절차에 따라 운영되고 있을
뿐 아니라, 2000년대에 들어 현대차와의 안정적인 노사관계를 유지하면
서 조합원들의 실리 확보에 상당한 성과를 거두는 등 사업장 내 확고한
현장권력을 행사해오고 있다. 이같이, 정규직 노조는 사업장 내 안정적
권력지위를 확보하고 막대한 조직 자원을 활용할 수 있는 주체적 상황
여건하에서 사업장 내 비정규직의 조직화와 불법파견 협상에 대해 자신
이 주도해 진행하려 함과 동시에 정규직 조합원들의 절박한 문제가 아닌
만큼 사내하청의 조속한 문제 해결에는 적극적으로 책임지려 하지 않는
이중적인 태도를 보여주었다. 실제, 정규직 노조는 비정규직 노조의 설
립에 대해 자신의 산별전환 계획에 맞춰 추진하고자 했으며, 불법파견의
노동부 진정과 원하청 특별교섭의 전개에 대해 자신의 사업 일정에 따라
진행하여 결과적으로 비정규직 노조와 분리되고 심지어 상충된 대응 입
장을 견지했다. 또한, 1사 1조직의 규약 개정에 대해 정규직 노조는 산
별방침에 따라 추진하기는 했으나, 그 파급효과에 대한 조직 내부의 논
란과 비정규직 노조들의 입장 차이를 능동적으로 해소해 통과시키려는
노력을 경주하지도 않았다.[36]

정규직·비정규직의 노동자 연대가 이루어지려면 각 집단이 처한 상황 논리에서 벗어나 공통의 인식 틀과 상황 해석, 그리고 전략적 접근이 요구되는데, 현대차 울산공장의 정규직 노조와 비정규직 노조는 상대가 처한 상황이나 입장을 고려치 않은 채 각자의 주체적 상황에 사로잡혀 자신의 입장에서 당면한 문제를 판단하고 서로 어긋나는 활동전략을 구사해온 것으로 볼 수 있다. 비정규직 조직화와 1·2차 불법파견 투쟁 및 1사 1조직의 규약 개정 등에서 정규직 노조와 비정규직 노조는 상호 배타적인 활동을 벌여 서로의 불신을 키우고, 그 불신에 근거해 다시 자신의 입장을 공고히 하여 상호 배제의 태도를 강화함으로써 탈연대의 악순환을 보여주고 있는 것이다. 원하청 연대회의에서 '공동결정, 공동투쟁, 공동책임'의 연대원칙을 훌륭하게 마련했지만, 전연 정규직·비정규직의 연대정치에는 관철되지 못한 채 공허한 구호로만 존재했던 것이다. 이에 더해, 우연적 상황이 현대차 정규직·비정규직 노조의 연대정치를 착종하게 만들고 있다는 점이 특기할 만하다. 구체적으로, 2003년 비정규직 노조의 준비 과정에서 5공장 사내하청 인력 감축이라는 돌발 상황이 비투위 활동가들로 하여금 독자적인 노조의 설립을 서두르게 만들었던 점이나, 2006년의 임단협 교섭과 특별교섭에서 원하청 연대의 좋은 본보기를 보여주었던 정규직 노조의 박유기 집행부가 내부 비리의 예상치 못한 사건으로 조기 사퇴함으로써 그 이후의 정규직·비정규직 연대관계에 찬물을 끼얹는 상황을 연출했다는 점 등을 살펴볼 수 있다. 비정규직

---

36 2008년 10월에 개최된 대의원대회에서 비정규직에 대한 1사 1조직 편제의 규약 개정은 부결되었으나, 일반관리직 사원의 조합원 가입 및 일반직 지회 설치에 대해서는 의결 처리하여 정규직 노조의 대조적인 대응 태도를 단적으로 보여준다.

노조에 우호적인 기회구조를 안겨주었던 2004년 노동부의 불법파견 판정과 특히 2010년 대법원의 불법파견 판결 역시 비정규직 노조의 선도적인 투쟁을 부추기는 갑작스러운 상황 전개로서 정규직·비정규직 노조들의 연대정치에는 상당한 부담 요인으로 영향을 미치기도 했다. 이같이, 상황 인식을 공유하지 못한 정규직·비정규직 노조들에 돌발적인 사건 발생이나 상황 연출이 연대정치의 발전적 진척을 막고 탈연대의 배타적 행보를 더욱 강화하는 방향으로 작용했던 것이다.

4. 소결

〈표 7-1〉은 현대차 울산공장에서 2003년 이후 10여 년 동안 정규직 노조와 비정규직 노조의 상호관계가 연대와 배제, 갈등으로 복잡하게 전개되어온 변화 궤적을 요약해 제시한다. 2003년 사내하청 노동자의 조직화를 준비하는 과정에서 정규직 노조와 비정규직 활동가들(비투위)은 직가입 방식으로 통합적인 노조체계를 구축한다는 기본 방향에 대해 공감대를 형성하여 계급적 연대의 실현 가능성이 어느 정도 존재했다. 하지만 조직화의 일정과 절차를 둘러싼 입장 차이를 극복하지 못하고 비정규직 노조가 독자적으로 결성됨으로써 정규직·비정규직의 연대정치는 초기 단계부터 균열의 조짐을 드러냈다. 그 이후 1차 불법파견 투쟁, 1사 1조직 규약 개정, 그리고 2차 불법파견 투쟁을 거치면서 정규직·비정규직 노조들은 시간이 지날수록 상호 거리감(inter-distancing)이 확대됨으로써 탈연대의 방향을 강화해온 것으로 요약할 수 있다. 물론, 2005년 노

표 7-1

현대차 울산공장 정규직·비정규직 연대정치의 전개 과정

주요 에피소드	비정규직 노조	정규직 노조	정규직·비정규직 노조의 연대정치
비정규직 노조 조직화 (2003년)	• 아산공장 사내하청 식칼테러사건 및 아산지회 결성 • 5공장 '비정규직 인간선언' • 비투위 결성과 독자노조 출범	• 이헌구 집행부, 미조직 특별위 구성 및 공장별 원하청 공투위 조직화 • 비정규직 노조 결성에의 유감 표명	• 사내하청 노동자에 대한 정규직 노조의 직가입 협의 • 비정규작 조직화 일정에 대한 상충된 입장 표출 및 상호관계의 균열 현실화
1차 불파 투쟁 (2004~ 2006년)	• 불법파견 집단진정 청구 • 2004년 7월, 2005년 1월, 8-9월 파업 및 잔업거부 돌입, 2006년 8월 격일제 부분파업 • 2006년 독자 임단협 교섭 성사	• 이상욱 집행부, 정규직 임단협 교섭과 불파교섭 분리 처리 • 박유기 집행부, 비정규직 노조의 독자 교섭 지원 및 불파 문제 적극 교섭	• 불법파견 원하청 연대회의 구성 및 파행 • 2005년, 4자 교섭 및 3차 실무교섭 추진, 결렬 • 2006년, 3자 교섭 잠정합의 도달, 비정규직 노조 거부 및 집행부 교체 • "불법파견 투쟁 종료 시까지, 정규직 노조의 신규 채용 거부" 방침 합의
1사 1조직 규약 개정 (2007~ 2008년)	• 3개 비정규직 지회조직 간 입장 분열, 통일 대응 실패 • 조합원 수 급감으로 조직력 약화	• 박유기-이상욱-윤해모 집행부, 1사 1조직 대의원 의결 3차례 시도 실패; 2010년 윤해모 집행부, 재시도 불발	• 불법파견 교섭, 3자 협의로 후퇴, 2008년 원청 협의 참석 거부, 원하청 연대회의 유명무실화 • 공장단위의 원하청 연대 일정 유지
2차 불파 투쟁 (2010~ 2013년)	• 2010년 11월, 25일간 CTS 점거 투쟁; 2011년 2월, 3일간 2차 파업; 2012년 8월, 9일간 전면/부분 파업; 철탑농성 돌입(296일간); 2012년 11월~2013년 1월, 10일간 전면/부분 파업; 2013년 4월-8월, 12회 전면/부분 파업과 양재동 본사 앞 노숙 투쟁, 3·4차 희망버스 진행 • 2011년 2월~2012년 4월 비정규직 노조 집행부 공백	• 이경훈 집행부 이후, 사내하청 임단협 대리 교섭 실시 • 비정규직 투쟁에 대한 비협조적 태도 강화 • 정규직 조합원 자녀 채용 단협 요구로 비정규직 불신 및 외부 여론 악화	• 4자 교섭, 3자 실무교섭 재개, 결렬·중단 반복 • 2013년, 불법파견 특별교섭 재개, 비정규직 노조 간 입장 차이로 협상 중단 • 울산 비정규지회, 특별교섭 봉쇄 • 원청, 사내하청 3500명 단계적 신규 채용 선언 및 단기계약직 전환 추진

동부의 불법파견 판정과 2010년 대법원의 불법파견 판결 같이 외부에서 주어진 기회구조에 의해 한때 비정규직 노조의 조직 규모가 급반등했다. 하지만 이 역시 정규직·비정규직 노조들의 상호관계를 호전시키는 방향으로 작용하기보다 이들 노조의 각개적 행동과 우연적 상황 변수들로 인해 기존의 균열을 확대 재생산하는 것으로 귀결되었다. 이 사례 연구로부터 얻게 되는 이론적 함의로서 정규직·비정규직의 연대정치가 조직화 방식을 둘러싼 초기 균열로부터 불법파견 투쟁과 1사 1조직 규약 개정 등과 같은 좌절된 에피소드들이 누적되면서 상호 불신과 거리 두기의 탈연대로 귀착되어가는 순차적 인과 과정(sequential causal processes)에 주목하게 된다.

현대차 울산공장 정규직·비정규직 노조의 연대정치를 살펴본 사례 연구를 통해 도출되는 또 다른 이론적 시사점으로, 연대정치의 성패 여부가 노조 지도부 및 활동가들이 운동 인식 틀(movement awareness frame)을 공유하는지 여부, 즉 각 집단의 상호배타적 활동 프레임을 벗어나 공통의 운동 비전과 전략적 상황 인식 틀을 마련할 수 있는가에 달려 있다는 점을 강조하게 된다. 물론, 선행 연구에서 지적하듯이 이질적인 고용 지위에 놓여 있는 정규직·비정규직 노동자집단 간에 연대적 결속을 구현하기 위해서는 각 집단을 이끌어가는 노조 지도부 및 활동가의 입장과 태도성향이 중요한 결정 요인으로 작용한다는 것이 현대차 울산공장 사례 연구에서도 재확인된다. 다시 말해, 상이한 고용지위 또는 작업장 신분을 갖고 있는 노동자집단 사이에 연대를 형성하고 발전시키는 데에는 각 노동자집단을 대표하는 노조의 지도부 및 활동가들이 이해관계와 정서의 차이를 극복하고 계급적 결속을 구현하려는 목적의식으로 노력하는 것이 필수적이다. 그런데 현대차 울산공장의 사례는 정규직·비정규직 노조의 지도부 및 활동가들이 상호 연대를 위한 상황 인식을 공유하며 공동의 실천적 대응을 도모하기보다는 자신의 조직 논리에 사로잡혀 각자의 활동전략을 내세우며 서로 배제하는 어긋남의 탈구적 관계 (disarticulated relationship)를 확대시켜온 연대정치의 실패 과정을 잘 보여주고 있다. 정규직·비정규직 노조의 지도부는 노동자 연대의 대의명분을 공개적으로 천명해오고 있지만, 각자 조직이 처한 상황과 운동적 경험 차이 등에서 비롯되는 상이한 상황적·위치적 활동 프레임의 덫(trap of situational-positional activism framing)에 사로잡혀 당면한 과제들에 대해 공통된 진단·해석과 공동의 전략적인 대응으로 계급적 연대를 도모하기보다는 배타적인 상황 인식과 독자적인 실천전략을 고집하며 상호 불신과 각축의 악순환을 심화시켜온 것으로 밝혀지고 있다. 분절적 고용관계의 확산을 통해 이질적 노동자집단들이 혼재하는 생산 현장이 날로 늘어나는 작금의 노동시장 속에서, 그리고 노조운동의 조직적 결집력이 상대적으로 취약해지는 상황을 맞이하여 노동자 연대의 실패와 좌절은 이같은 외재적인 환경 여건에 의해 초래되는 것이라기보다는 위협적인 외부 조건들에 대해 이질적인 노동자집단의 운동 주체들이 상이한 주관적 인식·판단·실천전략을 고집해 탈연대적 관계를 확대 생산함으로써 귀결된 것임을 유념해야 할 것이다. 다만, 이번 사례 연구가 정규직·비정규직 노조들의 연대정치에 분석의 초점을 맞추다 보니 혼재인력의 생산 현장에서 간여하는 또 다른 주체들(예를 들면, 원청·하청 사용자의 대응 전략과 정규직·비정규직 조합원들의 대중적 정서와 일상적 상호관계, 국가기관의 개입 역할 등) 및 제도적 환경이 미치는 영향을 폭넓게 고려해 규명하지 못했다는 점과 정규직·비정규직 연대에 대해 각 노조의 내부정치와 계파 갈등이 어떻게 작용했는지를 충분히 논의하지 못했다는 점을 그 한계로 안고 있음을 밝혀둔다.

에필로그

노동자 연대의 희망 찾기

'왜 노동자들은 날로 그들의 삶이 불안정해지고 부당한 일을 겪으면서도 함께 뭉치질 않나?', '왜 정규직 노조는 비정규직의 힘이 되어주질 못하는가?', '노동자들의 연대 조직인 노동조합이 왜 연대성 위기에서 헤어나질 못하고 있는가?', '신자유주의 공세를 문제시하는 노동·시민사회가 왜 힘 모아 대응하지 못하는가?', '진보운동은 어째서 늘 내부 분열과 정파 갈등의 문제에서 헤어나질 못하는가?'

이 같은 물음은 나로 하여금 지난 2000년대 초반 이후 15년 넘게 노동자 연대를 핵심 연구 주제로 삼아 몰두하게 만든 문제의식을 정리해본 것이다. 1998년 외환위기 이후 정부의 신자유주의 정책이 본격적으로 추진되면서 비정규직이 급증했으며, 노동 양극화가 고착화되었고, 특히 이명박·박근혜 보수정부 시절에는 친기업 정책 기조에 따라 무자비한 노조 파괴와 일방적인 노동시장 유연화가 자행되기도 했다. 1980년대 중반 젊은 시절, 노동운동의 사회변혁적 과업을 기대하며 노동야학과 노조활동에 나섰던 나는 이 같은 정치 상황 속에서 노동 위기에 대응하는 노조운동의 지리멸렬한 무기력함에 크게 실망하며, 비정규직 등의 노동 약자를 포용해 지켜줄 수 있는 노동자 연대, 그리고 신자유주의 정책에 맞서는 노동·시민사회의 사회진보적 연대가 그 위기의 돌파구로 복원되고 강화되어야 한다는 생각에 골몰했다. 이 같은 문제의식에 기반하여, 노동자 연대의 화두를 절실히 끌어안고 그 실마리를 찾기 위해 다양한 노동 현장의 투쟁 사례들을 들여다보며 국내외의 이론적 논의를 살펴보면서 산출한 여러 연구 성과를 이 책으로 엮어내기에 이르렀다.

일찍이 마르크스가 「공산당 선언」에서 "만국의 노동자여, 단결하라!"는 외침으로 노동해방의 사회변혁을 염원했듯이, 단결과 연대야말로 자본주의 시장경제하에서 노동자들이 이윤 증식에 눈먼 자본가의 무자비한 착취로부터 자신의 권익을 지켜내고 개선하는 첩경이라는 점을 누구도 부인할 수 없을 것이다. 노동력의 비대칭적인 교환관계에서 약자의 지위에 설 수밖에 없는 노동자들이 기업 경영자의 통제에 맞서 부당한 처우와 비인간적 노동조건을 바꿔나가는 데에는 그들이 뭉치는 힘, 즉 단결력, 그리고 사회진보세력과의 연대가 결정적으로 이바지했음을 지난 자본주의 역사를 통해 확인해볼 수 있다. 또한, 자본주의 시장경제하에서, 그리고 산업·기술·사회의 구조변동을 통해 끊임없이 확대 재생산되는 경제약자들을 위해 노동자 연대가 시대 변화와 관계없이 유지되고 보존되어야 하며, (노동자) 연대가 시장경쟁의 경제적 가치와 상충되는 사회적 결속의 가치이자 원리라는 점을 강조하는 헥터(Hechter, 1987)의 논의를 잘 새길 필요가 있다. 이처럼 노동 위기, 노동운동 위기, 더 나아가 사회공동체의 해체 위기를 극복하기 위해서는 노동약자들을 위한,

그리고 그들에 의한 노동자 연대의 복원과 강화가 더더욱 절실한 시대적 과제로 제기된다고 해도 과언이 아닐 것이다. 연대의 정의에 대해 사전을 뒤져보면 "한 덩어리로 서로 굳게 뭉침"이라는 뜻풀이를 발견할 수 있다. 지난 역사를 통해 드러나듯 노동시장의 약자들이 권력자의 횡포와 '갑질'을 이겨내기 위해서는 함께, 그리고 우호적인 집단과 굳건히 뭉치는 노동자 연대가 현재와 미래의 노동자 삶을 좀 더 개선하려는 사회진보운동에서 반드시 실천되어야 할 전략적 지향이자 승리 조건이라 강조하지 않을 수 없다.

그런데 일하는 사람의 삶이 날로 피폐해지고 있어 그들의 뭉침이 어느 때보다 절박하게 요구되는 작금의 노동 현실에서 노동자 연대를 가로막는 장애 조건들은 실로 엄중하기만 하다. 정부의 신자유주의 정책 기조로 인해 노동과 자본의 정치적 세력균형이 '친기업·시장주도적 방향'으로 더욱 기울어지는 가운데, 고용 유연화와 노조 무력화를 획책하는 기업들의 공세에 대응하는 노동조합운동은 기업별 조합주의의 배타적인 활동관성에 사로잡혀 비정규직 등 노동약자들의 권익 보호를 외면하거나 무기력하게 대처함으로써 (2장에서 살펴보았듯이) 연대성의 위기를 드러내고 있다. 이때, 노동자들의 결사체인 노동조합은 본래적으로 연대와 배제의 양면성을 갖고 있는데, 전자의 개방적 포용성을 그 운동 기조에 담지하지 못하는 경우 내부자의 기득권 옹호와 외부자의 차별적 배제에 치우치는 이기적 운동으로 변질될 위험을 안고 있다는 점에 유의해야 한다(Erd and Scherrer, 1985; Hyman, 1998). 이에 더하여, 무한 시장경쟁을 부추기는 지구화, 노동자관계의 이질적 개별화와 파편화를 강화하는 서비스경제와 소비사회로의 이행, 전통적 고용관계의 파괴와 노동의 탈경계화를 촉발하는 디지털 기술혁명 등과 같은 거대구조변동에 의해, 동질적 이해관계와 현장 정서에 기반하는 기계적 노동자 연대의 기존 활동 방식이 더 이상 유효하지 않게 되었다. 또한, 입시·취업 경쟁과 신자유주의 시장경쟁 담론에 길들여진 노동자 대중은 사회연대의식에 둔감하여, 당면한 노동 문제들에 대한 연대적 해법을 찾기보다 한국 노동 현장의 '갑질' 현실을 '헬조선'으로 빗대며 좌절하거나 각자도생의 일상생활에 안주하는 모습을 보여주기도 한다. 더욱이, 서구 선진국에 비해 제도화된 연대(institutionalized solidarity)로서 사회복지의 기반이 취약한 여건하에서 자살, 이혼, 범죄, (개인·집단) 갈등 등과 같은 사회해체 현상이 크게 늘어나면서 사회공동체의 지속가능성(sustainability)에 대한 심대한 우려가 제기되고 있기도 하다.

이같이, 노동자 연대를 어렵게 만드는 제약조건들이 가중됨에 따라 비정규직 등의 노동약자들이 벌이는 치열한 투쟁들과 노동·시민사회의 운동 주체들이 전개하는 연대활동이 그리 긍정적인 성과를 거두지 못했다. 그럼에도 불구하고, 비정규직 투쟁의 승리 사례들(4장과 5장 참조), 아름다운 노동·시민연대운동의 가능성을 보여준 희망버스 사례(6장 참조), 이랜드의 정규직·비정규직 연대투쟁, '손잡고의 노란봉투 캠페인', 2017년 촛불시민혁명 등에서 확인할 수 있듯이 일정한 조건이 갖추어지는 경우 노동자 연대가 값진 성취를 이루어낼 수 있다는 점을 주목하게 된다. 그러면 앞서 살펴본 성공 및 실패의 연대 사례들로부터 도출되는 교훈과 시사점에 의거해 노동자 연대의 활성화를 이루기 위한 몇 가지 실천적 제언을 드리는 것으로 이 책을 갈무리하고자 한다.

첫째, 고용불안정 시대에 노동자 연대가 제대로 성사되어 제 힘을 발휘하려면 열린 포용성(open inclusiveness)을 구현할 수 있어야 할 것이다. 그동안 노동자 연대의 결사체로 자임했던 노동조합은 기본적으로 특정 산업현장의 노동자집단을 조직해 그들의 동질적 이해관계를 대변하는 기계적 연대(mechanistic solidarity)를 표방했다. 노조의 기계적 연대는 내부자(조합원)들을 결속하는 계급적 단결의 원리로 작동하지만, 그 조직의 외부자들을 배제하는 폐쇄성을 동시에 배태하고 있어 칸막이식 또는 분절화된 연대(compartmentalized solidarity)의 문제를 안고 있다(Hyman, 1998). 이 같은 배제적 연대의 폐단은 기업별 조합주의의 뿌리 깊은 전통에 기반하는 한국의 노조운동에서 더욱 고질적인 문제로 작용해 비정규직 등 미조직 외부자들의 열악한 노동 현실을 방치하거나 외면함으로써 '연대성 위기'를 초래해오고 있다. 아울러, 고용지위, 기업규모, 업종 등에 따라 구획된 노동시장 분절구조가 고착화되고, 탈산업화·서비스/지식경제화·디지털기술혁명 등으로 노동의 이질화·다양화와 일자리의 개별화가 확대됨에 따라 조직노동의 동질적인 이해관계와 정서, 인식 틀에 기반하는 기계적 연대의 실천원리로는 기존 노동조합운동의 끝없는 추락을 막을 수 없을 뿐 아니라 노조의 조직률 하락과 사회 영향력 약화를 초래하게 된다. 따라서 사회구조변동과 노동시장 분절구조 등에 따라 다양한 성격의 노동자집단들을 아울러 서로 결속하기 위해, 더 나아가 조직 기반과 사회 교섭력이 크게 쇠락하고 있는 노동조합운동의 위기적 상황에 대처하며 진보적 시민사회운동과의 두터운 연합 행동을 효과적으로 도모하기 위해서는 집단 간의 이질성을 포용할 수 있는 개방성을 지향하는 유기적 연대(organic solidarity; Zoll, 2000)를 실천해야 할 것이다.

둘째, 노동자 연대를 제대로 실천할 수 있는 운동 주체의 형성 조건을 잘 따져서 갖추어나가야 할 것이다. 유기적 개방성과 포용성을 구현하는 노동자 연대가 만들어져서 지속적으로 힘 있게 실천될 수 있는지 여부는 운동 주체들이 하기 나름인 만큼 그들이 어떤 조건을 갖추어야 할지에 대해 살펴볼 필요가 있다. 우선, 여러 노동자집단과 시민사회단체의 지도부와 활동가들이 작금의 운동 환경과 노동체제 현실 속에서 유기적 연대가 절실히 요구된다는 상황 인식을 공유함과 더불어 연대적 실천에 대한 분명한 목적의식성을 갖는 것이 노동자 연대의 주체적 추동 조건으로 필요하다. 또한, (6장의 희망버스 사례에서 볼 수 있듯이) 노동자 연대의 실천 활동이 힘 있게 추동되기 위해서는 다양한 노동·시민단체의 활동가들 사이에 연대적 신뢰의 네트워크가 뒷받침되어야 한다는 점과 이 같은 네트워크를 적극 활용해 효과적으로 연대운동을 조직하고 선도할 수 있는 유능한 연대중개자(solidarity broker)의 존재와 역량 발휘가 반드시 확보되어야 한다는 점을 유념할 필요가 있다. 아울러, 노동자 연대의 성공, 곧 노동자 연대운동이 큰 힘을 발휘해 소기의 성과를 거두기 위한 충분조건으로 운동 주체들만의 왜소한 단합을 넘어 대중의 폭넓고 능동적인 참여를 이끌어내는 것이 중요하다. 노동 현장과 시민사회의 다중에 의해 '우리는 하나다'라는 상상공동체가 형성될 수 있다면, 노동자 연대는 실로 가공할 만한 위력을 발휘할 수 있을 것이다. 그런 만큼, 노동자 연대에 대한 대중적 관심과 참여를 촉발하고 강화하기 위해서는 그 연대활동의 정당성을 분명하게 알리고 공감하게 할 수 있는 공공드라마 (public drama)를 기획하고 연출하는 것과, 효과적인 소통기제(예를 들면, SNS 등)의 개발과 활용을 통해 노동자 연대에의 감수성과 상황 해석을 사회적으로 널리 공명·확산시키는 것을 전략적으로 새겨야 할 대목으로 강조할 만하다.

셋째, 노동자 연대가 효능감 있는 성과를 거두기 위해서는 민주적인 원리로 실천되어야 한다. 대중적 결사체로 출발한 노동조합운동이 점차 과두제적 관료위계체계로 변질되어 계급적 단결의 본래 취지를 크게 잃어버린 점에 유의하여 앞으로의 노동자 연대는 참가단체 및 개인들의 사회적 명망·지위와 운동자원 등에 관계없이 모두가 평등하게 참여할 권리와 기회를 보장함으로써 그들의 창발성 발휘를 최대한 이끌어낼 수 있는 수평적·동지적 관계와 민주적 실천에 입각해야 할 것이다. 아울러, 노동자 연대가 특정 현안이나 현장 문제를 해결하기 위한 일회적 수단의 활동으로 그치지 않고 노동운동의 재활성화와 정의로운 노동사회로의 진전을 이뤄내기 위한 전략적인 추동력으로 작동하기 위해서는 하나의 성과가 그다음의 더 큰 성과로 상승해나갈 수 있는 순차적 또는 발전적 실천 관점(active perspective of sequential evolution)을 명확히 견지하는 것이 중요하다. 이는 활동가와 노동시민 대중으로 하여금 노동자 연대에의 효능감을 강화하며 그들의 능동적 참여와 실천을 역동적으로 증강시키려는 중장기적 안목에 입각한 전략적 접근으로 구체화될 수 있을 것이다.

이 책의 마무리로서, 불안정고용 시대에 노동 위기와 노동운동 위기를 넘어서기 위한 돌파구이자 승리 전략으로 노동자 연대를 이루어내려면 그동안의 시행착오에 대한 여러 연구를 바탕으로 열린 포용성과 민주적 관계성, 신뢰 네트워킹, 효능감 있는 추동역량, 공공드라마와 사회적 감수성 등을 갖추는 것이 그 성공 조건이라는 점을 강조한다. 당위로서의 노동자 연대가 아니라 현실의 힘으로서 노동자 연대가 존재하기 위해서 말이다.

끝으로, 이 책에서 다루고 있는 노동자 연대의 현장연구에 동참해서 공저 작업으로 도움을 준 중앙대 대학원 제자인 김직수 군, 홍석범 군, 김진두 군, 그리고 서울대 권현지 교수와 이화여대 이승윤 교수에게 깊은 감사의 뜻을 전한다. 그리고 그동안 노동자 연대의 공부에 빠져 가정 연대를 소홀히 해 마음의 큰 빚을 진 아내 강혜영에게 뒤늦은 연대의 선물로 이 책을 바친다.

참고문헌

강수택. 2012. 『연대주의: 모나디즘 넘어서기』. 파주: 한길사.

_____. 2007. 『시민연대사회』. 서울: 아르케.

강인순. 2011. 「창원지역 시민운동의 대두와 조직화: 1987년 민주항쟁 이후」. ≪인문논총≫, 27, 311~358쪽.

강현아. 2004a. 「작업장에서 비정규 노동자 배제에 관한 사례 연구: 사내하청노동자를 중심으로」. ≪산업노동연구≫, 10(1), 33~56쪽.

_____. 2004b. 「노동조합의 불평등구조와 비정규직 여성노동자: 촉탁직 여성노동자 사례를 중심으로」. ≪아세아연구≫, 117, 99~123쪽.

고용노동부. 2017. 『전국노동조합 조직현황』.

_____. 각 연도. 『노사분규사례집』

고용노동부 고용노동통계. http://laborstat.molab.go.kr

공공노조. 2006. 「조직발전위원회 보고서」.

공공노조. 2009. 「서울지역 대학 비정규직 노동자 전략조직화 사업 계획」.

공공노조 지역지부연구팀. 2009. 「지역지부, 경계에 선 노조운동: 공공노조 지역지부운동의 현황과 전망」.

권영숙. 2012. 「희망버스 이후 노동에 대한 사회적 연대의 새로운 흐름」. ≪문화과학≫, 70, 361~371쪽.

기든스, 앤서니(Anthony Giddens). 2000. 『질주하는 세계』. 박찬욱 옮김. 서울: 생각의 나무.

김동춘. 1996. 『한국사회 노동자연구: 1987년 이후를 중심으로』. 서울: 역사비평사.

김세현·오수빈·용락. 2012. 『빗자루는 알고 있다』. 서울: 실천문학사.

김영. 2010. 「기혼여성 비정규 노동자의 노동경험과 집합행동 참가: 이랜드-뉴코아 파업투쟁을 중심으로」. ≪산업노동연구≫, 16(2), 103~139쪽.

김영두·김승호. 2006. 「운송부문 특수고용직의 조직화」. ≪노동사회≫, 112, 24~52쪽.

김유선. 2004. 「중소영세업체 노동조건 실태」. 미발표논문.

김종진·김직수·홍석범·인수범. 2011. 『간접고용 활용실태 및 간접고용 근로자 근로실태조사·분석』. 서울: 국회입법조사처.

김준영·전용석. 2004. 「청년층의 노동이동과 노동시장성과에 대한 연구- 초기 노동시장경험이 향후 노동시장 성과에 미치는 영향」. 제2회 산업·직업별 고용구조조사 및 청년패널

심포지엄 발표논문.

김진량. 2013. 「청소노동자 조직화 매뉴얼」. 공공운수노조·연맹 주최 서울지역 청소노동자 조직화사업 평가 토론회 발제문.

김진숙. 2011. 『소금꽃 나무: 우리 시대의 논리』. 서울: 후마니타스.

김태완. 2009. 「대학교 비정규직 전략조직화, 1년의 기억」. ≪비정규노동≫, 79, 44~49쪽.

김혜진. 2013. 「서울지역 청소노동자 조직화 사업평가에 대한 몇 가지 의견」. 공공운수노조·연맹 주최 서울지역 청소노동자 조직화사업 평가 토론회 발제문.

김혜진·이병훈·박명준·진숙경. 2017. 「미조직 취약노동자 지원체계 구축방안 연구」. 고용노동부의 학술연구용역 보고서.

깔깔깔 기획단. 2011. 『정리해고·비정규직 없는 세상을 위한 깔깔깔 희망의 버스』. 서울: 후마니타스.

남기곤. 1996. 「기업규모별 임금격차의 성격에 대한 연구」. 민주노총 정책토론회 발표논문.

남재량·김태기. 2000. 「비정규직, 가교(bridge)인가 함정인가?」. ≪노동경제논집≫, 23(2), 81~106쪽.

노동부. 2007. 『불법파견 형태의 사내하도급 문제 해결을 위한 참여정부의 노력과 과제』. 과천: 노동부.

노중기. 1999. 「노동운동의 위기구조와 노동의 선택」. ≪산업노동연구≫, 5(1), 97~118쪽.

류남미. 2013. 「청소노동자 조직화 사업 평가」. 공공운수노조·연맹 주최 서울지역 청소노동자 조직화사업 평가 토론회 발제문.

_____. 2011. 「홍대에 이른 연대·이대·고대 청소용역투쟁, 그 다음은」. ≪노동사회≫, 5·6월호, 34~46쪽.

명숙. 2014. 「사랑방의 청소노동자 연대활동 경험을 바탕으로 한 비정규직 조직화운동의 고민」. 한국비정규노동센터 제23회 월례비정규노동포럼 토론문.

박설희. 2013. 「트위터를 통한 '다중(Multitude)' 형성과 문화적 실천에 대한 연구: 네그리와 하트의 주체구성 이론을 중심으로」. 중앙대학교 신문방송학과 석사학위논문.

박성미. 2015. 『선한 분노: 자본에 저항하는 불온한 사랑』. 파주: 아마존의 나비.

박승옥. 2004. 「한국노동운동, 종말인가 재생인가」. ≪당대비평≫, 27, 169~184쪽.

박원석. 1998. 「노동운동과 시민운동의 새로운 연대관계 모색」. ≪노동사회≫, 21, 28~33쪽.

박점규. 2012. 「노동운동이 희망버스에서 배워야 할 것」. ≪노동사회≫, 162, 80~89쪽.

박준식. 2004. 「민주화 이후의 노동운동과 노동정치」. 미발표논문.

송민수·유병홍. 2015. 「고용관계의 새로운 현상: 제3행위자의 등장」. ≪산업노동연구≫, 21(3), 1~35쪽.

신광영. 2004. 「노동운동과 공공성」. ≪문화과학≫, 23, 76~94쪽.

양재진. 2004. 「노동운동양식과 한국복지국가의 성격: 왜 한국의 강성노조는 복지국가 건설에 나서지 않는가?」. 2004년 하계 한국정치학회 학술회의 발표논문.

유형근. 2012. 「대공장 정규직 노동자들의 연대의식은 어떻게 해체돼 갔는가?」. ≪노동사회≫, 164, 52~83쪽.

윤영삼. 2010. 「비정규직과 정규직 연대에 영향을 미치는 조건에 관한 연구」. ≪인적자원관리연구≫, 17(4), 387~402쪽.

윤진호. 2002. 「비정규 노동자의 실태와 조직화 문제」. ≪산업노동연구≫, 8(2), 1~40쪽.

은수미. 2004. 「강화된 네트워크와 약화된 연대: 사회운동의 네트워킹과 한국 시민사회」. ≪민주주의와 인권≫, 4(2), 5~38쪽.

이강익. 2006. 「노동조합 전략 유형으로서의 조직화 모델의 형성 요인: 지역일반노동조합의 사례를 중심으로」. ≪사회과학연구≫, 45(2), 101~140쪽.

이병훈. 2017. 「기회 불평등에 대한 국민 인식태도의 인과분석」. ≪한국사회정책≫, 24(2), 157~179쪽.

_____. 2004a. 「한국 노동조합운동의 연대성 위기」. ≪아세아연구≫, 47(4), 65~89쪽.

_____. 2004b. 「완성차 사내협력업체의 고용관계」. 조성재 엮음. 『자동차산업의 도급구조와 고용관계의 계층성』. 서울: 한국노동연구원. 93~126쪽.

_____. 2004c. 「한국 노사관계 지형과 노동조합의 사회적 대화 전략」. 민주노총 정책토론회 발표자료.

_____. 2003. 「비정규노동의 작업장 내 사회적 관계에 관한 사례연구: 사내하청노동자를 중심으로」. ≪경제와 사회≫, 57, 42~64쪽.

이병훈·신광영·송리라. 2016. 「일자리 질의 양극화 추이에 관한 실증분석」. ≪노동정책연구≫, 16(4), 37~64쪽.

이상선. 2011. 「홍대 청소용역노동자 투쟁을 돌아보며」. ≪진보평론≫, 48, 149~158쪽.

이승우. 2013. 「공공운수노조·연맹 조직 현황과 조직화」. 김종진 외. 『민주노총 조직 현황과 조직화 실태: 32개 가맹·산하 조직 현황』. 서울: 전국민주노동조합총연맹, 262~294쪽.

이승원·정경원. 2011. 『우리가 보이나요: 홍익대 청소 경비 노동자 이야기』. 서울: 한내.

이주환. 2014. 「노동운동 위기진단과 대안모색: 최근 사례들을 통해 본 한국 노동운동 재활성화 방안」. 한국노동사회연구소 113차 노동포럼 발제문(14-08).

이희수. 2004. 「세계화시대에 노동운동의 관점에서 바라본 시민운동의 대중성」. ≪기억과 전망≫, 8, 58~67쪽.

장귀연. 2009. 「대기업노조의 비정규직 배제」. ≪기억과 전망≫, 21, 213~245쪽.

장덕진. 2012. 「혁명은 트윗된다: 김진숙과 트위터, 그리고 99%의 연대」. 민주화운동기념사업회 주최 한국 민주주의, 어디에 서 있는가? 학술토론회 발표문.

장상철. 2003. 「사회 변동과 사회운동 변화: 노동운동 침체와 시민운동의 성장」. ≪사회발전연구≫, 9, 85~103쪽.

장지연. 2017. 「고용형태 다양화와 노동시장 불평등」. ≪KLI 고용노동브리프≫, 69.

전병유. 2003. 「일자리 양극화와 빈곤정책의 방향」. 한국노동연구원 정책보고서.

정길오. 2004. 「노동조합운동의 현 단계 고민」. 전태일 34주기 기념대토론회 발제문.

정이환. 2006. 『현대 노동시장의 정치사회학』. 서울: 후마니타스.

_____. 2003. 「분단노동시장과 연대: 정규·비정규 노동자 간 연대의 연구」. ≪경제와 사회≫, 59, 161~191쪽.

_____. 2000. 「주변 노동자의 동원화·조직화」. ≪한국사회학≫, 34, 981~1006쪽.

조건준. 2004. 「대공장 노조 고이면 썩는다」. ≪노동사회≫, 93, 82~87쪽.

조돈문. 2014. 「현대자동차 불법파견투쟁의 사회적 의의와 해결방안」. 현대자동차 불법파견 해결을 위한 울산지역 토론회 발제문.

_____. 2011. 「비정규직 노동자 투쟁의 승패와 조직력 변화」. ≪산업노동연구≫, 17(1), 139~176쪽.

_____. 2010. 「정규직 노동조합과 비정규직 정규직화의 정치: 타타대우상용차 사례 연구」. ≪산업노동연구≫, 16(1), 135~172쪽.

_____. 2009. 「비정규직 투쟁과 정규직 노동조합의 딜레마: 캐리어와 지엠대우 창원공장의 사례 연구」. ≪산업노동연구≫, 15(2), 151~184쪽.

_____. 2008. 「비정규직 문제와 노동계급 계급균열: 비정규직 문제를 둘러싼 정규직, 비정규직 의식 비교」. ≪산업노동연구≫, 14(2), 167~202쪽.

_____. 2004. 「민주노조운동의 진단과 향후 과제」. 민주노총 정책연구원 개원기념 토론회 발표논문.

_____ 엮음. 1996. 『노동운동의 연대와 신사회운동: 이론적 이해와 연대경험』. 서울: FKTU 연구소.

조성재·이병훈·홍장표·임상훈·김용현. 2004. 『자동차산업의 도급구조와 고용관계의 계층성』. 서울: 한국노동연구원.

조희연. 1995. 「민중운동과 '시민사회', '시민운동'」. 유팔무·김호기 엮음. 『시민사회와 시민운동』. 서울: 한울.

차희준. 2013. 「희망버스와 시민사회 동원에 관한 연구: 소셜 미디어 활용을 중심으로」. 영남대학교 사회학과 석사학위논문.

촐, 라이너(Rainer Zoll). 2008. 『오늘날 연대란 무엇인가』. 최성환 옮김. 파주: 한울

최병천. 2004. 「노동운동, '네덜란드-스웨덴모델'에서 대안 찾자」. ≪프레시안≫ 게시문.

최영기. 2001. 「87년 이후 노동정치의 전개와 전망: 개발모델의 해체와 노동운동의 미래」. 최영기·김준·조효래·유범상. 『1987년 이후 한국의 노동운동』. 서울: 한국노동연구원.

최장집. 2004a. 「한국민주주의의 취약한 사회경제적 기반」. ≪아세아연구≫, 117, 17~36쪽.

_____. 2004b. 『민주화 이후의 민주주의: 한국민주주의의 보수적 기원과 위기』. 서울: 후마

니타스.

최장집 엮음. 2005. 『위기의 노동: 한국민주주의의 취약한 사회경제적 기반』. 서울: 후마니
타스.

허건. 2015. 「집단적 사회운동에서 네트워크 사회운동으로의 변화에 대한 연구: 희망버스의
사례를 중심으로」. 한양대학교 사회학과 석사학위논문.

허소희·김은민·박지선·오도엽. 2013. 『종이배를 접는 시간: 한진중공업 3년의 기록』. 서울:
삶창.

홍석만. 2011. 「희망버스, 노조를 넘어선 노동운동의 새 출발- 경제위기와 불안정노동이 일
반화된 사회에서 노동운동은?」. ≪황해문화≫, 73, 206~221쪽.

홍석범. 2011. 「정규직·비정규직 노동자 연대 형성에 관한 연구: 현대자동차 울산공장 및 전
주공장 사례를 중심으로」. 중앙대학교 사회학과 석사학위논문.

황덕순. 2004. 「노동조합이 임금격차에 미치는 효과와 연대임금정책」. ≪매월노동동향≫,
39, 68~78쪽.

황철우. 2012. 「촛불과 대안의 만남, 그리고 '희망': 자발적 연대로 비정규직 없는 세상 만들
어가는 '비없세'」. ≪노동사회≫, 163, 92~98쪽.

한국노동연구원. 2013. 『2013 KLI 비정규직 노동통계』. 서울: 한국노동연구원.

_____. 2017. 『2017 KLI 비정규직 노동통계』. 세종: 한국노동연구원.

Abbott, Brian, Edmund Heery and Stephen Williams. 2012. "Civil Society Organizations
and the Exercise of Power in the Employment Relationship." *Employee Relations*,
34(1), pp. 91~107.

Atzeni, Maurizio. 2016. "Beyond Trade Unions' Strategy? the Social Construction of
Precarious Workers Organizing in the City of Buenos Aires." *Labor History*, 57(2),
pp. 193~214.

Baca, George. 2011. "Resentment of the Neoliberals in South Korea: Kim Jin-Sook and
the Bus of Hope Movement." ≪유라시아연구≫, 8(4), 125~140쪽.

Badigannavar, Vidu and John Kelly. 2005. "Why Are Some Union Organizing
Campaigns More Successful Than Others?" *British Journal of Industrial Relations*,
43(3), pp. 515~535.

Benassi, Chiara and Lisa Dorigatti. 2015. "Straight to the Core: Explaining Union
Responses to the Casualization of Work: the IG Metall Campaign for Agency
Workers." *British Journal of Industrial Relations*, 53(3), pp. 533~555.

Bourdieu, Pierre. 1998. "Utopia of Endless Exploitation." *Le Monde Diplomatique*.

Buechler, Steven. 1995. "New Social Movement Theories." *Sociological Quarterly*,

36(3), pp. 441~464.

Burchielli, Rosaria and Timothy Bartram. 2009. "What Helps Organizing Work? The Indicators and the Facilitators of Organizing." *Journal of Industrial Relations*, 51(5), pp. 687~707.

Burt, Ronald. 1999. "The Social Capital of Opinion Leaders." Paper presented in the Annals of the American Academy of Political and Social Science.

Carroll, William and R. S. Ratner. 1996. "Master Framing and Cross-movement Networking in Contemporary Social Movements." *Sociological Quarterly*, 37(4), pp. 601~625.

Castells, Manuel. 2013. *Communication Power*. London: Oxford University Press.

Cerviño, Emma. 2000. "Trade Union Strategies towards Atypical Workers." Working Paper. Madrid: Juan March Institute.

Chun, Jennifer Jihye. 2013. "Labor Militancy and Civil Society: the Contentious Politics of South Korea's Irregular Workforce." paper presented to the Hosei University Workshop.

_____. 2009. *Organizing at the Margins: The Symbolic Politics of Labor in South Korea and the United States*. Ithaca: Cornell University Press.

_____. 2005. "Public Dramas and the Politics of Justice: Comparison of Janitors' Union Struggles in South Korea and the United States." *Work and Occupations*, 32(4), pp. 486~503.

Collins, Harry and Robert Evans. 2002. "The Third Wave of Science Studies: Studies of Expertise and Experience." *Social Studies of Science*, 32(2), pp. 235~296.

Conley, Hazel and Paul Stewart. 2008. "Representing Fixed-term Workers: the Anatomy of a Trade Union Campaign." *Employee Relations*, 30(5), pp. 515~533.

Craft, James. 1990. "The Community as a Source of Power." *Journal of Labor Research*, 11(2), pp. 145~160.

Cress, Daniel and David Snow. 1996. "Mobilization at the Margins: Resources, Benefactors, and the Viability of Homeless Social Movement Organizations." *American Sociological Review*, 61(6), pp. 1089~1109.

D'Art, Daryl and Thomas Turner. 2002. "The Decline of Worker Solidarity and the End of Collectivism?" *Economic and Industrial Democracy*, 23(1), pp. 7~34.

Defilippis, James. 2002. "Symposium on Social Capital: an Introduction." *Antipode*, 34(4), pp. 790~795.

Diani, Mario. 1997. "Social Movements and Social Capital: a Network Perspective on

Movement Outcomes." *Mobilization*, 2(2), pp. 129~147.

Diani, Mario and Doug McAdam. 2003. *Social Movements and Networks: Relational Approaches to Collective Action*. London: Oxford University Press.

Edwards, Bob and John McCarthy. 2004. "Strategy Matters: the Contingent Value of Social Capital in the Survival of Local Social Movement Organizations." *Social Forces*, 83(2), pp. 621~651.

Ehrenberg, John. 2002. *Civil Society: the Critical History of an Idea*. New York: New York University Press.

Erd, Rainer and Christoph Scherrer. 1985. "Unions — Caught between Structural Competition and Temporary Solidarity: a Critique of Contemporary Marxist Analysis of Trade Unions in Germany." *British Journal of Industrial Relations*, 23(1), pp. 115~131.

Fairbrother, Peter. 2008. "Social Movement Unionism or Trade Unions as Social Movements." *Employee Responsibility Rights Journal*, 20, pp. 213~220.

Ferris, Gerald, Dwight Frink, Dharm Bhawuk, Jing Zhou and David Gilmore. 1996. "Reactions of Diverse Groups to Politics in the Workplace." *Journal of Management*, 22(1), pp. 23~44.

Freeman, Richard. 2005. "Fighting for Other Folks' Wages: The Logic and Illogic of Living Wage Campaigns." *Industrial Relations*, 44(1), pp. 14~31.

Frege, Carola and John Kelly. 2003. "Union Revitalization Strategies in Comparative Perspective." *European Journal of Industrial Relations*, 9(1), pp. 7~24.

Ganz, Marshall. 2000. "Resources and Resourcefulness: Strategic Capacity in the Unionization of California Agriculture, 1959~1966." *American Journal of Sociology*, 105(4), pp. 1003~1062.

Gray, Breda. 2011. "Empathy, Emotion and Feminist Solidarities." *Critical Studies*, 34, pp. 207~232.

Gumbrell-McCormick, Rebecca. 2011. "European Trade Unions and 'Atypical' Workers." *Industrial Relations Journal*, 42(3), pp. 293~310.

Gumbrell-McCormick, Rebecca and Richard Hyman. 2013. *Trade Unions in Western Europe: Hard Times, Hard Choices*. London: Oxford University Press.

Haug, Christoph. 2013. "Organizing Spaces: Meeting Arenas as a Social Movement Infrastructure between Organization, Network, and Institution." *Organization Studies*, 34(5·6), pp. 705~732.

Harvey, David. 2005. *A Brief History of Neoliberalism*. Oxford: Oxford University Press.

Hechter, Michael. 1987. *Principle of Group Solidarity*. London: University of California Press.

Heery, Edmund, Brian Abbott and Stephen Williams. 2012a. "The Involvement of Civil Society Organizations in British Industrial Relations: Extent, Origins, and Significance." *British Journal of Industrial Relations*, 50(1), pp. 47~72.

Heery, Edmund and Melanie Simms. 2008. "Constraints on Union Organising in the United Kingdom." *Industrial Relations Journal*, 39(1), pp. 24~42.

Heery, Edmund, Stephen Williams, and Brian Abbott. 2012b. "Civil Society Organizations and Trade Unions: Cooperation, Conflict, Indifference." *Work Employment & Society*, 26(1), pp. 145~160.

Hirsch, Eric. 1986. "The Creation of Political Solidarity in Social Movement Organizations." *The Sociological Quarterly*, 27(3), pp. 373~387.

Hirshleifer, Jack. 1991. "The Paradox of Power." *Economics and Politics*, 3(3). pp. 177~200.

Hodson, Randy, Sandy Welsh, Sabine Rieble, Cheryl Sorenson and Sean Creighton. 1993. "Is Worker Solidarity Undermined by Autonomy and Participation? Patterns from the Ethnographic Literature." *American Sociological Review*, 58(3), pp. 398~416.

Hyman, Richard. 2001. *Understanding European Trade Unionism: Between Market, Class and Society*. London: Sage Publications.

_____. 1999. "Imagined Solidarity: Can Tarde Unions Resist Globalization?" in Peter Leisink(ed.). *Globalization and Labour Relations*. London: Edward Elgar Publishing.

Jarley, Paul. 2005. "Unions as Social Capital: Renewal through a Return to the Logic of Mutual Aid." *Labor Studies Journal*, 29(4), pp. 1~26.

Kelly, John. 1998. *Rethinking Industrial Relations: Mobilization, Collectivism, and Long Waves*. London: Routledge.

Kitts, James. 2000. "Mobilizing in Black Boxes: Social Networks and Participation in Social Movement Organizations." *Mobilization*, 5(2), pp. 241~257.

_____. 1999. "Not in our Backyard: Solidarity, Social Networks, and the Ecology of Environmental Mobilization." *Sociological Inquiry*, 69(4), pp. 551~574.

Klandermans, Bert. 1986. "Psychology and Trade Union Participation: Joining, Acting, Quitting." *Journal of Occupational Psychology*, 59, pp. 189~204.

Kornelakis, Andreas and Horen Voskeritsian. 2016. "Getting Together or Breaking

Apart: Trade Union Strategies, Restructuring and Contingent Workers in Southern Europe." *Economic and Industrial Democracy*, 37(2), pp. 1~19.

Koster, Ferry and Karin Sanders. 2007. "Serial Solidarity: the Effects of Experiences and Expectations on the Co-operative Behaviour of Employees." *The International Journal of Human Resource Management*, 18(4), pp. 568~585.

Law, Alex and Gerry Mooney. 2006. "Social Capital and Neo-liberal Voluntarism." *Variant*, 26, pp. 18~20.

Lee, Byoung-Hoon. 2016. "Worker Militancy at the Margins: Struggles of Non-regular Workers in South Korea." *Development and Society*, 45(1), pp. 1~37.

_____. 2011. "Labor Solidarity in the Era of Neoliberal Globalization." *Development and Society*, 40(2), pp. 319~334.

Lee, Byoung-Hoon and Sang-Hoon Yi. 2012. "Organizational Transformation towards Industry Unionism in South Korea." *Journal of Industrial Relations*, 54(4): 476~493.

Lee, Byoung-Hoon and Sophia Seung-Yoon Lee. 2017. "Winning Conditions of Precarious Workers' Struggles: A Reflection Based on Case Studies from South Korea." *Relations Industrielles/Industrial Relations*, 72(3), pp. 524~550.

Lee, Byoung-Hoon and Stephen Frenkel. 2004. "Divided Workers: Social Relations between Contract and Regular Workers in a Korean Auto Plant." *Work, Employment and Society*, 18(3), pp. 507~530.

Lee, Chul-Seung. 2007. "Labor Unions and Good Governance: a Cross-National Comparative Analysis." *American Sociological Review*, 72(4), pp. 585~609.

Lee, Sophia. 2013. "Fuzzy-Set Method in Comparative Social Policy: A Critical Introduction and Review of the Applications of the Fuzzy-set Method." *Quality and Quantity*, 47(4), pp. 1905~1922.

Lee, Yoonkyung. 2015. "Sky Protest: New Forms of Labor Protest in Neoliberal Korea." *Journal of Contemporary Asia*, 45(3), pp. 443~464.

Lévesque, Christian and Gregor Murray. 2010. "Understanding Union Power: Resources and Capabilities for Renewing Union Capacity." *Transfer: European Review of Labour and Research*, 16(3), pp. 333~350.

Martin, Andrew. 2007. "Organizational Structure, Authority and Protest: The Case of Union Organizing in the United States, 1990~2001." *Social Forces*, 85(3), pp. 1413~1435.

Marwell, Gerald, Pamerla Oliver and Ralph Prahl. 1988. "Social Networks and Collective Action: a Theory of the Critical Mass. III." *American Journal of Sociology*, 94(3), pp. 502~534.

Mattoni, Alice and Markos Vogiatzoglou. 2014. "Today, We are Precarious Tomorrow, We will be Unbeatable: Early Struggles of Precarious Workers in Italy and Greece." in Didier Chabanet and Frédéric Royall(eds.). *From Silence to Protest: International Perspectives on Weakly Resourced Groups*. Burlinton, USA: Ashgate.

McAdam, Doug. 1986. "Recruitment to High-Risk Activism: the Case of Freedom Summer." *American Journal of Sociology*, 92(1), pp. 64~90.

McAdam, Doug and Ronnelle Paulsen. 1993. "Specifying the Relationship between Social Ties and Activism." *American Journal of Sociology*, 99(3), pp. 640~667.

McAdam, Doug, Sidney Tarrow and Charles Tilly. 2001. *Dynamics of Contention*. London: Cambridge University Press.

McCarthy, John and Mayer Zald. 1977. "Resource Mobilization and Social Movements: a Partial Theory." *American Journal of Sociology*, 82(6), pp. 1212~1241.

Michels, Robert. 1962. *Political Parties: A Sociological Study of the Oligarchical Tendencies of Modern Democracy*. New York: the Free Press.

Müller-Jentsch, Walther. 1991. "Productive Forces and Industrial Citizenship: an Evolutionary Perspective on Labor Relations." *Economic and Industrial Democracy*, 12, pp. 439~467.

Offe, Claus. 1985. "New Social Movements: Challenging the Boundaries of Institutional Politics." *Social Research*, 52(4), pp. 817~868.

Passy, Florence. 2003. "Social Networks Matter. But Now?" in Mario Diani and Doug McAdam(eds.). *Social Movements and Networks: Relational Approaches to Collective Action*. London: Oxford University Press. pp. 21~48.

Passy, Florence and Gian-Andrea Monsch. 2014. "Do Social Networks Really Matter in Contentious Politics?" *Social Movement Studies*, 13(1), pp. 22~47.

Passy, Florence and Marco Giugni. 2001. "Social Networks and Individual Perceptions: Explaining Differential Participation in Social Movements." *Sociological Forum*, 16(1), pp. 123~153.

Pernicka, Susann. 2005. "The Evolution of Union Politics for Atypical Employees: a Comparison between German and Austrian Trade Unions in the Private Sector." *Economic and Industrial Democracy*, 26(2), pp. 205~228.

Pichardo, Nelson. 1997. "New Social Movements: a Critical Review." *Annual Review of Sociology*, 23, pp. 411~430.

Pulignano, Valeria, Luis Gervasi and Fabio de Franceschi. 2016. "Union Responses to

Precarious Workers: Italy and Spain Compared." *European Journal of Industrial Relations*, 22(1), pp. 39~55.

Ragin, Charles. 2008. *Redesigning Social Inquiries*. Chicago/London: University of Chicago Press.

_____. 2000. *Fuzzy-Set Social Science*. Chicago/London: University of Chicago Press.

Rodgers, Gerry and Janine Rodgers. 1989. *Precarious Jobs in Labor Market Regulation: the Growth of Atypical Employment in Western Europe*. Geneva: International Institute for Labour Studies.

Shelby, Tommie. 2002. "Foundations of Black Solidarity: Collective Identity or Common Oppression?" *Ethics*, 112, pp. 231~266.

Sheller, Mimi. 2004. "Mobile Publics: beyond the Network Perspective." *Environment and Planning D: Society and Space*, 22, pp. 39~52.

Sherman, Rachel and Kim Voss. 2000. *'Organize or Die': Labor's New Tactics and Immigrant Workers*. Ithaca: Cornell University Press.

Simms, Melanie and Deborah Dean. 2015. "Mobilising Contingent Workers: an Analysis of Two Successful Cases." *Economic and Industrial Democracy*, 36(1), pp. 173~190.

Smith, Janel. 2009. "Solidarity Networks: What are they? and Why should we Care?" *Learning Organiozation*, 16(6), pp. 460~468.

Snow, David, Louis Zurcher, Jr. and Sheldon Ekland-Olson. 1980. "Social Networks and Social Movements: a Microstructural Approach to Differential Recruitment." *American Sociological Review*, 45(5), pp. 787~801.

Standing, Guy. 2011. *Precariat: the New Dangerous Class*. London: Bloomsbury.

Steinar, Stjerno. 2004. *Solidarity in Europe: the History of an Idea*. New York: Cambridge University Press.

Suzuki, Akira. 2008. "Community Unions in Japan: Similarities and Differences of Region-based Labor Movements between Japan and Other Industrialized Countries." *Economic and Industrial Democracy*, 29(4), pp. 492~520.

Tarrow, Sidney. 1998. *Power in Movement: Social Movements and Contentious Politics*. Cambridge: Cambridge University Press.

Tattersall, Amanda and David Reynolds. 2007. "The Shifting Power of Labor-Community Coalitions: Identifying Common Elements of Powerful Coalitions in Australia and the U.S." *Working USA*, 10(1), pp. 77~102.

Tilly, Charles. 1988. "Solidarity Logics: Conclusion." *Theory and Society*, 17, pp.

451~458.

Tindall, David, Jeffrey Cormier and Mario Diani. 2012. "Network Social Capital as an Outcome of Social Movement Mobilization: Using the Position Generator as an Indicator of Social Network Diversity." *Social Networks*, 34, pp. 387~395.

Urry, John. 1983. *The Anatomy of Capitalist Societies: the Economy, Civil Society and the State.* London: MacMillan Press.

Waterman, Peter. 2004. "The Global Justice and Solidarity Movement and the World Social Forum: a Backgrounder." Paper submitted to "the World Social Forum: Challenging Empires".

White, Harrison. 1992. *Identity and Control: a Structural Theory of Social Action.* Princeton: Princeton University Press.

Wills, Jane. 2009. "Subcontracted Employment and its Challenge to Labor." *Labor Studies Journal*, 34(4), pp. 441~460.

_____. 2008. "Making Class Politics Possible: Organizing Contract Cleaners in London." *International Journal of Urban and Regional Research*, 32(2), pp. 305~323.

Wright, Erik. 2000. "Working-class Power, Capitalist-class Interests, and Class Compromise." *American Journal of Sociology*, 105(4), pp. 957~1002.

Yates, Charlotte. 2010. "Understanding Caring, Organizing Women: How Framing a Problem Shapes Union Strategy." *Transfer: European Review of Labour and Research*, 16(3), pp. 399~410.

Zoll, Reiner. 2004. "The Challenge of Diversity: Perspectives of German Trade Unions." 한국노총 중앙연구원 강의 발제문.

_____. 2000. *Was ist Solidarität heute?* Frankfurt am Main: Suhrkamp Verlag.

이병훈

미국 코넬 대학교 노사관계대학원에서 박사학위를 취득하고, 현재 중앙
대학교 사회학과 교수로 재직하고 있다. 저서로는『세계화와 생애과정
의 구조변동』(공저, 2014),『사장님도 아니야 노동자도 아니야: 특수고
용 노동자 이야기』(공저, 2013),『일의 가격은 어떻게 결정되는가 II』
(공저, 2012),『일의 가격은 어떻게 결정되는가 I』(공저, 2010, 대한민
국학술원 우수학술도서 선정) 등이 있고, 역서로는『노사관계의 새로운
지평』(공역, 2013),『자본주의의 노동세계』(공역, 2006, 대한민국학술
원 우수학술도서 선정) 등이 있다. 관심 분야는 한국의 노동시장 및 노
사관계 등이다.

한울아카데미 2115

노동자 연대
불안정고용 시대 노동약자들의 승리 전략

ⓒ 이병훈, 2018

지은이 **이병훈**
펴낸이 **김종수**
펴낸곳 **한울엠플러스(주)**
편집 **김다정**

초판 1쇄 인쇄 **2018년 10월 22일**
초판 1쇄 발행 **2018년 11월 12일**

주소 **10881 경기도 파주시 광인사길 153 한울시소빌딩 3층**
전화 **031-955-0655**
팩스 **031-955-0656**
홈페이지 **www.hanulmplus.kr**
등록번호 **제406-2015-000143호**

Printed in Korea.
ISBN 978-89-460-7115-5 93330 (양장)
ISBN 978-89-460-6563-5 93330 (반양장)

* 책값은 겉표지에 표시되어 있습니다.